秩序与边界

知识产权相关竞争法问题研究

Empirical IP Studies

|张广良　著|

知识产权出版社
全国百佳图书出版单位

图书在版编目（CIP）数据

秩序与边界：知识产权相关竞争法问题研究/张广良著. —北京：知识产权出版社，2015.9

ISBN 978-7-5130-3825-6

Ⅰ.①秩… Ⅱ.①张… Ⅲ.①知识产权法—研究 ②反不正当竞争—经济法—研究 Ⅳ.①D913.04 ②D912.290.4

中国版本图书馆 CIP 数据核字（2015）第 229583 号

内容提要

本书分为上下两编。上编研究知识产权相关不正当竞争行为：混淆、误导、商业诋毁、侵犯商业秘密、反不正当竞争法发展的新动态，以及对不正当竞争行为的救济；下编研究知识产权相关的垄断行为，涉及滥用知识产权及其与反垄断的关系，欧、美等国家或地区关于知识产权滥用的反垄断规制，我国现行法律中关于滥用知识产权之规定、实践、不足及滥用知识产权垄断行为的执法标准，知识产权相关垄断行为新进展，以及垄断行为的救济等。

责任编辑：李 琳 倪江云 责任校对：董志英
装帧设计：品 序 责任出版：刘译文

秩序与边界

——知识产权相关竞争法问题研究

张广良 著

出版发行：知识产权出版社有限责任公司 网 址：http://www.ipph.cn
社 址：北京市海淀区马甸南村 1 号（邮编：100088） 天猫旗舰店：http://zscqcbs.tmall.com
责编电话：010-82000887/82000860 转 8335 责编邮箱：nijiangyun@cnipr.com
发行电话：010-82000860 转 8101/8102 发行传真：010-82000893/82005070/82000270
印 刷：北京科信印刷有限公司 经 销：各大网络书店、新华书店及相关专业书店
开 本：720mm×1000mm 1/16 印 张：15.75
版 次：2015 年 9 月第 1 版 印 次：2015 年 9 月第 1 次印刷
字 数：295 千字
定 价：56.00 元
ISBN 978-7-5130-3825-6

目　　录

绪　　论

知识产权法是调整知识产权的产生、利用和保护而产生的社会关系的法律规范的总称。反不正当竞争法与反垄断法作为维护市场经济制度下竞争自由原则的基本法律，均属于竞争法的范畴。❶本书从竞争法的视角，研究智力成果及某些无形资产的保护及权利行使问题。反不正当竞争法的立法宗旨之一为保护市场主体——经营者，即竞争者；而反垄断法所要保护的主要是市场竞争的活力，即竞争。本书研究知识产权相关不正当竞争问题，是为探讨反不正当竞争法对于某些未能作为知识产权受到保护的智力成果或无形资产所给予的保护，以解析与此相关的市场竞争秩序问题；研究知识产权相关的垄断行为，是为探寻作为合法垄断权的知识产权的行使对于市场竞争的影响及其应受到的限制，以解析知识产权的权利边界问题。此为作者将"秩序与边界"作为本书主标题的原因。绪论部分，在简要界定知识产权法、反不正当竞争法及反垄断法立法宗旨的基础上，探讨知识产权法、反不正当竞争法与反垄断法之间的关系，明确本书所要研究的具体内容。

一、知识产权法、反不正当竞争法与反垄断法
（一）知识产权法

知识产权是随工业、科学、文学和艺术领域内的智力活动而产生的权利。❷也有学者将知识产权界定为对某些特定类型的无形资产所享有的、

---

❶　竞争法具有广义及狭义之分，广义上的竞争法包括反不正当竞争法及反垄断法，而狭义上的竞争法是指反垄断法。本书所称的竞争法，是指广义上的竞争法。

❷　参见：*WIPO Intellectual Property Handbook：Policy, Law and Use*, WIPO PUBLICATION No. 489 (E), p. 3.

能够控制其使用且将其作为财产权对待的权利。❶ 以上关于知识产权的定义表明，理论界及实务界关于知识产权的定义并未形成一致意见，分歧在于所有类型的知识产权是否均应为智力成果权。在我国，通说认为，专利权与著作权属于智力成果权，而商标权则属于标识性成果权利；虽不排除某些商业标记的设计需付出智力劳动，然而从整体上而言，商标权不属于智力劳动成果权。

知识产权法的立法宗旨在于通过授予智力成果或某些无形资产的创造者一定期限的排他权，使其在市场竞争中获得优势，以收回其资本投入，获取高于其竞争对手的利润，从而激励更多智力成果或无形资产的形成，服务于社会的发展与进步。知识产权法的这一立法宗旨是通过合理平衡智力成果或无形资产的创造者、使用者及社会公众之间的利益来实现的。

（二）反不正当竞争法

市场经济最根本的规律是价值规律。在市场环境下，经营者为了角逐市场、追求自身利益的最大化，必然进行竞争，而价值规律正是通过竞争机制的运作来发挥其作用的。竞争是市场经济的构成要素，竞争源自个体（each individual）有权追逐其个人的利益。❷ 然而，从道德的角度出发，个体追求自身幸福的行为应受到某种限制，以防其剥夺或妨害他人追逐幸福的权利或为之付出的努力，因此，市场竞争应当是公平的，恶意损害竞争对手的行为应被禁止。❸

市场经济呼唤体面的、合法的、正当的竞争，即公平竞争。然而，受到利益的驱动，常有经营者置法律与基本的商业道德于不顾，进行非法的、不正当的、不体面的竞争，即不正当竞争，❹ 扰乱了正常的市场秩序，损害了其他市场主体的利益及消费者的合法权益。因此，反不正当竞争法是规范市场竞争关系、保障公平交易及保护消费者利益的一项基本法律。

---

❶ MICHAEL SPENCE. Intellectual Property［M］. Oxford:Oxford University Press,2007:12,13.

❷ MANFRED NEUMANN,JURGENWEIGAND. The international Handbook of Competition［M］. 2nd ed. Edward Elgar,2013:1.

❸ MANFRED NEUMANN,JURGENWEIGAND. The international Handbook of Competition［M］. 2nd ed. Edward Elgar,2013:1,2.

❹ 例如，美国一些州以《美国法典》第 15 编第 45 节（15 U. S. C. paragraph 45）为立法样本，制定反不正当竞争方面的法律，"制止一切不道德、压制性、卑劣或实质性损害的竞争行为"（unethical,oppressive, unscrupulous, or substantially injurious）。参见：Reingold v. SwiftshipsInc,126 F3d 645,653（5th Cir 1997）.

（三）反　垄　断　法

垄断通常具有两种含义：第一种含义为一个供应商或生产者对在特定地域的市场的控制或获得的优势；第二种含义为仅有一个经济体生产特定产品或提供特定服务的市场状况。❶ 早在古希腊时期，人们便认识到垄断是具有普遍适用性的致富方式。❷ 垄断能够给具有垄断地位的经营者带来巨额的利润，而对消费者乃至公共利益造成的损害也是显而易见的，因此应当制止非法垄断行为。

世界上第一部反垄断法是美国 1890 年颁布的《谢尔曼法》，其立法宗旨为禁止直接或间接干预各州之间商品生产及销售的自由竞争行为。❸ 目前世界上实行市场经济的国家多制定有反垄断法。反垄断法是预防和制止垄断行为，保护市场公平竞争，提高经济运行效率，维护消费者利益和社会公共利益，促进市场经济健康发展的法律，❹ 是充分发挥市场配置资源基础性作用的重要法律制度，素有"经济宪法"之称。❺ 我国于 2007 年制定了《反垄断法》，该法于 2008 年 8 月 1 日施行。

二、知识产权法、反不正当竞争法与反垄断法的相互关系
（一）知识产权法与反不正当竞争法
1. 联　　系
反不正当竞争法传统上属于工业产权的立法范畴。❻《保护工业产权巴

---

❶ BRYAN A. GARNER. Black's Law Dictionary [M]. 4th ed. West Publishing Co.,2011:493. "垄断现在也常适用于接近但并非严格符合其上述定义的情形"，市场上数家经济体的联合行为，亦可构成垄断。

❷ 亚里士多德. 政治学 [M]. 颜一，秦典华，译. 北京：中国人民大学出版社，2003：23. 在此著作中，亚里士多德举出了一个垄断的事例：有位西西里人，手头握有一笔存款，便把铁矿的所有铁全部买进，后来当各地商人前来购买铁时，他因是唯一的售主，故不用过多地抬高价格便获得了 200% 的利润。

❸ Section 1 of *The Sherman Antitrust Act* (1890) [EB/OL]. [2014-10-21]. http://www.linfo.org/sherman_txt.html.

❹《反垄断法》第 1 条。

❺ 曹康泰. 关于《中华人民共和国反垄断法（草案）》的说明 [G] //安建. 中华人民共和国反垄断法释义. 北京：法律出版社，2007：136.

❻ ANNETTE KUR, THOMAS DREIER. European Intellectual Property Law[M].Deward Elgar,2013：378,379.

黎公约》（以下简称《巴黎公约》）第 1 条所明确的工业产权的保护对象之一为制止不正当竞争。《建立世界知识产权组织公约》第 2 条也规定，制止不正当竞争属于知识产权的一种。《与贸易有关的知识产权协定》（TRIPS 协定）第 2 条要求世界贸易组织成员在知识产权效力、范围、使用标准及保护方面应遵循《巴黎公约》的规定，即制止不正当竞争是世界贸易组织成员所应尽的义务。

从我国知识产权制度上看，我国在颁布了《商标法》《专利法》及《著作权法》之后，于 1993 年颁布了《反不正当竞争法》。至此，我国已建立了较为完备的知识产权法律体系。知识产权具有狭义及广义之分。狭义的知识产权包含专利权、商标权及著作权三种，而广义的知识产权还包括制止不正当竞争、植物新品种以及集成电路布图设计的保护等权利。本书所称的知识产权，是指狭义上的知识产权。❶

在反不正当竞争法与知识产权法的关系上，反不正当竞争法作为规范市场竞争关系、保障公平交易的一项基本法律，可在知识产权法提供的保护之外，向权利人提供某种附加保护；对于某些无法受到知识产权法保护的智力成果或某些无形资产提供保护。反不正当竞争法和知识产权法是一般法与特别法的关系。凡是知识产权法已经能够提供保护的，应当直接适用知识产权法的规定处理；只有对那些缺乏特别法规范的行为，才可依据反不正当竞争法进行处理。

电影《人在囧途之泰囧》引发的不正当竞争纠纷案❷对此作出了很好的诠释。在此案中，原告为电影《人在囧途》的出品单位，对该影片享有合法权益；被告北京光线传媒有限公司等为电影《人在囧途之泰囧》的出品单位。《人在囧途》具有一定的市场知名度，被告在知道原告筹拍《人在囧途2》的情形下，仍将其拍摄的电影《泰囧》的名称变更为"人在囧途之泰囧"。受诉法院认定被告行为构成不正当竞争，理由之一为被告具有攀附原告电影《人在囧途》之商誉的意图，客观上造成了相关公众的混淆误认，损害了原告的竞争利益，属于仿冒知名商品特有名称的行为。在此案中，电影《人在囧途》的名称，难以通过著作权法或商标法保护；原告对该电影享有的商誉，亦难以通过其他知识产权法律获得保护，故《反

---

❶ 我国的实践部门一般是在广义上使用知识产权的概念。例如，在司法实践中，反不正当竞争案件是属于知识产权案件的范畴，且其已成为知识产权案件中重要的案件类型。2009~2013年，全国法院共新收不正当竞争案件 5 975 件（其中包括垄断民事一审案件）。自 2008 年 8 月 1 日《反垄断法》实施以来至 2013 年年底，全国地方法院共受理垄断民事一审案件 188 件。

❷ 此案原告为武汉华旗影视制作有限公司，被告为北京光线传媒有限公司、徐峥等，本案案情及一审判决参见北京市高级人民法院民事判决书（2013）高民初字第 1236 号。自本章写作之日，此案正在二审之中。

不正当竞争法》对原告电影名称及其商誉所给予的保护，一方面可视为是对电影作品著作权人所提供的附加保护，从另一方面也可以解读为是对传统知识产权所无法保护的成果（如电影名称及商誉等）所给予的保护。

2. 区　别

知识产权法对于符合保护要件的智力成果或无形资产提供排他的、类似于财产权的保护。反不正当竞争法仅确认某些竞争行为是非不可接受的，但并不对相关客体提供类似于知识产权的独占权的保护。

在规范的方式上，知识产权法与反不正当竞争法存在区别。知识产权法是以被保护客体的类型化为规范基础的法律。在具体适用时，其所考察的是涉案的智力成果或其他无形资产是否属于作品、发明或者商业标记，即是否可将其纳入现有知识产权法律体系之中。❶ 知识产权法定原则决定了无法归类于现行知识产权体系中的客体，无法获得知识产权法的保护。反不正当竞争法则是以行为规范为基础的法律，在具体适用时所考察的是涉案行为的正当性或可制裁性。❷ 以德国法为例，反不正当竞争法并非对有价值的成就（valuable achievements）提供保护的依据，即其不是以客体为导向（object-oriented）的法律，其所关注的是对行为的评价。❸ 当综合判定行为发生之多种要素，认定其具有不正当性时，此种行为才是不可接受的。❹ 英国法上亦有一系列制止不正当竞争的规则（来源判例或者成文法），制止通过误导的方式来窃取竞争对手交易机会的行为，这些规则的最初目的是为了保护经营者的商誉（good will）。❺ 界定商誉较为困难，一种广为人知的解释为"对经常性顾客的吸引力"，是企业在经营中使用了特定的名称，并使之为公众所知，因而获得的一种信誉。❻

在我国，知识产权法保护的客体为智力成果或者特定种类的无形资产（如商业标记）。这些客体是作为民事权利受到保护的。与许多法域的反不正当竞争法相仿，我国反不正当竞争法亦采取了以行为模式为基础的立法模式，即通过禁止采取不正当竞争手段的方式，保护经营者的合法利益，此种利益可统称为竞争利益。❼ 故从法律保护的客体而言，我国反不正当

---

❶❷　NARIE LEE, GUIDO WESTKAMP, ANNETTE KUR, ANSGAR OHLY. Intellectual Property, Unfair Competition and Publicity [M]. Edward Elgar, 2014:1.

❸❹　ANNETTE KUR. What to Protect, and How? Unfair Competition, Intellectual Property, or Protection Sui Generis [G]//NARIE LEE, GUIDO WESTKAMP, ANNETTE KUR, ANSGAR OHLY. Intellectual Property, Unfair Competition and Publicity. Edward Elgar, 2014:16.

❺❻　SIR ROBIN JACOB, DANIEL ALEXANDER QC, MATTHEW FISHER. Guidebook to Intellectual Property [M]. 6th ed. Hart Publishig, 2013:77.

❼　北京市高级人民法院民事判决书（2013）高民初字第 1236 号。

竞争法所保护的客体是法益。因此，保护的是权利还是法益，是知识产权法与反不正当竞争法的重要的区别。

3. 融　合

虽然在法律规范的方式上知识产权法与反不正当竞争法存在区别，但在对经营者的保护模式上，反不正当竞争法与知识产权法具有融合之趋势。许多法域的法院适用以行为为基础的法律规范（conduct-based norms）或者衡平原则（principle of equity），在制止不正当竞争行为方面尝试向经营者提供某种程度的财产权保护。❶ 仍以德国反不正当竞争法为例，被模仿事项（item）❷ 能够受到保护的前提为其展现了竞争独特性（competitive individualism），此概念融合了（外观设计法中）的独特个性（individual character）与一定的市场认可度（degree of market recognition）的要素；❸是一种较弱的独创性及经过使用获得的、些许识别性之要求。❹ 相应地，在不正当行为的认定方面，也采取了与侵犯知识产权相似的判断要素：被模仿物品是否具有某种程度的独特个性、模仿事项与被模仿事项的相近程度、是否具有模仿的技术必须性等，其结果对被模仿事项创设了一种准知识产权。❺ 我国在窃取商业秘密行为的认定方面采取了类似的方法：首先，判定主张保护的信息是否具有秘密性、是否能为拥有者带来竞争优势等；其次，判断被告方所窃取或使用的信息是否与原告主张的商业秘密构成实

---

❶ NARIE LEE, GUIDO WESTKAMP, ANNETTE KUR, ANSGAR OHLY. Intellectual Property, Unfair Competition and Publicity［M］. Edward Elgar,2014:1.

❷ 被模仿事项（下同），既包括商品也包括服务。

❸ ANNETTE KUR. What to Protect, and How? Unfair Competition, Intellectual Property, or Protection Sui Generis［G］//NARIE LEE,GUIDO WESTKAMP,ANNETTE KUR,ANSGAR OHLY. Intellectual Property,Unfair Competition and Publicity. Edward Elgar,2014:16.

❹ ANNETTE KUR. What to Protect, and How? Unfair Competition, Intellectual Property, or Protection Sui Generis［G］//NARIE LEE,GUIDO WESTKAMP,ANNETTE KUR,ANSGAR OHLY. Intellectual Property,Unfair Competition and Publicity. Edward Elgar,2014:16-17. 独创性，也称原创性，是著作权法所规定的作品构成要件之一，意为主张保护的作品必须是作者独立的创作，而不是剽窃而来；经使用获得的些许识别性，是商业标记法上的概念，是指那些本身不具有识别性的标识，其能够受到保护的前提之一是其已经投入商业使用，并获得了区分商品或服务来源的、较低程度的识别性。

❺ ANNETTE KUR. What to Protect, and How? Unfair Competition, Intellectual Property, or Protection Sui Generis［G］//NARIE LEE,GUIDO WESTKAMP,ANNETTE KUR,ANSGAR OHLY. Intellectual Property,Unfair Competition and Publicity. Edward Elgar,2014:18. 是否具有模仿的技术必需性，是著作权法及商业标记法在侵权判定时应考量的因素之一，即著作权法、商业标记法不对技术本身提供保护，例如，为达到某种技术效果所必需的产品的形状，不能作为作品或商标受到保护，因此，模仿的技术必需性是被告主张自身不侵权的抗辩事由之一。

质性相似；最后，判断被告的抗辩事由能否成立。❶

此外，从知识产权制度的发展历程来看，不正当竞争是新型知识产权的"孵化器"，某些客体所获得的反不正当竞争法的保护，常是获得知识产权法或特殊立法保护的前奏，从而使得现有知识产权保护客体的范围不断扩张。❷

（二）知识产权法与反垄断法

1. 联　　系

知识产权是一种排他权。通过权利的行使，知识产权人在一定的时间或地域内可以获得某种竞争优势地位，甚至对市场竞争产生一定的影响。❸然而，知识产权是一种合法的垄断权，知识产权的正当行使行为不适用反垄断法，但若其权利人滥用知识产权，排除、限制竞争的，将受到反垄断法的规制。❹

在知识产权法与反垄断法之间的关系上，美国司法部及联邦贸易委员会于 1995 年发布的《知识产权许可反托拉斯指南》（以下简称《反托拉斯指南》）认为，二者为互补性的而非对立的，即其均具有促进竞争和创新，增加消费者的福祉，提升社会经济运行的效率的基本目的。❺ 此种观点已逐步为不少国家和地区所接受。协调知识产权政策与竞争政策，是一国立法机关应解决的问题。❻ 各国须自己决定如何最好地协调知识产权政策和竞争政策，以追求可促进创新的有效产业政策。❼

知识产权法与反垄断法的交叉，体现在当知识产权人滥用其权利，排除、限制竞争时，反垄断法对此种行为的规制上。我国《反垄断法》所规

---

❶ 商业秘密为我国反不正当竞争法所保护；商业秘密的界定及侵犯商业秘密行为的种类，见《反不正当竞争法》第 10 条的规定。

❷ ANNETTE KUR. What to Protect, and How? Unfair Competition, Intellectual Property, or Protection Sui Generis[G]//NARIE LEE, GUIDO WESTKAMP, ANNETTE KUR, ANSGAR OHLY. Intellectual Property, Unfair Competition and Publicity. Edward Elgar, 2014:19.

❸ 应该指出的是，知识产权本身并不代表着竞争优势，更不等同于市场支配地位。知识产权人能够获得的竞争优势，及其权利行使对市场产生的影响，与其权利的稳定性、保护范围的大小、相关知识产权产品在市场上的可替代程度有关。

❹ 《反垄断法》第 55 条。

❺ U.S. DEP'T OF JUSTICE & FED. TRADE COMM'N, ANTITRUST ENFORCEMENT AND INTELLECTUAL PROPERTY RIGHTS:PROMOTING INNOVATION AND COMPETITION (2007), p.1.

❻ TRIPS 协定第一部分第 8 条。

❼ STEVEN ANDERMAN. EU Report, Competition Policy and Intellectual Property Rights:EU Experience and Prospects for China [C]. EU-China Trade Project, 2008:1.

制的垄断行为主要包括经营者达成垄断协议、经营者滥用市场支配地位，以及具有或者可能具有排除、限制竞争效果的经营者集中三种。❶ 知识产权人在行使权利过程中滥用市场支配地位是较为常见的垄断行为。对此种垄断行为的判定则涉及界定相关市场、认定知识产权人在划定的相关市场内是否具有垄断地位，及其是否滥用了市场支配地位等一系列问题。华为公司诉数字交互集团垄断纠纷案，❷ 对知识产权人滥用市场支配地位垄断行为的规制进行了积极的探索。

华为公司为无线终端设备制造商，数字交互集团为 3G 无线通信领域 WCDMA、CDMA 2000、TD-SCDMA 标准中的必要专利持有人，华为公司指控数字交互集团在标准必要专利许可过程中，实施了滥用市场支配地位的垄断行为。受诉法院认定，标准中每项必要专利所保护的技术，对标准的实施而言必不可少且不可替代，故每项技术均构成一个独立的相关市场；由于该专利技术的唯一性及无可替代性，该专利的持有人在该市场中占有 100% 的市场份额，故该专利的持有人在该市场中具有支配地位；数字交互集团在标准必要专利许可过程中，实施了超高定价、搭售等滥用市场支配地位的行为，因此，应承担相应的法律责任。❸

此案直观体现了知识产权法与反垄断法之间的联系。标准必要专利权人，如同普通的专利权人，有权利通过许可的方式行使该专利权并获得经济利益，这些为知识产权法所保护。然而，标准必要专利权人在对于标准实施者负有以"公平、合理、无歧视"的条件许可的义务，不得利用其市场支配地位，获取超出其专利市场价值之上的利益。此外，权利人滥用知识产权，从而构成市场支配地位的行为，是垄断行为的一种具体形态，而非一种新的垄断行为种类。此种垄断行为的认定原则、方法及在构成垄断的情形下知识产权人应承担的法律责任界定，均应依照反垄断法的相关规定。

2. 区　　别

知识产权法与反垄断法的立法宗旨不同。知识产权法主要是为了通过维护知识产权人的利益、平衡知识产权人与社会公众利益的方式，构建激励创新的法律机制。从法律规范的构成上，如上文所言，知识产权法是以

---

❶ 《反垄断法》第 3 条。

❷ 原告华为技术公司，被告为交互数字技术公司、交互数字通信有限公司、交互数字公司（统称"数字交互集团"）。关于此案的情况，参见：深圳市中级人民法院民事判决书（2011）深中法知民初字第 858 号以及广东省高级人民法院民事判决书（2013）粤高法民三终字第 306 号。

❸ 本书下编第 13 章将对此案作出更为详细的介绍及评析。

保护客体为核心的法律制度。反垄断法的宗旨则为保护市场公平竞争的环境，提高经济运行效率，维护消费者利益和社会公共利益。同样，从法律规范的构成上，反垄断法是以行为规范为核心的法律制度，即其通过制止垄断行为的方式，防止扭曲的竞争，维护市场竞争的活力。

（三）反不正当竞争法与反垄断法的关系

1. 联 系

反不正当竞争法与反垄断法作为维护市场经济制度下竞争自由原则的基本法律，均属于竞争立法的范畴。我国《反不正当竞争法》与《反垄断法》具有部分相同的立法目的，如二者均具有保护公平竞争、保护消费者利益和社会公共利益、保障和促进社会主义市场经济健康发展的目的。

虽然从法理上讲，反不正当竞争法与反垄断法规范的行为不同，但此两部法律有时会交织在一起。[1] 例如，我国1993年制定的《反不正当竞争法》充分考虑了当时的市场环境及具体国情（尤其是我国尚未制定反垄断法），纳入一些制止垄断行为的条款。如《反不正当竞争法》第6条所规定的公用企业或者其他依法具有独占地位的经营者，限定他人购买其指定的经营者的商品，排挤其他经营者的公平竞争行为，以及第7条所规范的政府及其所属部门滥用行政权力，限制其他经营者正当的经营活动，限制外地商品进入本地市场，或者本地商品流向外地市场的行为。依照《反垄断法》的规定，上述均属于典型的垄断行为。在反垄断法施行后，这些行为应优先适用反垄断法予以处理。

2. 区 别

反不正当竞争法的立法宗旨为制止不正当的商业行为，反垄断则创设了一套防止竞争被扭曲的制度。[2] 但是，两部法律主要规范的行为是不同的。反不正当竞争法所规范的是经营者违反诚实信用原则或公认的商业道德的不正当、不公平竞争行为，而反垄断法所规范的是垄断行为，即使市场竞争不充分、不完全的排除、限制竞争行为。

---

[1] 例如，在美国有学者认为《联邦贸易委员会法》第5条所制止的"不正当的或欺骗性的行为或做法，是美国谢尔曼法的雏形"。参见：GUSTAVO GHIDINI. The Bride and Groom：On the intersection between Intellectual Property and Antitrust Law，Competition Law and Intellectual Property. A European Perspective ［M］. Wolters Kluwer，2012：29.

[2] ANNETTE KUR，THOMAS DREIER. European Intellectual Property Law ［M］. Deward Elgar，201：378.

此外，反不正当竞争法所关注的是市场竞争秩序，并通过制止不正当的商业行为，对经营者的竞争利益予以保护。而反垄断法关注的是市场竞争的活力，保护的是竞争而非竞争者。

三、本书主要内容

本书分为上、下两编。上编研究知识产权相关不正当竞争行为及救济。我国反不正当竞争法通过概括及列举的方法，明确了不正当竞争行为的种类。然而这些不正当竞争行为并非完全与知识产权有关。本书认为，与知识产权相关的不正当竞争行为涉及对于经营者的标识性成果、商业、智力成果或者投资的保护问题，主要包括以下种类：

（1）混淆行为，经营者仿冒无法受商标法保护的商业标识如知名商品特有的名称、包装、装潢等；

（2）误导行为，即经营者采取引入误解宣传的方式，误导消费者，提升自身商品或服务的信誉，使竞争对手处于不利的竞争地位；

（3）商业诋毁行为，经营者捏造虚伪事实，损害竞争对手的商誉；

（4）侵犯商业秘密行为，通过不当手段窃取、披露、使用竞争对手的商业秘密。

作为商业秘密中的技术秘密本身属于智力创造成果，而商业秘密中的经营秘密则是经营者通过劳动或投资所获取。反不正当竞争法发展的新动态以及对不正当竞争行为的救济也是本编研究的内容。上编第 1 章将对知识产权相关的不正当竞争行为进行概括性研究，第 2~7 章分别探讨混淆行为、误导行为、商业诋毁行为、侵犯商业秘密行为、反不正当竞争法新进展及救济问题。

下编第 8~13 章研究知识产权相关的垄断行为，涉及滥用知识产权及其与反垄断的关系，中国现行法律中关于滥用知识产权之规定、实践及存在的不足，欧美等国家地区关于知识产权滥用的反垄断规制，我国滥用知识产权垄断行为的执法标准，知识产权相关反垄断规制新进展，以及滥用知识产权垄断行为的救济等内容。

上　编

知识产权相关不正当竞争行为研究

第 1 章
知识产权相关不正当竞争行为概述

> 知识产权相关不正当竞争，并非新型的不正当竞争行为，其具备不正当竞争的一般属性。不正当竞争行为的主体为经营者，其侵害的客体包括直接客体及间接客体。直接客体为竞争对手的利益及消费者权益，间接客体为市场竞争秩序乃至整个社会经济秩序。本编所研究的知识产权相关不正当竞争包括误导、混淆、商业诋毁及侵犯商业秘密等行为。

知识产权相关不正当竞争行为，并非新型的不正当竞争行为，其具备不正当竞争行为的一般属性。故本章在研究不正当竞争行为的共性问题，包括不正当竞争行为的主体、不正当竞争行为侵害的客体，以及不正当竞争行为界定的基础上，对知识产权相关不正当竞争行为予以概括，明确本编研究的内容。

一、不正当竞争行为的主体
（一）经 营 者

我国《反不正当竞争法》第 2 条开宗明义地规定该法所规范的主体为经营者。最高人民法院在相关案例中指出，反不正当竞争法规范的主体为参与市场经营活动的市场主体，即经营者；反不正当竞争法规范的行为，

应为经营者的经营行为。❶

在实践中，被指控的不正当竞争行为实施者往往辩称自己不是经营者，不具备不正当竞争的主体资格，故不是适格被告；或辩称原告不是经营者，也不具备竞争的主体资格，从而无权依据《反不正当竞争法》主张权利。

我国《反不正当竞争法》所称的经营者是指"从事商品经营或营利性服务的法人、其他经济组织和个人"。❷ 北京市高级人民法院在 1998 年发布的《关于审理反不正当竞争案件几个问题的解答（试行）》❸ 中对经营者的概念作出了进一步的解释，"虽然不是专门从事商品经营或营利性服务，但向市场提供作品、技术等智力成果的，也可以成为反不正当竞争的主体。"在作家王跃文诉被告王跃文（原名王立山）、中元公司等不正当竞争、侵犯著作权一案中，关于作家是否为经营者的问题，受诉法院认为：对作家这一创作群体而言，未进入流通领域的作品尚不是商品；商品是用于交换的劳动产品，作家通过出售作品的出版发行权等途径而换取交换价值，这种交换就是对其作品的经营，此时的作品即商品；作家的经济利益产生在这种交换之中。作为文化市场的商品经营者，作家符合反不正当竞争法对竞争主体的要求。受诉法院对于作家经营者身份的认定，符合市场经济的客观状况，也符合作品的自身属性，是正确的。❹

对于某主体是否可以成为市场竞争的主体，能否成为经营者，主要考量其是否向市场提供了商品或者服务。商品具有极其广泛的内涵，不仅指有形产品，而且包括无形的产品，如作品、技术等。此外，某主体是否为市场行为的实施者，也是认定其是否为经营者的重要因素。例如，电影《人在囧途之泰囧》引发的不正当竞争纠纷案❺中，该电影导演及主演徐峥辩称其不是经营者，故不是此案适格被告。受诉法院认为，徐峥在该电影上映前后接受了诸多媒体的采访，内容涉及先导预告片的宣传、创作理念等，客观上实施了对电影的宣传行为，故应属于经营者。

任何人或组织都有可能成为经营者。再如，在侵犯商业秘密案件中，

❶ 参见王者安与卫生部国际交流与合作中心等侵害商业秘密纠纷案，最高人民法院民事裁定书（2013）民申字第 1238 号。在此案中，受诉法院认定王者安并非"从事商品经营或者营利性服务"的经营者。

❷ 《反不正当竞争法》第 2 条第 3 款。

❸ 京高法发〔1998〕73 号，1998 年 3 月 24 日发布并实施。

❹ 湖南省长沙市中级人民法院民事判决书（2004）长中民三初字第 221 号。

❺ 此案原告为武汉华旗影视制作有限公司，被告为北京光线传媒有限公司、徐峥等，此案案情及一审判决参见北京市高级人民法院民事判决书（2013）高民初字第 1236 号。至本书写作之日，此案正在二审之中。

负有保守雇主商业秘密义务的雇员，在跳槽后若违反了保密义务，非法披露或者使用了原雇主的商业秘密，则其同样应作为经营者承担侵犯商业秘密的法律责任。

（二）经营者与竞争关系

竞争关系是"取得经营资格的平等市场主体之间在竞争过程中形成的社会关系"。[1] 存在竞争关系是认定构成不正当竞争的条件之一。[2] 首先，从反不正当竞争的立法宗旨出发，该法所调整的具有竞争关系的主体应当限于市场经营者之间，非市场经营者之间不存在竞争关系。[3] 经营者是在市场上从事提供商品或服务的法人、其他组织和自然人，其行为具有直接或间接的营利目的，即为了获得有利的市场条件和最大的经济利益。其次，所谓竞争关系一般是指经营者经营同类商品或服务，经营业务虽不相同，但其行为违背了《反不正当竞争法》第 2 条规定的竞争原则，也可以认定具有竞争关系。最后，有权提起不正当竞争诉讼的人须与被告之间存在特定、具体的竞争关系。有些不正当竞争行为可能导致不特定的经营者受到损害，但只要不特定的受损害经营者与特定不正当行为实施者之间形成的竞争关系就是特定、具体的，任何受损害的不特定的经营者原则上均可主张权利。[4] 北京柏安咨询科技有限公司诉北京智慧名堂商贸有限责任公司不正当竞争纠纷案[5]便属此例。

---

[1][4] 最高人民法院原副院长曹建明：《加大知识产权司法保护力度　依法规范市场竞争秩序——在全国法院知识产权审判工作座谈会上的讲话》，2004 年 11 月 11 日。

[2] 也有学者提出，"凡以不正当手段获取竞争优势或者破坏他人竞争优势的行为，均可认定为不正当竞争行为；要把认定不正当竞争行为的重点放在是否以不正当手段获取或者破坏竞争优势上，而不是是否存在竞争关系上。"孔祥俊. 反不正当竞争法的创新性适用 [M]. 北京：中国法制出版社，2014：131. 从国际公约的层面上看，对于不存在竞争关系的经营者间的不正当竞争行为，《巴黎公约》成员国亦享有予以制止的权力。参见：*WIPO Intellectual Property Handbook: Policy, Law and Use*（WIPO Publication No. 489（E））一书第 133 页。本书赞同上述观点，并主张若将存在竞争关系作为不正当竞争行为构成的要件，则应对其做最为宽泛的解释，如违反了《反不正当竞争法》一般条款的不正当竞争行为实施者，与利益受损者之间存在竞争关系。

[3] 例如，在王者安与卫生部国际交流与合作中心等侵害商业秘密纠纷申请案中，王者安主张，其所在单位卫生部国际交流与合作中心实施的《岗位工资管理细则》和《卫生部国际交流中心分配制度改革办法》为其起草、制定，为其拥有的商业秘密，是他告诉了主任李洪山，后者却将其占为据有从而使其丧失了职务竞选上的竞争优势，因而以侵犯商业秘密为由起诉。最高人民法院认定，王者安与其所在单位之间亦不存在市场竞争关系；王者安主张的"工作岗位竞争"，系单位内部职位竞争，并不属于反不正当竞争法规范的"市场竞争"，被申请人未侵害王者安的商业秘密。参见：最高人民法院民事裁定书（2013）民申字第 1238 号。

[5] 北京市海淀区人民法院民事判决书（1998）海知初字第 55 号。

此案的基本案情是：1998 年 3 月，被告为其经营的 "NOVA 百脑汇资讯广场" 做宣传和招商，广告内容为 "现在买电脑马上后悔！NOVA 百脑汇资讯广场 5 月惊喜价"。原告认为被告的不当宣传行为不仅误导了消费者，还损害了原告的商业信誉和商品声誉，构成不正当竞争，故诉至法院。一审法院认为，被告的广告内容，无事实依据，是一种虚假广告宣传行为，误导了消费者，并损害了原告的商业信誉和商品声誉，已构成不正当竞争。被告对此提起上诉，在二审中双方达成调解。❶ 应予以说明的是，基于被告的同一行为，尚有其他 15 家电脑销售商对其提起了相同的诉讼，案件的处理结果亦与此案相同。此案表明，被告的行为确实触犯了 "众怒"，全北京的电脑销售商，甚至全行业的电脑销售商，均可拿被告 "开刀"，且有胜诉可能。北京市高级人民法院发布的《关于审理反不正当竞争案件几个问题的解答（试行）》❷ 第 7 条明确规定，"对经营者利用广告或者其他方法对其商品作引人误解的虚假宣传的，同行业的经营者均有权提起诉讼。" 在市场环境下，受到某不正当竞争行为侵害的经营者可能是一个或数个，也可能是不特定的多数。

在实践中，虽常有被告以其与原告之间不具有竞争关系为由，否认自身行为构成不正当竞争。但在市场经济环境下，被告很难证明自己和原告不具有竞争关系，因此，此种抗辩理由常难得到法院的支持。

二、不正当竞争行为侵害的客体

反不正当竞争法最初保护的着眼点为竞争者，逐渐扩大到消费者，以及在保护消费者利益基础上对公众利益的保护，体现为使市场竞争不被扭曲。❸ 与此相对应，不正当竞争行为所侵害的客体，可分为直接客体及间接客体。

（一）直 接 客 体

如本书绪论所述，知识产权法与反不正当竞争法采用了不同的立法模式。反不正当竞争法是以行为规范为基础的法律，在具体适用时所考察的是涉案行为的正当性或可制裁性。不正当竞争首先侵害的是不正当竞争行

---

❶ 北京市第一中级人民法院民事调解书（1998）一中终字第 112 号。
❷ 京高法发［1998］73 号，1998 年 3 月 24 日发布并实施。
❸ 孔祥俊. 反不正当竞争法的创新性适用［M］. 北京：中国法制出版社，2014：5.

为人的竞争对手的利益（竞争利益）及消费者的权益。例如，商业诋毁的不正当竞争行为损害竞争对手的商业信誉或商品声誉，从而导致对手交易机会的丧失、正常利润的减少。混淆行为侵害的也是竞争对手的利益，此种手段使不正当竞争行人非法占有了其竞争对手在消费者中所享有的声誉，同样造成对手交易机会的减少及利润的降低；此行为同时侵害了消费者的合法权益，因为消费者本来看中并欲购买的是该不正当竞争行为人的竞争对手的商品，但真正购买的是一种假冒或仿冒的商品。误导行为侵害的首先是消费者的权益，因为消费者的购买行为是受不正当竞争行为人的虚假信息蒙蔽的结果，购买的商品实现不了所宣称的用途或效果；其次，此种竞争手段也侵犯了竞争对手的正当权益。

（二）间接客体

以上均为不正当竞争行为表面的、直接的后果。不正当竞争行为最终后果是对基本商业道德及交易惯例的冲击，是对市场竞争秩序乃至整个社会经济秩序的破坏。竞争是市场经济的基本特征。有序、合法竞争将为经营者提供获取市场利益、"公平竞赛"的平台，能够最大限度地保护消费者的利益。而不正当竞争扰乱了市场竞争秩序，损害了市场竞争的基本原则，因此为法律所不容。

三、不正当竞争行为的界定

关于不正当竞争，成文法国家倾向于将其作为一般侵权行为看待，如《德国反不正当竞争法》第 3 条规定，不正当竞争行为对竞争造成严重损害，影响竞争者、消费者或其他市场参与者的利益，故应予禁止。[1] 普通法国家并不认可所有不正当竞争行为都构成一般侵权，如英国仅将某些不正当竞争行为如仿冒（pass off）及侵犯机密信息（商业秘密）作为侵权对待。[2] 我国在实践中将不正当竞争视为一般侵权行为。对于何为不正当竞争行为，我国《反不正当竞争法》采取了列举加概括的方式进行了界定。通过列举的方式，立法者将不正当竞争行为的种类向社会公众进行了宣

---

[1] LTC HARMS. The Enforcement of Intellectual Property Rights：A Case Book［M］. WIPO Publication No. 791 E（2008）：300.

[2] LTC HARMS. The Enforcement of Intellectual Property Rights：A Case Book［M］. WIPO Publication No. 791 E（2008）：303.

告，有利于法律的遵守与执行。通过概括的方式，法律可以弥补列举式可能带来的挂一漏万的弊端，堵塞法律的漏洞。

（一）对不正当竞争行为的列举

我国《反不正当竞争法》第二章列举了 11 种类型化的不正当竞争行为。该章第 5~15 条分别制止的不正当行为如下：市场混淆行为（第 5 条）、公用企业或者其他依法具有独占地位的经营者限制竞争的行为（第 6 条）、行政性垄断行为（第 7 条）、通过贿赂进行销售或购买行为（第 8 条）、误导行为（第 9 条）、侵犯商业秘密行为（第 10 条）、以低于成本价销售商品行为（第 11 条）、搭售行为（第 12 条）、非法有奖销售行为（第 13 条）、商业诋毁行为（第 14 条）以及串通投标行为（第 15 条）。之所以对以上不正当竞争行为进行列举，可能的原因是在我国《反不正当竞争法》立法之际，在立法者看来，上述不正当竞争行为较为多发，故应该明令予以制止。

（二）对不正当竞争行为的概括

《反不正当竞争法》第 2 条对不正当竞争行为进行了概括，即不正当竞争是指经营者违背了自愿、平等、公平、诚实信用原则及公认的商业道德，损害其他经营者的合法权益，扰乱社会经济秩序的行为。此条被称为反不正当竞争法的一般条款或者原则条款。一般条款的核心是确定竞争行为的公平性标准，❶用来解决那些对市场竞争秩序造成损害，而法律又未明确规定的不正当竞争行为。

相关的国际公约及一些国家的反不正当竞争法对不正当竞争行为也采取了概括加列举的立法模式。例如《巴黎公约》第 10 条之二属于一般条款，对不正当竞争行为进行了概括，规定"凡在工商业活动中违反诚实惯例的竞争行为即构成不正当竞争"。该公约第 10 条之二第 3 项明确禁止了一些较为典型的不正当竞争行为，如混淆、诋毁、误导行为等。在市场经济环境下，竞争种类变幻莫测，即使最睿智的立法者亦难以预测未来不正当竞争的行为种类，故有赖于法院通过解释法律的方式制止新型不正当竞争行为。❷一般条款为法院解释法律预留了空间。因此，许多国家的法律

---

❶ 孔祥俊. 反不正当竞争法的创新性适用 [M]. 北京：中国法制出版社，2014：10.
❷ *WIPO Intellectual Property Handbook: Policy, Law and Use*, WIPO Publication No. 489 (E), p. 136.

在对何为不正当竞争行为进行列举的同时，设立一般条款，以便法院援引此条款制止非类型化的不正当行为。❶ 例如，德国 1906 年反不正当竞争法便包含一般条款（第 1 条），现行法中仍然包括此类条款（第 3 条），同时对典型的不正当竞争行为进行了细化与列举（第 4 条）。❷《德国反不正当竞争法》一般条款规定，在竞争过程中，行为人利用他人的成就——尤其是模仿竞争对手的商品，将可能构成此条所称的不正当竞争；而对商品或服务来源的欺诈，以及对被模仿商品或服务商誉的侵害，则属于该法第 4 条所规范的典型不正当竞争行为。❸

在实践中，常常会出现这样的情况，即被指控实施不正当竞争行为者会辩称自己的行为非法律明文规定的不正当竞争行为，从而否认原告的指控。涉案行为是否构成不正当竞争的关键在于其是否违反了《反不正当竞争法》的一般条款。遵循自愿、平等、公平、诚实信用的原则，遵守公认的商业道德，是经营者从事市场交易、进行正当合法竞争的基本准则。经营者违反了该基本准则的行为，均构成不正当竞争行为，应为法律所禁止。因此，一般条款可视为对不正当竞争行为的概括性规定，可作为认定不正当行为的单独依据。❹ 若某竞争行为同时具备如下要件，则人民法院可适用一般条款认定其为不正当竞争行为："一是法律对该种竞争行为未作出特别规定；二是其他经营者的合法权益确因该竞争行为而受到了实际损害；三是该种竞争行为因确属违反诚实信用原则和公认的商业道德而具有不正当性或者说可归责性，这也是问题的关键和判断的重点。"❺

《反不正当竞争法》的一般条款，具有广阔的适用空间，可以用来解决知识产权保护所面临的一些难题。例如，多年来商标抢注现象❻在我国十分突出。在商标抢注案件中，即使被抢注者经过相应的法律程序，维护了自身权益，但其难以依据《商标法》来追究抢注者的法律责任。本书认为，反不正当竞争法在遏制商标抢注行为方面应该发挥其应有的作用；对

---

❶ *WIPO Intellectual Property Handbook*: *Policy*, *Law* and *Use*, WIPO Publication No. 489（E），p. 136.

❷ ANNETTE KUR. What to Protect, and How? Unfair Competition, Intellectual Property, or Protection Sui Generis[G]//NARIE LEE, GUIDO WESTKAMP, ANNETTE KUR, ANSGAR OHLY. Intellectual Property, Unfair Competition and Publicity. Edward Elgar, 2014: 14.

❸ ANNETTE KUR. What to Protect, and How? Unfair Competition, Intellectual Property, or Protection Sui Generis[G]//NARIE LEE, GUIDO WESTKAMP, ANNETTE KUR, ANSGAR OHLY. Intellectual Property, Unfair Competition and Publicity. Edward Elgar, 2014: 15.

❹ 孔祥俊. 反不正当竞争法的创新性适用 [M]. 北京：中国法制出版社，2014：89.

❺ 山东省食品进出口公司、山东山孚集团有限公司、山东山孚日水有限公司与马达庆、青岛圣克达诚贸易有限公司不正当竞争纠纷民事裁定书，最高人民法院（2009）民申字第 1065 号。

❻ 商标抢注，是指行为人抢先注册他人使用在先并且有一定影响的商标行为。

于故意甚至是恶意抢注他人商标者，在相关的行政程序及司法审查程序终结后，在先权益享有者可以依照《反不正当竞争法》一般条款之规定，提起不正当竞争诉讼，追究抢注者的民事责任。❶ 惟有让抢注者付出代价，使之无利可图并面临巨大的法律风险，方能从源头上遏制抢注行为。

　　同样值得关注的是，《反不正当竞争法》的一般条款的适用应受到一定的限制。人民法院在适用一般条款来维护市场公平竞争时，应当注意严格把握适用条件，以避免不适当干预而阻碍市场自由竞争。❷ 在判断不属于《反不正当竞争法》第二章所列举的类型化的竞争行为之正当性时，应以该行为是否违反了诚实信用原则和公认的商业道德为基本判断标准；反不正当竞争法中所称的诚实信用原则，主要体现为公认的商业道德，而商业道德所体现的是一种商业伦理，是经营者共同和普遍认可的行为标准，应依特定商业领域中的市场主体即经济人的伦理标准加以评判。❸ 尤其是在处理由于新技术的开发与应用引起的不正当竞争纠纷时，应把握一般条款的适用的原则，准确理解并适用最高人民法院的司法政策，为新技术的开发与应用预留制度空间，以平衡保护技术开发者、竞争对手以及社会公共利益。在此类不正当竞争纠纷案中，新技术如具有广告屏蔽功能浏览器，仅是一种工具，不存在正当性与否的问题，故判断的基点在于技术开发者、使用者行为的正当性。在适用《反不正当竞争法》一般条款处理此类纠纷时，原告的合法权益是否受损，被告行为是否因违反了诚实信用原则及公认的商业道德而具有不正当性，是人民法院审理的重要因素。❹

---

❶　关于此问题，本书作者曾进行过专门论述。详见本书附件 1：《商标抢注行为的反不正当竞争法规制》。在该文中，本书作者较为详细地论述了反不正当竞争法规制商标抢注行为的必要性、可行性及应注意的问题。

❷　山东省食品进出口公司、山东山孚集团有限公司、山东山孚日水有限公司与马达庆、青岛圣克达诚贸易有限公司不正当竞争纠纷民事裁定书，最高人民法院（2009）民申字第 1065 号。

❸　孔祥俊. 反不正当竞争法的创新性适用［M］. 北京：中国法制出版社，2014：100. 最高人民法院在《关于充分发挥知识产权审判职能作用推动社会主义文化大发展大繁荣和促进经济自主协调发展若干问题的意见》中指出："正确把握诚实信用原则和公认的商业道德的评判标准，以特定商业领域普遍认同和接受的经济人伦理标准为尺度，避免把诚实信用原则和公认的商业道德简单等同于个人道德或者社会公德。"

❹　关于新技术的开发与应用而引发的不正当竞争纠纷，本书作者曾以"具有广告过滤功能浏览器开发者的竞争法责任解析"为题进行了研究。该文较为详细地论证了《反不正当竞争法》一般条款的适用及相关司法政策的理解问题。详见本书附件 2：《具有广告过滤功能浏览器开发者的竞争法责任解析》。

四、本编研究的与知识产权相关的不正当竞争行为

（一）反不正当竞争法中的知识产权条款与非知识产权条款

我国现行《反不正当竞争法》第二章所列举的不正当竞争行为并非全部与知识产权相关。反不正当竞争法的条款可以分为知识产权保护条款与非知识产权保护条款。该法第 5 条（市场混淆行为）、第 9 条（误导行为）、第 10 条（侵犯商业秘密行为）和第 14 条（商业诋毁行为）的规定属于知识产权保护条款。而该法第 6~8 条、第 11~13 条和第 15 条规定❶未涉及知识产权的不正当竞争行为，属于非知识产权条款。

（二）知识产权相关不正当竞争行为种类

本书认为，侵犯商业秘密行为与《巴黎公约》第 10 条之二第 3 项中特别禁止的行为与知识产权有关，这些行为包括：（1）混淆行为，即采取手段对竞争者的营业所、商品或工商业活动造成混乱；（2）诋毁行为，即在经营活动中采用虚假的宣传或说法，以损害竞争者的商业信誉或商品声誉；（3）误导行为，即在经营活动中使用会使公众对商品的性质、制作方法、特点、用途或数量易于产生误解的表示或说法。判断某正当竞争行为是否与知识产权有关，核心在于该行为是否损害经营者的知识产权利益。经营者享有的某种利益是否属于知识产权利益，涉及何为知识产权的客体问题。

理论界关于知识产权的客体认识不同，分歧点在于知识产权的客体是否均应为智力成果。在我国，通说认为，专利权与著作权的客体属于创造性智力成果，而商标权的客体则属于工商业标记。❷ 关于智力成果，除了专利、作品之外，尚有技术秘密、集成电路布图设计等。而工商业标记，则除了商标之外，还包括知名商品的特有名称、包装、装潢、字号、域名等。❸ 这些工商业标记之所以值得保护，是因为其体现了经营者的商业信

---

❶ 《反不正当竞争法》第 6 条涉及公用企业或者其他依法具有独占地位的经营者限制竞争的行为；第 7 条涉及行政性垄断行为；第 8 条涉及经营者通过贿赂进行销售或购买行为；第 11 条涉及经营者低于成本价销售商品行为；第 12 条涉及搭售行为；第 13 涉及非法有奖销售行为；第 15 条涉及串通投标等行为。

❷ 刘春田. 知识产权法 [M]. 北京：中国人民大学出版社，2009：19.

❸ 工商业标记的价值来源于其区别功能，指代其所所标识的商品或者服务及工商业主体的商业信誉。

誉或商品声誉（统称为"商誉"），而保护工商业标记就是为了保护其上所体现的商誉。受我国《反不正当竞争法》保护的技术秘密，是一种无可争议的智力成果。混淆行为，是经营者搭竞争对手便车的行为，实质后果是其不正当的利用了竞争对手的商业信誉；误导行为，是经营者在对自身商品或服务进行不实宣传时，客观上使其竞争对手处于不利的竞争地位，或者说攫取了竞争对手的商誉，从而使该经营者获得了不当的竞争优势；❶而商业诋毁行为，赤裸裸地侵害了竞争对手的商誉。因此，混淆、误导及商业诋毁行为所损害的客体均为商誉，商誉为知识产权的客体之一。

基于此，本书将市场混淆、误导、商业诋毁及侵犯商业秘密界定为与知识产权相关的不正当竞争行为，❷并在本编中依次探讨。

---

❶ 例如，在广药集团、王老吉大健康公司诉加多宝（中国）公司、广东加多宝公司虚假宣传纠纷案中，被告通过多种途径发布、传播了"加多宝凉茶连续7年荣获中国饮料第一罐""加多宝凉茶荣获中国灌装饮料市场七连冠"及近似内容的广告，受诉法院认定被告实施不实宣传的真实用意是将凝结在"王老吉"商标中的商誉转移到"加多宝"商标之上，侵害了原告的正当利益。参见张玲玲. 王老吉诉加多宝虚假宣传案一审宣判 [N]. 人民法院报，2014-12-04（3）. 关于本案的介绍，另见本书第3章。

❷ 对此存在不同认识，有学者主张，反不正当竞争法主要对未注册商标、商业秘密提供保护，而虚假宣传、商业诋毁之类的不正当竞争行为，则与知识产权无关。参见：孔祥俊. 反不正当竞争法的创新性适用 [M]. 北京：中国法制出版社，2014：230.

第 2 章

混淆行为

> 混淆行为是指经营者通过假冒或者模仿他人的名称、商品（包括服务）的标识等手段，意使其商品与他人的商品相混淆或造成与他人具有某种关联的假象，从而导致购买者或消费者误认的行为。实践中，常见的混淆行为有四种：仿冒知名商品特有的名称、包装、装潢的行为，擅自使用他人企业名称或姓名的行为，擅自将他人的注册商标作为域名的核心部分进行注册的行为，以及擅自将他人的商标作为企业名称中的字号进行登记的行为。

混淆行为是指经营者通过假冒或者模仿他人的名称、商品（包括服务）的标识等手段，意使其商品与他人的商品相混淆或造成与他人具有某种关联的假象，从而导致购买者或消费者误认的行为。我国《反不正当竞争法》第 5 条规定了四种混淆行为，其中第（1）项规定的"假冒他人的注册商标"行为，根据该法第 21 条第 1 款的规定，应依照《商标法》和《产品质量法》的规定处罚。假冒他人注册商标的行为，根据通说，是指未经商标注册人的许可，在相同或者类似商品上使用与其相同或者近似商标的行为。此种行为，无论依据修改前还是修改后的商标法均为商标侵权行为。实践中，权利人亦是对此种行为提起商标侵权诉讼，故本章对假冒他人注册商标的行为不予涉及。❶ 此条第（4）项所规定的在商品上伪造或者冒用认证标志、名优标志灯等质量标志，伪造产地，对商品质量作引人误解的虚假表示的行为，在实践中并不多见，因此，本章亦不予涉及。本章仅研究实践中常见的几种混淆行为，即仿冒知名商品特有的名称、包装、装潢的行为，擅自使用他人企业名称或姓名的行为，擅自将他人的注册商标作为域名的核心部分进行注册的行为，以及擅自将他人的商标作为企业名称的字号进行登记的行为。❷

一、仿冒知名商品的特有名称、包装、装潢的行为

仿冒知名商品的特有名称、包装、装潢的不正当竞争行为，是指违反我国《反不正当竞争法》第 5 条第（2）项之规定，擅自使用与他人知名商品特有的名称、包装、装潢相同或近似的商品名称、包装、装潢，造成与他人的知名商品相混淆，使购买者误认为仿冒者的商品为他人知名商品的行为。❸ 此种不正当竞争行为的构成要件有三：（1）仿冒行为所仿冒的商品是知名商品；（2）仿冒行为所仿冒的商品名称、包装及装潢是该知名商品所特有的；（3）此种仿冒行为可能导致消费者的混淆及误认。❹

---

❶ 本条的立法本意为：假冒他人注册商标的行为，一方面侵犯注册商标专用权，另一方面此种行为使消费者误认为假冒者的商品是他人注册商标的商品而去购买，影响了注册商标专用权人商品的销售，从而构成不正当竞争，即一种侵权行为引起了两个法律后果，故在商标法及反不正当竞争法中同时进行了规定。参见：全国人大法工委民法室. 中华人民共和国反不正当竞争法释义［M］. 北京：法律出版社，1994：13-14. 本书认为，假冒他人注册商标行为的民事责任及行政责任的承担上，反不正当竞争法与商标法并无实质差异，故此条规定实属不必，在《反不正当竞争法》修订时应予删除。

❷ 多发性混淆主要涉及两个领域，一为商业来源标识混淆，二为商品外观混淆。参见：*WIPO Intellectual Property Handbook*：*Policy, Law and Use*, WIPO Publication No. 489（E）, p.138.

❸ 《反不正当竞争法》中有关商品的规定，同样适用于服务，即知名服务亦可受到保护。

❹ 因知名商品的特有名称、包装、装潢的使用而引起的不正当竞争纠纷，我国近年来出现一些广为关注的案件，如加多宝公司与广药集团"红罐"凉茶包装装潢之争，对此，广东省高级人民法院于 2014 年 12 月 19 日作出了（2013）粤高法民三初字第 1 号、第 2 号民事判决，认定"红罐"凉茶包装、装潢权益归广药集团享有，并判令加多宝公司于判决生效日起立即停止使用与涉案知名商品王老吉红罐凉茶特有包装装潢相同或者相近似的包装装潢，停止生产、销售上述包装装潢的产品，销毁库存侵权产品，停止使用并移除或销毁所有载有被控侵权产品的广告以及各种介绍、宣传材料等，并在 7 日内赔偿广药集团经济损失 1.5 亿元及合理维权费用265 210元，连续七天在指定媒体上刊登声明，公开消除影响。关于此案概况，参见：章宁旦，林劲标. 广药与加多宝"红罐之争"案一审宣判 加多宝构成侵权赔 1.5 亿元［N］. 法制日报，2014-12-20（8）.

（一）知名商品的认定

1. 知名商品的概念

何为知名商品？我国反不正当竞争法对此未作界定。《最高人民法院关于审理不正当竞争民事案件应用法律若干问题的解释》❶（以下简称《反不正当竞争法司法解释》）第 1 条规定，在中国境内具有一定的市场知名度，为相关公众所知悉的商品，应当认定为知名商品。从此条规定可以看出，知名商品具有地域性，即必须在中国境内具有市场知名度，仅在中国境外具有市场知名度的商品，在中国得不到保护；在中国境内具有市场知名度，并非要求必须在整个中国境内广为人知方可受到保护，在中国特定的区域内知名的商品，也可受到保护。此外，能够作为知名商品保护的商品并不要求其必须为大众广为知悉，其只要为相关公众知悉即可。什么是"相关公众"，反不正当竞争法及司法解释未作规定。在判定相关公众的范围时，可以参照我国商标法有关规定，即相关公众是指与某类商品有关的消费者和与该商品营销有密切关系的其他经营者。❷

2. 知名商品认定时的考量因素

在认定知名商品时，应当考虑该商品的销售时间、销售区域、销售额和销售对象，进行任何宣传的持续时间、程度和地域范围以及作为知名商品受保护的情况等因素，进行综合判断。❸ 国际知名商品的经营者，在我国寻求对其特有名称、包装、装潢保护时，仍应以其在我国境内为相关公众知悉为必要，该商品在国外的知名度可作为考量的因素之一。❹ 知名商品的权利人应当对其商品的市场知名度负举证责任。除了上述因素之外，权利人提交的证明其商品获得有关奖励的证据、被评为优质商品或名牌商品的证据，对知名商品的认定也具有价值。但是，知名商品决不等同于优质商品，也不等同于名牌产品。因为优质商品是从质量角度对商品作出的界定，而名牌产品是从品牌角度对产品进行的界定。

---

❶　法释〔2007〕2 号。

❷　《最高人民法院关于审理商标民事纠纷案件使用法律若干问题的解释》（法释〔2002〕32 号）。

❸　《最高人民法院关于审理不正当竞争民事案件应用法律若干问题的解释》（法释〔2007〕2 号），第 1 条第 1 款。

❹　参见：意大利费列罗公司诉蒙特莎（张家港）食品有限公司、天津经济技术开发区正元行销有限公司等不正当竞争纠纷案，最高人民法院民事判决书（2006）民三提字第 3 号。

仿冒知名商品特有的名称、包装、装潢的行为，被仿冒者可以向人民法院提起侵权诉讼，也可以向国家工商行政管理部门投诉。在司法程序中，被仿冒者应对其商品的知名度进行举证；而在行政程序中，被仿冒者的举证责任可以适当减轻。1995 年 7 月，原国家工商行政管理局发布了《关于禁止仿冒知名商品特有的名称、包装、装潢的不正当竞争行为的若干规定》（以下简称《关于不正当竞争行为的若干规定》）。该规定第 4 条明确了知名商品的认定可以采用推定的方法，即"商品名称、包装、装潢被他人擅自作相同或者近似使用，足以造成购买者误认的，该商品即可认定为知名商品。"此条规定具有较强的可操作性，但《关于不正当竞争行为的若干规定》属于部门规章，法律位阶较低；且理论界、实务界对此条"被仿冒，便知名"的规定，也多有不同意见。因此，若当事人对工商部门的处理结果不服向人民法院起诉时，法院很可能不会采取如此标准来认定知名商品。

（二）知名商品特有的名称、包装、装潢的认定

1. 商品的名称、包装、装潢

何谓商品的名称、包装、装潢，《反不正当竞争法》及其司法解释同样未作规定。根据《关于不正当竞争行为的若干规定》第 3 条的规定，商品的名称应显著区别于其通用名称，而且未作为商标进行注册；商品的包装，是指为识别商品以及方便携带、储运而使用在商品上的辅助物和容器；装潢，是指为识别与美化商品而在商品或者其包装上附加的文字、图案、色彩及其排列组合。关于装潢，最高人民法院在相关案件裁决中分为两种类型："一类是文字图案类装潢，即外在于商品之上的文字、图案、色彩及其排列组合；另一类是形状构造类装潢，即内在于物品之中，属于物品本体但具有装饰作用的物品的整体或者局部外观构造，但仅由商品自身的性质所决定的形状、为实现某种技术效果所必需的形状以及使商品具有实质性价值的形状除外"，❶ 并明确了形状构造类装潢可以作为知名商品

---

❶ 宁波微亚达制笔有限公司与上海中韩晨光文具制造有限公司、原审被告宁波微亚达文具有限公司、原审被告上海成硕工贸有限公司擅自使用知名商品特有装潢纠纷案（以下简称"中韩晨光案"），最高人民法院民事裁定书（2010）民提字第 16 号。

特有装潢的条件。❶本书作者并未检索到最高人民法院将装潢分为文字图案类装潢及形状构造类装潢的依据。所谓的"形状构造类装潢",实质上是商品的构造或形状本身。❷ 在我国反不正当竞争法明确规定仅保护知名商品的特有名称、包装、装潢的情形下,能否将商品的构造或形状解释为装潢,并按照文字图案类装潢的标准提供保护,是一值得认真研究的问题。❸在其他法域,能否通过反不正当竞争法对商品的构造或形状进行保护存在争议。一种观点认为,作为自由市场制度的固有原则,对于未受特别法如专利、版权、设计或者商标法保护的产品设计或形状、外观或者商品其他的视觉特征,市场参与者可自由模仿。❹例如,《比荷卢统一设计法》(1975)第 145(5)条对本可通过注册并获得保护的设计,禁止通过反不正当竞争法对其予以保护。在有些法域,虽可通过反不正当竞争向商品的形状或外观提供保护,但规定了不同的标准。例如,《日本不正当竞争防止法》规定,转让、租赁,出于转让、租赁目的展示,以及进口或出口模仿他人商品构造(实现商品功能必不可少的构成除外)的行为,属于不正当竞争;"商品构造"是指可为消费者或其他购买者在正常使用商品时可感知的商品外部或内部形状,以及与该形状相结合的图案、颜色、色泽及纹理等;"模仿"是指以他人商品构造为基础,制造具有实质相同构造产

---

❶　最高人民法院指出:"与外在于商品之上的文字图案类装潢相比,内在商品之中的形状构造类装潢构成知名商品的特有装潢需要满足更严格的条件。这些条件一般至少包括:(1)该形状构造应该具有区别于一般常见设计的显著特征。(2)通过在市场上的使用,相关公众已经将该形状构造与特定生产者、提供者联系起来,即该形状构造通过使用获得了第二含义。也就是说,一种形状构造要成为知名商品的特有装潢,其仅仅具有新颖性和独特性并对消费者产生了吸引力是不够的,它还必须能够起到区别商品来源的作用。只要有充分证据证明该形状构造特征取得了区别商品来源的作用,就可以依据知名商品的特有装潢获得保护。"对于商品形状构造的显著特征或第二含义的取得,世界知识产权在相关著作中表明这一般并不容易证明,因为该商品的形状构造必须为相关消费者认可是起到标明商品来源的作用。参见:*WIPO Intellectual Property Handbook: Policy, Law and Use*, WIPO Publication No. 489(E), p.141.

❷　商品的"构造"的英文为"configuration","形状"的英文为"shape",二者的上位概念为"商业外观",即"trade dress"。根据《元照英美法律大辞典》的解释,"商业外观"是指"产品和服务的外包装,它可以使产品及其包装的外形与设计,也可以是提供服务场所的装潢,例如,某特定品牌的香水瓶或软饮料瓶子具有显著特征的外形……";根据《布莱克法律辞典》的解释,"商业外观"是指一产品或商业企业在市场的整体外观或形象,对产品而言,商业外观一般包括包装及标签,而对企业则包括其设计及装饰。

❸　以最高人民法院对"中韩晨光案"的裁决为指引,地方法院在实践中亦是将产品的外观作为装潢予以对待,参见:BTSR 国际有限公司诉慈溪太阳洲纺织科技有限公司不正当竞争案,上海市第一中级人民法院民事判决书(2014)沪一中民五(知)终字第 5 号。关于对此案的评析,参见:范静波. 商品形状的反不正当竞争法保护 [N]. 中国知识产权报, 2014-11-12(9).

❹　*WIPO Intellectual Property Handbook: Policy, Law and Use*, WIPO Publication No. 489(E), p.143.

品的行为。❶此条立法目的是为了制止依样模仿或者高度模仿（slavish imitation）行为，以激励新产品的开发，❷而非为了避免来源的混淆。商品的构造或者形状的保护，因涉及重大的利益，故在我国宜由立法机关通过法律制定或修改的方式确定。

2. 特有的名称、包装、装潢

具有区别商品来源的显著特征的商品的名称、包装、装潢，应被认定为特有的名称、包装、装潢。❸因此，具有显著特征是一名称、包装、装潢能够被认定为特有的名称、包装、装潢的关键。所谓显著特征，又称为可识别性，是指该名称、包装、装潢，可以使其商品与其他商品区分开来，具有识别商品来源的功能，即该商品名称、包装、装潢不应为相关商品所通用的。基于此，下列名称、包装和装潢，不应被认定为特有的名称、包装、装潢：（1）商品的通用名称、❹图形、型号；（2）仅仅直接表示商品的质量、主要原料、功能、用途、重量、数量及其他特点的商品名称；（3）仅由商品自身的性质产生的形状，为获得技术效果而需有的商品形状以及使商品具有实质性价值的形状；（4）其他缺乏显著特征的商品名称、包装、装潢。❺前款第（1）、（2）、（4）项规定的情形经过使用取得显著特征的，可以认定为特有的名称、包装、装潢。❻

例如，在阳光绿洲旅行社诉北京三七二一公司、长城旅行社不正当竞争纠纷案中，受诉法院认为，阳光绿洲旅行社设立的"北京旅游网"网名

---

❶ Article 2 of *the Unfair Competition Prevention Act of Japan*（Act No. 47 of 1993）.

❷ Y TAMURA. Protection of the First Mover Advantage：Regulation against Imitation of the Product Configuration in Japan［G］//N Lee et al. Intellectual Property, Unfair Competition and Publicity. Edward Elgar, 2014：222.

❸《最高人民法院关于审理不正当竞争民事案件应用法律若干问题的解释》第2条。

❹ 关于商品的通用名称不能作为知名商品的特有名称受到保护，参见：北京地坛医院诉江苏爱特福药物保健品有限公司等擅自使用知名商品特有名称纠纷案。此案二审法院认定，地坛医院虽然最先研制开发"84"消毒液，但由于其在有关技术转让合同中，并未对"84"名称作出任何特殊约定，以至于"84消毒液"作为该类商品的名称被普遍使用，故"84"消毒液并非知名商品的特有名称。

❺《最高人民法院关于审理不正当竞争民事案件应用法律若干问题的解释》第2条。最高人民法院的相关司法政策及判例表明，知名商品的特有名称、包装及装潢是作为未注册商标予以保护的，故商标法中关于不得作为商标注册的规定同样予以适用。

❻ 上述几款所涉及的标识或商业外观具有描述性，故只有通过使用获得了显著性或"第二含义"（secondary meaning）时，方可受到保护。第二含义，意指对于某描述性标识在市场上进行的持续且排他性的使用，已有相当数量的消费者知道了该标识，并将使用该标识的行为与特定的商业来源联系在一起。参见：*WIPO Intellectual Property Handbook*：*Policy, Law and Use*, WIPO Publication No. 489（E）, p.141.

单纯由"地区名称+行业名称+结构形式"组成，其使用方式和名称组成属于通用名称的范畴。阳光绿洲旅行社的使用未使"北京旅游网"具有"第二含义"，未形成显著的识别性，该旅行社对"北京旅游网"名称不应享有独占、排他性的权利。阳光绿洲旅行社关于其独家享有"北京旅游网"网站名称权，北京三七二一公司及长城旅行社的涉案行为构成不正当竞争的相关诉讼主张均不成立。❶ 此案中，阳光绿洲旅行社提供的旅游信息服务在相关公众中尚未达到知名的程度，加之其"北京旅行网"的名称本身不具有区分服务来源的显著特征，而原告也未能证明该网站名称已经通过使用获得了显著特征，故"北京旅行网"不能作为原告知名商品的特有名称，受到《反不正当竞争法》第 5 条第（2）项的保护。

（三）混淆、误认的认定

1. 混淆、误认的主体

关于混淆、误认的主体，《反不正当竞争法》第 5 条所规定的为"购买者"，《关于不正当竞争行为的若干规定》第 5 条限定为"一般购买者"，而《反不正当竞争法司法解释》第 4 条使用的是"相关公众"。在司法实践中，误认的主体常被定义为"相关消费者"或者"一般消费者"。所有这些不同的称谓，在含义上应该是一致的。根据司法解释，知名商品是指在中国境内具有一定的市场知名度，为相关公众所知悉的商品。知名度的范围为"相关公众"，因此误认的主体亦应为相关公众。如上文所述，相关公众既包括某类商品有关的消费者，也包括与该商品营销有密切关系的其他经营者。但误认的主体首先应是一般消费者，而不应是经营者。经营者的误认，是认定误认比较高的标准，因为经营者在某种情况下具有专门的知识及经验。一般消费者的误认，并不必然导致相关经营者的误认；反之，如果产品的名称、包装、装潢足以导致了相关经营者的误认，则一般消费者必然会产生误认。

2. 混淆、误认的认定原则和方法

为了达到与他人知名商品相混淆、误认的目的，仿冒者必须使用与他人知名商品的特有名称、包装、装潢相同或相近似的名称、包装或者装

---

❶ 北京市第二中级人民法院书（2005）二中民初字第 83 号。阳光绿洲旅行社一审判决后不服，向北京市高级人民法院上诉，上诉请求亦未得到二审法院的支持，参见：北京市高级人民法院民事判决书（2005）高民终字第 1195 号。

潢。名称、包装、装潢相同或相近似的判定方法，根据司法解释的相关规定，❶可以参照商标相同或近似的判定原则或方法。商标相同或近似的界定，以及认定商标相同或者近似的原则，《最高人民法院关于审理商标民事纠纷案件适用法律若干问题的解释》❷第 9 条、第 10 条分别作出了规定。

3. 混淆、误认的标准及形式

混淆、误认的标准，根据相关司法解释是指足以使相关公众对商品的来源产生误认❸。因此，混淆、误认仅仅指一种可能性，并不要求发生实际混淆、误认行为。当然，若已经发生了混淆、误认，则可证明存在混淆、误认的可能性。另外，若仿冒者在相同商品上使用了与知名商品相同或者视觉上基本无差别的商品名称、包装、装潢，应当视为足以造成和他人知名商品相混淆。在此情况下，知名商品的经营者无须为混淆、误认问题举证。

混淆、误认的形式包括两种：一是使相关公众认为其购买的商品或者接受的服务直接来源于知名商品的经营者；二是使相关公众误认为其购买的商品或者接受的服务与知名商品的经营者具有特定联系，如特许经营、许可使用、关联企业（分公司、子公司）关系等。

知名商品特有名称、包装、装潢的认定，尤其是混淆、误认的判定，实践中常存在分歧。例如，在乐天公司诉好丽友公司等不正当竞争纠纷案中，受诉法院认定：乐天公司的"乐天牌木糖醇无糖口香糖"在消费者中享有较高知名度，为知名商品。"木糖醇"是甜味食品添加剂的名称，非特有名称，包装也非特有包装。好丽友公司使用的塑料瓶瓶贴与乐天公司在先使用的塑料瓶瓶贴整体上近似。一审法院认为，被告使用了与原告商品相似的装潢，足造成消费者的误认；二审法院则认为，尽管好丽友公司与乐天公司使用的塑料包装瓶相同、包装瓶瓶身的瓶贴相似，但消费者不会因此而将两者误认，其理由为于口香糖这种商品而言，其消费群体是比较固定的，且消费者主要是看牌购物，而不是主要根据包装、装潢来区分商品。❹

---

❶《最高人民法院关于审理不正当竞争民事案件应用法律若干问题的解释》第 4 条第 3 款规定："认定与知名商品特有名称、包装、装潢相同或者近似，可以参照商标相同或者近似的判断原则和方法。"

❷ 法释［2002］32 号。

❸《最高人民法院关于审理不正当竞争民事案件应用法律若干问题的解释》第 4 条第 1 款规定："足以使相关公众对商品的来源产生误认，包括误认为与知名商品的经营者具有许可使用、关联企业关系等特定联系的，应当认定为反不正当竞争法第五条第（二）项规定的'造成和他人的知名商品相混淆'，使购买者误认为是该知名商品。"

❹ 北京市高级人民法院民事判决书（2005）高民终字第 319 号。

依照二审法院的判决理由，在处理此种纠纷时首先要区分涉案商品有无固定的消费者，以及消费者购物的主要标准是什么。对此应由被告方举证，还是由法官自由裁量？同样，依照此种判理，将有众多小商品的特有的名称、包装、装潢被排除在保护之外。故二审法院的观点值得商榷。最高人民法院在相关判决中指出，当原告知名商品的包装、装潢的整体形象具有区别商品来源的显著特征，而被告商品的包装、装潢与原告知名商品的特有包装、装潢在视觉上非常近似，即使双方商品存在价格、质量、口味、消费层次等方面的差异和厂商名称、商标不同因素，仍不免使相关公众易于误认双方商品存在某种经济上的联系，即会产生消费者的混淆、误认。❶ 本书认为，最高人民法院的观点更具有合理性，也符合反不正当竞争法的立法本意。

（四）知名商品特有名称、包装、装潢保护的限制

我国《反不正当竞争法》及《反不正当竞争法司法解释》是将知名商品的特有名称、包装、装潢作为一种标识性的权益，具体而言是作为未注册商标，予以保护的。因此，商标法中的许多规定，均适用于知名商品的特有名称、包装、装潢的保护。商标法关于商标保护限制的规定亦适用于知名商品的特有名称、包装、装潢。这主要体现在以下几个方面。

1. 商标法上的禁用标志同样得不到反不正当竞争法的保护

我国《商标法》第 10 条规定了一些不得作为商标使用的标志。这些标志涉及重大社会公共利益，因此，商标法规定这些标志不得使用，更不能作为商标注册。如果有人使用了这样标志，因其使用行为本身是违法的，❷ 故其也无权依照《反不正当竞争法》第 5 条第（2）项规定来请求保护。

2. 他人正当使用的自由

知名商品特有的名称、包装、装潢中含有本商品的通用名称、图形、型号，或者直接表示商品的质量、主要原料、功能、用途、重量、数量以及其他特点，或者含有地名，他人因客观叙述商品而正当使用的，不构成

---

❶　意大利费列罗公司诉蒙特莎（张家港）食品有限公司、天津经济技术开发区正元行销有限公司等不正当竞争纠纷案，最高人民法院民事判决书（2006）民三提字第 3 号。

❷　根据《商标法》第 48 条的规定，使用未注册商标违反《商标法》第 10 条规定的，由地方工商行政管理部门予以制止，限期改正，并可以予以通报或者处以罚款。

不正当竞争行为。❶

3. 有限制的排他权

知名商品特有的名称、包装、装潢仅仅是一种应受法律保护的利益，本身并非是一种民事权利。反不正当竞争法对其保护的理论基础是诚实信用原则、避免相关公众的混淆以及维护正常的竞争秩序。因此，经营者有权制止他人恶意模仿其知名商品特有的名称、包装、装潢，但其不享有绝对禁止他人使用的权利。如上文所述，知名商品具有地域性。在不同地域范围内使用相同或者近似的知名商品特有的名称、包装、装潢，在后使用者能够证明其善意使用的，不构成《反不正当竞争法》第 5 条第（2）项规定的不正当竞争行为。因后来的经营活动进入相同地域范围而使其商品来源足以产生混淆，在先使用者请求责令在后使用者附加足以区别商品来源的其他标识的，人民法院应当予以支持。❷

二、擅自使用他人企业名称行为
(一) 企业名称及企业名称权的取得

企业名称是识别、区分企业及其商业活动的标志，❸是整个企业商业信誉的载体。因它可以帮助消费者在日益丰富的商品及服务市场中，找到自己想得到的商品或服务，故其对消费者而言，是一种非常重要的信息来源。企业名称由企业所在地行政区划名称、字号（商号）、行业或者经营特点、组织形式等依次组成，其中字号为企业名称中最重要的部分，是法律保护的核心。具有一定的市场知名度、为相关公众所知悉的企业名称中的字号，可以作为企业名称受到保护。❹ 企业的简称，在一定条件下也可以作为企业名称受到保护。最高人民法院在相关判例中指出，一个企业的简称是否能够特指该企业，取决于该简称是否为相关公众认可，并在相关公众中建立起与该企业的稳定联系；对于具有一定市场知名度、为相关公众所熟知并已实际具有商号作用的企业或者企业名称的简称，可以视为企

---

❶ 《最高人民法院关于审理不正当竞争民事案件应用法律若干问题的解释》第 2 条第 3 款。
❷ 《最高人民法院关于审理不正当竞争民事案件应用法律若干问题的解释》第 1 条第 2 款。
❸ *WIPO Intellectual Property Handbook: Policy, Law and Use*, WIPO Publication No. 489 (E), p.142.
❹ 关于企业字号显著部分的反不正当竞争法保护问题，参见：诺托·弗朗克建筑五金（北京）有限公司诉浙江温州市诺托五金有限公司等不正当竞争纠纷案，北京市第二中级人民法院民事判决书（2009）二中民终字第 17383 号。

业名称,《反不正当竞争法》第 5 条第(3)项对企业名称保护的规定可以适用于保护该企业的特定简称。❶《民法通则》第 99 条第 2 款规定,法人、个体工商户、个人合伙享有名称权;企业法人、个体共商户、个人合伙有权使用、依法转让自己的名称。企业名称权的取得方面,中国境内的企业与境外企业有所不同。

1. 中国境内具备法人条件的企业名称权的取得

中国境内具备法人条件的企业名称实行强制性注册登记制,即企业名称须经工商管理部门核准注册后方可使用。使用未经核准注册的企业名称从事生产经营活动的,将被视为非法经营,并会受到没收非法所得或罚款的处罚。❷ 我国企业名称实行分级注册制。企业名称经核准登记注册后,在规定的范围内享有专用权。❸

2. 中国境外企业名称权的取得

企业名称权,是一种工业产权,一国并不必然负有保护他国企业名称的国际义务,除非双方签有协定或者共同参加了有关的国际条约,或者一国法律作出特别的规定。

《巴黎公约》第 8 条规定,厂商名称应在本联盟一切国家内受到保护,没有申请或者注册的义务,也不论其是否为商标的一部分。也就是说,巴黎公约成员国应对其他成员国的厂商名称(包括企业名称)给予无条件的保护。如果一外国(地区)的企业,其所属国并非巴黎公约成员国,其企业名称在中国能够受到保护的前提是该企业名称在中国进行了商业使用。❹

(二) 擅自使用他人企业名称的行为的认定

我国《反不正当竞争法》第 5 条第(3)项规定,擅自使用他人的企业名称或者姓名,引人误认为是他人商品(包括服务)的行为,是一种不正当竞争行为。实践中,擅自使用他人企业名称的行为主要可分为三种:假冒他人企业名称的行为、仿冒他人企业名称的行为,以及将他人企业名

---

❶ 山东起重机厂有限公司与山东山起重工有限公司侵犯企业名称权纠纷案,最高人民法院民事裁定书(2008)民申字第 758 号。另见:《最高人民法院关于当前经济形势下知识产权审判服务大局若干问题的意见》(法发〔2009〕23 号)。

❷ 《企业名称登记管理规定》(国家工商行政管理局第 7 号令,1991 年 7 月 22 日发布),第 26 条第(1)项。

❸ 《企业名称登记管理规定》第 3 条。

❹ 《最高人民法院关于审理不正当竞争民事案件应用法律若干问题的解释》第 6 条。

称中的字号用作商标，引起他人误解的行为。

1. 假冒他人企业名称的行为

假冒他人企业名称的行为，是指擅自使用与其他企业名称相同的企业名称的行为。此种假冒行为的目的有二：一是假冒者欲利用被假冒方的商业信誉和市场，来销售自己的商品；二是假冒方欲诋毁被假冒方的商业信誉，以挤垮竞争对手，占有对方市场。此种行为，一方面侵犯了企业的名称权，另一方面也是违反了《反不正当竞争法》第5条规定的不正当竞争行为。北京开关厂诉永达恒昌公司案便涉及企业名称假冒问题。在此案中，2000年1月，永达恒昌公司以北京开关厂下属实业公司的名义销售了标有"中华人民共和国北京开关厂制造"字样及北京开关厂的注册商标的560个配电箱，以及12台带有相同标记的配电柜。受诉法院认为，永达恒昌公司未经北京开关厂的许可，非法使用了北京开关厂的企业名称，使购买者误认为其购买的是北京开关厂的产品，其行为构成不正当竞争，应承担相应的民事责任。❶

2. 仿冒他人企业名称的行为

仿冒他人企业名称的行为，是指使用与其他企业名称相近似的企业名称的行为。所谓企业名称近似，是指两个同行业企业，其企业名称中的字号在字音、字形及字（词）义方面非常接近，或字号相同，容易使公众造成混淆或误解。仿冒者的意图在于引起公众对商品的生产者或服务的提供者产生误解，利用被仿冒者的商誉，推销自己的产品。例如，在北京市王致和腐乳厂诉北京市顺义县致和腐乳厂纠纷案中，被告在其销售的大、小坛装腐乳的标签上，将其企业名称缩写成"北京致和腐乳厂"，在其产品简介上也曾使用过该缩写名称。受诉法院认定，被告的行为使销售商与消费者将被告的产品与"王致和"这一老字号联系起来，足以使其误认被告产品与原告产品是同一厂家生产、同一质地的产品。王致和腐乳案中的被告是通过缩写自己合法注册的企业名称的手段，来实现仿冒原告企业名称的目的。实践中还有一些企业，则试图通过看似合法的手段，来达到与他人混淆的目的。宁波埃美柯有限公司诉上海埃美柯阀门有限公司不正当竞争纠纷案是一典型案例。在此案中，原、被告均系经营阀门、水暖器材等产品的企业。1996年10月21日，原告经核准注册了"埃美柯"文字商标，核定使用商品为第6类金属阀门。"埃美柯"品牌在阀门、水暖器材

---

❶ 北京市朝阳区人民法院民事判决书（2000）朝知初字第104号。

等行业中拥有了较高知名度及影响力。被告上海埃美柯公司成立后即散发与原告产品宣传资料十分相似的产品宣传资料。在诉讼中，被告没有陈述其使用"埃美柯"字号的正当理由。一审法院认为，从被告成立后即散发与原告产品宣传资料十分相似的产品宣传资料等行为，可以推定被告具有利用原告产品已经形成的良好信誉搭便车销售自己产品和抢占相同产品市场份额的主观恶意。而从客观上看，被告行为足以造成相关公众对原、被告及原、被告产品的混淆，并损害了原告的商业信誉。原告要求被告承担停止侵害、赔偿损失的民事责任，一审法院予以支持。二审法院作出了驳回上诉、维持原判的判决。❶

本书认为，受诉法院对于此案的处理是完全正确的。作为合法的经营者，在知悉他人企业名称或字号具有知名度或者影响力的情况下，在选择自己的企业名称时应注意避让，而不应有意地"贴"上去，从而达到误导公众的目的。❷ 工商部门对企业名称的登记，不能成为不正当竞争行为实施者免责的理由。

实践中，还有某些行为人试图通过在境外注册登记企业，然后再授权其所控制的境内企业使用境外企业名称的方式，以规避我国对企业注册的审查，从而间接达到其擅自使用国内外知名企业名称或者企业名称中的字号的目的，以造成相关公众对商品产生误认。尽管该行为表面上是使用了行为人自己注册的企业名称或者企业名称中的字号，但其本质上违反了诚实信用、公平竞争原，构成了不正当竞争行为，依法应予制止。❸

另外，应注意的是在后者注册相同字号企业名称的行为，是否构成对在先企业名称的仿冒，取决于在先的企业名称与在后的企业名称是否为同行业以及在先的字号是否具有一定的知名度。在北京百盛轻工发展有限公司诉北京百盛建材集团不正当竞争纠纷案中，原告指控被告使用"百盛"二字作为企业的字号，侵犯原告的企业名称权，使公众误认被告的服务来源于原告，从而构成不正当竞争。此案中，原告于 1993 年 10 月在国家工商行政管理局注册成立，经营范围为出租、管理展销商场、写字楼等；被告于 1995 年 4 月在北京市原昌平县工商局登记注册，其经营范围及实际从事的为建筑材料的制造和销售。在诉讼中原告并未举出在被告成立之前原告的商号在北京地区具有很高知名度及信誉的证据，故一审法院认为，被

---

❶ 上海市高级人民法院民事判决书（2007）沪高民三（知）终字第 37 号。

❷ 这样的案例还很多，另见：北京新港置地房地产经纪有限公司诉北京新港地产投资顾问有限公司不正当竞争纠纷案，北京市高级人民法院民事判决书（2006）高民终字第 969 号。

❸ 上海罗芙仙妮化妆品有限公司诉上海市工商行政管理局金山分局工商行政处罚决定案，载《最高人民法院公报》2009 年第 11 期。

告与原告从事的行业不同，被告生产销售的产品与原告提供的服务也不同，双方的经营场所、消费对象、经营渠道存在相当大的区别，且原告未对被告的企业名称足以引起公众混淆提交充分证据，故其诉讼请求法院不予支持。❶ 二审法院维持了一审判决。❷ 在此案中，原告并不能仅以"百盛"为其字号，就禁止他人以任何方式使用"百盛"二字。对于一些用作商标或商号的常用字词，在其权利人不能证明该商标或字号已经驰名的情况下，权利人更不能享有无限制的排他权。在涉及字号相同的侵犯企业名称权或不正当竞争纠纷案中，人民法院应综合考虑争议字号在相关行业领域和地域范围内的知名度，以及诉讼双方所处行业的近似程度和产生市场混淆的可能性；若原告的企业字号知名度不高且双方当事人从事的主要行业不同时，不宜认定被告构成侵权或者不正当竞争。❸

3. 将他人企业名称中的字号用作商标，能引起他人误解的行为

如上文所述，字号为企业名称中最重要的部分，是法律保护的核心。根据《反不正当竞争法司法解释》第 6 条的规定，具有一定的市场知名度、为相关公众所知悉的企业名称中的字号（以下简称"知名字号"），可以作为企业名称受到保护。若有人擅自将该知名字号在相同或者类似的商品或者服务上用作非注册商标，并引起相关公众混淆、误认，则字号的所有者有权提起不正当竞争诉讼。

若有人擅自将该知名字号在相同或者类似的商品或者服务上申请了商标注册，则知名字号的所有者可以按照《商标法》第 32 条的规定，请求撤消该商标的注册，理由为该知名字号是一种合法的在先权利，该商标注册的行为侵犯了该在先权利。

三、字号、域名模仿他人注册商标的行为

（一）擅自将他人的注册商标作为企业名称中的字号进行登记的行为

依照相关规定，企业名称应当使用符合国家规范的汉字，不得使用汉

---

❶ 北京市第一中级人民法院民事判决书（2001）一中知初字第 259 号。

❷ 北京市高级人民法院民事判决书（2002）高民终字第 441 号。

❸ 湖北中正型钢贸易有限公司诉湖北中正钢结构工程有限公司侵害企业名称纠纷案，湖北省高级人民法院民事裁定书（2010）鄂民立上字第 61 号。参见：《中国指导案例》编委会. 人民法院指导案例裁判要旨汇览（知识产权卷）［M］. 北京：中国法制出版社，2014：613.

语拼音字母、阿拉伯数字等。❶ 因此，企业名称是由文字构成的。同样，文字是商标注册中常用的标识。这样在某些情况下便会产生字号与文字商标的冲突问题。字号与注册商标的冲突，可能产生商标侵权、不正当竞争两种不同的法律纠纷。在有些情况下，被告的行为也可能同时违反了商标法及反不正当竞争法的规定，既构成商标侵权，也构成不正当竞争。根据最高人民法院的相关司法解释的规定，将与他人注册商标相同或者相近似的文字作为企业的字号在相同或者类似商品上突出使用，容易使相关公众产生误认的行为，属于侵犯注册商标专用权的行为。❷ 行为人将他人注册商标相同或者近似的文字作为企业字号进行登记并进行使用的行为，可能也会违反不正当竞争法的基本原则，从而构成不正当竞争。

正泰集团股份有限公司（以下简称"正泰公司"）诉北京正泰亚明照明科技有限公司（以下简称"正泰亚明公司"）侵犯商标权及不正当竞争就是一典型的案例。1997 年 2 月 21 日，正泰公司在第 11 类照明灯、弧光灯、白炽灯等商品上取得"正泰"文字及拼音注册商标专用权，该企业及其注册商标在相关公众中获得了一定的知名度。正泰亚明公司于 2003 年注册成立，其企业名称中的字号为"正泰亚明"。正泰亚明公司与正泰公司同为涉案电器元件、照明灯具等相关产品的生产者。就原告关于被告将与其注册商标相同的文字"正泰"作为企业名称中的字号进行登记，从而构成不正当竞争的指控，一审法院认为，在处理注册商标与注册使用企业名称冲突纠纷案件中，应当遵循诚实信用、保护在先合法权益的原则。涉案照明灯具产品作为一种普通消费品，相关消费者往往在购买时仅施以一般注意力，容易引起消费者对产品来源的误认和混淆。正泰亚明公司的涉案行为显然具有利用他人商誉的故意，足以使相关消费者对涉案产品的来源以及不同经营者之间具有关联关系产生混淆误认，违反了诚实信用的基本原则，构成不正当竞争。二审法院维持了一审判决❸。

在处理注册商标与企业名称中字号的冲突案件中，在认定经营者将他人的注册商标作为字号进行登记构成不正当竞争时，应注意如下几个问题：

（1）注册商标专用权必须为一种在先的权利，而且该商标已经真实地

---

❶ 《企业名称登记管理实施办法》（2004 年修订）第 8 条第 1 款规定："企业名称应当使用符合国家规范的汉字，不得使用汉语拼音字母、阿拉伯数字。"《企业名称登记管理规定》（2012 修订）第 8 条规定："企业名称应当使用汉字，民族自治地方的企业名称可以同时使用本民族自治地方通用的民族文字。企业使用外文名称的，其外文名称应当与中文名称相一致，并报登记主管机关登记注册。"

❷ 《最高人民法院关于审理商标民事纠纷案件使用法律若干问题的解释》第 1 条第 （1）项。

❸ 北京市高级人民法院民事判决书（2006）高民终字第 930 号。

用于商业活动，在相关公众中取得了一定的商誉。这就是在处理此类案件中应该适用的保护合法在先权利原则。

（2）企业名称的登记者所经营的商品或者提供的服务与该注册商标核准的商品或者服务类别相同或者类似，足以使相关公众对该商品或服务的来源产生混淆。从保护社会公共利益出发，此种混淆行为应予以制止。这就是在处理此类纠纷时应该适用的避免混淆原则。

（3）企业名称的登记者的行为属于有意"搭便车"的行为，其看中的是他人注册商标的市场知名度及影响力，从而置正当竞争的基本原则于不顾，属于典型的违反诚实信用原则的行为。这就是在处理此类纠纷时应该适用的诚实信用原则。

（二）将他人注册商标作为域名的核心部分注册的行为

域名是网站所有者在网络中的名称和地址，其本身具有识别功能，即互联网用户可以凭借域名来区分信息服务的提供者。因此，有些企业及个人从域名的识别功能上发现了"商机"，将他人的商标作为域名的核心部分进行注册，以求得在域名的使用或转让中获得利益。对于域名争议，当事人可以向域名争议解决机构提出投诉，也可以直接向人民法院提起民事诉讼。自1999年以来，人民法院已处理了大量的域名案件。为了正确审理涉及计算机网络域名注册、使用等行为的案件，最高人民法院于2001年6月26日公布了《关于审理涉及计算机网络域名民事纠纷案件适用法律若干问题的解释》（以下简称《网络域名司法解释》）[1]。

将他人注册商标注册为域名的行为，有可能构成商标侵权行为。例如，将与他人注册商标相同或者相近似的文字注册为域名，并且通过该域名进行相关商品交易的电子商务，容易使相关公众产生误认的，是一种商标侵权行为。[2] 将他人注册商标注册为域名的行为，有可能构成不正当竞争。根据《网络域名司法解释》第4条的规定，人民法院审理域名纠纷案件，对符合以下各项条件的，应当认定被告注册、使用域名等行为构成侵权或者不正当竞争：（1）原告请求保护的民事权益合法有效；（2）被告域名或其主要部分构成对原告驰名商标的复制、模仿、翻译或音译；或者与原告的注册商标、域名等相同或近似，足以造成相关公众的误认；（3）被告对该域名或其主要部分不享有权益，也无注册、使用该域名的正当理

---

[1] 法释〔2001〕24号。
[2] 《最高人民法院关于审理商标民事纠纷案件适用法律若干问题的解释》第1条第（3）项。

由；（4）被告对该域名的注册、使用具有恶意。

对于在何种情况下，可以认定域名注册者具有恶意的问题，相关司法解释作出了明确规定，即其行为被证明具有下列情形之一的，人民法院应当认定其具有恶意：（1）为商业目的将他人驰名商标注册为域名的；（2）为商业目的注册、使用与原告的注册商标、域名等相同或近似的域名，故意造成与原告提供的产品、服务或者原告网站的混淆，误导网络用户访问其网站或其他在线站点的；（3）曾要约高价出售、出租或者以其他方式转让该域名获取不正当利益的；（4）注册域名后自己并不使用也未准备使用，而有意阻止权利人注册该域名的；（5）具有其他恶意情形的。❶

被告举证证明在纠纷发生前其所持有的域名已经获得一定的知名度，且能与原告的注册商标、域名等相区别，或者具有其他情形足以证明其不具有恶意的，人民法院可以认定被告不具有恶意。

耐克国际有限公司诉广州粤经信息网络有限公司案，便属于擅自将他人的注册商标注册为域名从而构成不正当竞争的典型案例。在此案中，原告为耐克国际有限公司，被告为广州粤经信息网络有限公司。1997 年 9 月 21 日，耐克公司在国际分类第 14 类商品上注册了"NIKE"文字商标。被告粤经公司于 1998 年 5 月 19 日向中国互联网络信息中心注册了"nike.com.cn"域名。在互联网上点击进入 nike.com.cn 网站后，页面上显示一咧嘴欲哭的婴儿头像以及如下文字："此网站正在建设中，没有找到要访问的文件"。受诉法院认为，鉴于原告未提供充分证据证明"NIKE"商标为驰名商标，经公司注册 nike.com.cn 域名的行为未构成对耐克公司"NIKE"注册商标专用权的侵犯。被告恶意将原告的商标"NIKE"注册为域名并加以使用的行为，无偿地占有了原告的商誉，损害了原告的利益；同时有可能导致社会公众误以为该域名的持有者与耐克公司存在某种联系，引起公众对其出处的混淆。故被告的行为违反了诚实信用原则，其行为构成了不正当竞争。❷

---

❶ 《最高人民法院关于审理涉及计算机网络域名民事纠纷案件适用法律若干问题的解释》（法释［2001］24 号），第 5 条。

❷ 北京市第一中级人民法院（2001）一中知初字第 125 号民事判决。被告经合法传唤，无正当理由拒不到庭参加诉讼。一审判决后，也未提起上诉。

第 3 章
误导行为

> 误导行为，是指通过虚假、片面宣传等方式引起消费者对商品的来源、性能、质量等产生误认的行为。常见的误导行为包括对商品作片面的宣传或者对比的行为，将科学上未定论的观点、现象等当作定论的事实用于商品宣传的行为，以及以歧义性语言或者其他引人误解的方式进行商品宣传的行为。在误导行为的判断上，应以一般消费者为判断主体，判断的因素包括日常生活经验、相关公众一般注意力、发生误解的事实和被宣传对象的实际情况等。

经营者在激烈的市场竞争中，通过广告或其他手段宣传自己的商品和服务，本无可厚非。但有些经营者在广告宣传活动中，采取了不正当的手段，违反广告宣传的基本原则进行了虚假宣传。我国《反不正当竞争法》第9条规定，经营者不得利用广告或者其他方法，对产品的质量、制作成分、性能、用途、生产者、有效期限、产地等作引人误解的虚假宣传。❶此条所规定的虚假宣传，以及片面宣传和以其他方式作引人误解的宣传，

---

❶ 此种不正当竞争行为构成的关键在于被告是否实施了以广告或者其他方式对商品进行宣传的行为。例如，法院在一起诉讼中认定经营者在招股文件中所作陈述，不属于广告宣传，故其行为不构成不正当竞争。参见：广州金蟾软件研发中心有限公司诉汉王科技股份有限公司虚假宣传纠纷案，北京市高级人民法院民事判决书（2011）高民终字第3011号。

均属误导行为。● 误导行为不仅蒙蔽了社会公众，而且损害了竞争对手的
利益，因此，属于《巴黎公约》所明确禁止的不正当竞争行为。本章研究
误导行为的种类、误导行为的判定标准等问题。

一、误导行为的种类

实践中常见的误导行为包括以下几种类型：（1）对商品作片面的宣传
或者对比；（2）将科学上未定论的观点、现象等当作定论的事实用于商品
宣传；（3）以歧义性语言或者其他引人误解的方式进行商品宣传。● 以下
将分别予以阐述。

（一）对商品作片面的宣传或者对比

我国《广告法》第 3 条规定，广告的内容应当真实、合法，符合社会
主义精神文明建设的要求；第 4 条规定，广告不得含有虚假的内容，不得
欺骗和误导消费者。《广告法》的上述规定，是对广告发布行为的基本要
求。然而，在实践中有些经营者为了获取高额利润，在宣传自己商品时不
全面、不客观、不真实，甚至和他人的商品进行不恰当的比对。例如，在
超微公司诉巨能公司不正当竞争纠纷案中，原被告双方均为生产、经营钙
制品的经营者，因巨能公司发放的"巨能钙"产品的宣传广告引起纠纷。
在此案中，受诉法院认为，巨能公司在宣传自己的产品"巨能钙"时，使
得消费者误解为在钙的来源上"巨能钙"比"传统钙"要精、细、质高，
且对其产品"巨能钙"在"吸收率""净利用率"的宣传不真实、不全
面，还使得消费者误解为"传统钙"中铅等重金属的含量不符合国家标

● 关于何为误导行为，《欧盟不正当商业行为指令》的界定为，若商业行为中包含了虚假即
不真实的信息，或从整体而言包含了欺骗或可能欺骗普通消费者的表述（使表述所涉事实是真实
的），使得本不会实施交易的普通消费者决定进行交易或者可能进行交易，则此种商业行为构成误
导。参见：Article 6 of DIRECTIVE 2005/29/EC OF THE EUROPEAN PARLIAMENT AND OF THE
COUNCIL of 11 May 2005 concerning unfair business-to-consumer commercial practices in the internal mar-
ket and amending Council Directive 84/450/EEC, Directives 97/7/EC, 98/27/EC and 2002/65/EC of the
European Parliament and of the Council and Regulation (EC) No 2006/2004 of the European Parliament
and of the Council.

● 《最高人民法院关于审理不正当竞争民事案件应用法律若干问题的解释》（法释［2007］
2 号），第 8 条。

准，故巨能公司的行为构成不正当竞争。❶ 在此案中，被告巨能公司在宣传自己产品时，有两点是片面的。首先是关于产品的"吸收率"和"净利用率"，巨能公司将动物实验的结果进行宣传，会使消费者误认为是人体实验之结果；其次是关于传统钙含有铅等重金属的说明，使消费者误认为传统钙为不合格商品，甚至是对身体有害的商品。被告的此种宣传行为不仅违反了我国《反不正当竞争法》的规定，同时也违反了《广告法》的规定。《广告法》第10条规定："广告使用数据、统计资料、调查结果、文摘、引用语，应当真实、准确，并表明出处。"被告在说明其产品的"吸收率"和"净利用率"时具有不真实的成分，而且被告也没有表明该数据的出处。

对商品作片面的宣传，常常体现在经营者所使用的广告语表达的信息不真实、不全面。例如，在广药集团、王老吉大健康公司诉加多宝（中国）公司、广东加多宝公司虚假宣传纠纷案中，被告通过多种途径发布、传播了"加多宝凉茶连续7年荣获中国饮料第一罐""加多宝凉茶荣获中国灌装饮料市场七连冠"及近似内容的广告。受诉法院查明，相关机构出具的2007~2011年《统计调查信息证明》显示，自2007~2011年获得全国灌装饮料市场销售额第一名的是加多宝集团生产的"王老吉"牌凉茶，而加多宝集团在2012年之前使用的是"王老吉"商标，"加多宝"品牌自2012年才开始独立投入使用，并无7年之久，故受诉法院认为，涉案广告语将"王老吉"商标有意识地进行忽略，从而使消费者产生"加多宝"品牌已经存在7年之久的误解，从而使被告获得了不当的竞争优势。❷

经营者在宣传自己的产品时，有时会采用对比广告的方式，将自己的产品与他人产品进行对比。我国法律并不禁止对比广告，但对比广告提供的商品信息应当全面和充分，对产品的组分、性能作客观的比对。若经营者虚构自己产品的组分、性能，并与他人商品进行对比，则其行为具有违法性，应为法律所禁止。如在上述案例中，"巨能钙"的原料来源本身和"传统钙"并无差别，但巨能公司在将其与传统钙对比时，却声称自己产品原料是由粮食深加工而成，这便构成了虚假宣传。此外，经营者在进行产品对比宣传时，经常使用的一个策略是宣称自己的产品为他人产品或某种类型产品的升级换代产品，甚至是替代产品。根据一般消费者的理解，升级换代产品无论是在质量或者性能上将优于"老产品"。在没有明确的依据的情形下，此种商品对比的行为亦构成不正当竞争。

---

❶ 北京市朝阳区人民法院民事判决书（1998）朝经初字第1943号；北京市第二中级人民法院民事判决书（1998）二中知终字第47号。

❷ 张玲玲. 王老吉诉加多宝虚假宣传案一审宣判 [N]. 人民法院报，2014-12-04（3）.

（二）将科学上未定论的观点、现象等当作定论的事实用于商品宣传

在一个崇尚科学的社会，科学观点甚至科学家的言论时常被经营者用作商品促销的工具及利器。然而，科学是一不断发展的过程，也是一逐步修正谬误的过程。在这一过程中，许多问题本身在学术、专业上尚存在争论。对这些没有定论的观点，作为"门外汉"的一般消费者是不可能清楚的。如果经营者在宣传过程中，将这些本无定论的观点当作已有科学定论的事实，用于宣传自己的产品，则其行为构成不正当竞争。

例如，在多灵多公司诉百慧公司不正当竞争纠纷案中，原被告双方均系多不饱和脂肪酸类食品的生产商。原告产品中有效成分 DHA、EPA 的含量高于被告产品，而被告在广告中称：上述两种成分在人体内存留会代谢成性激素，服用过量会致使儿童过度兴奋，而含量过高对治疗成年人阳痿有效，对孩子则会造成后患。原告以被告广告内容虚假为由向法院提起诉讼。法院经审理查明，关于 DHA、EPA 在食品含量的最低安全标准以及对治疗阳痿功效等问题在学术界尚存在争议。被告将现仍没有科学统一定论的问题向社会公众散布，引起公众对此争议问题认识上的混乱和困惑，甚至会造成消费者对此类食品的排斥心理，足以造成误解，故被告的行为构成不正当竞争。❶

在此案诉讼之日，DHA、EPA 治疗阳痿的功效问题国内外均无最终定论，被告却将具有学术争议的观点，作为一种事实对消费者进行宣传。消费者依据被告的广告内容将产生原告产品会对胎儿发育产生不利影响的印象，无疑使原告在竞争中丧失优势。

（三）以歧义性语言或者其他引人误解的方式进行商品宣传

我国《广告法》对广告宣传的语言未进行明确规范。❷ 作为介绍、推销自己产品的一种活动，经营者尽可在广告中使用华丽的辞藻、优美的语言，在宣传方式上各显神通。然而，经营者在进行广告宣传时不应使用具有歧义性的语言进行宣传，或者以容易引起消费者误解的其他方式进行商

---

❶　北京市海淀区人民法院民事判决书（1996）海知初字第 31 号；北京市第一中级人民法院民事判决书（1997）一中知终字第 57 号。

❷　《广告法》第 7 条只是要求在广告中不得使用"国家级""最高级""最佳"等用语。在广告用语上无其他要求。

品宣传。在巴黎婚纱摄影公司诉北京米兰春天婚纱影楼不正当竞争纠纷案中，❶ 原告指控被告的宣传行为具有误导性。此案的基本事实及法院裁决理由如下。

在北京地区的婚纱摄影行业中，原告享有一定的知名度。被告的招牌广告及报刊广告中标明"巴黎婚纱原店经理吴骏、薇薇新娘原店经理赵永裕共同主持"；其中"巴黎婚纱"及"薇薇新娘"并列一行，字形较大，其字型在广告中仅次于"米兰春天"几字。原告认为，被告的宣传活动，对消费者产生严重误导，构成不正当竞争。

受诉法院认为，被告广告中用语虽系对吴骏经历的描述，但所产生的作用并非仅是介绍吴骏本人的经历，更重要的是突出吴骏曾在原告处担任经理的身份，并使公众认为该身份代表了原告的管理、业务及服务水平，也会使公众认为被告在业务、管理或隶属关系上可能与原告存在某种程度的联系，形成误认。

此案被告在广告宣传中并没有使用具有歧义性的语言，如其在介绍吴骏的身份时，使用的是"巴黎婚纱原店经理或原巴黎婚纱店经理"的用语。被告广告宣传的不当之处在于其对吴骏身份介绍的目的，是为了说明其自身的服务水平，而此种用语可能会使相关公众对原、被告之间的关系产生误认。

以上几种常见的误导行为的共性为经营者对自己商品或者服务所进行的宣传，要么具有虚假的成分，要么是片面的，要么采用歧义性语言或其他引人误解的方式；经营者希望一般公众被误导，以影响其购买决定或者购买行为。

二、误导的判定标准

我国《反不正当竞争法》第 9 条所制止的不正当竞争行为的实质是经营者的广告或其他宣传行为"引人误解"，误导了公众。那么，误导的判断标准是什么呢？误导的判断标准主要涉及两个方面的问题：一是被误导的主体；二是判定时应考虑的因素。

（一）被误导的主体

广告宣传所针对的对象是一般消费者。因此，是否"引人误解"，是

---

❶ 北京市第一中级人民法院民事判决书（2000）一中知初字第 76 号。

否受到了误导，应从一般消费者的角度进行判断。一般消费者具有常识性的知识，而不具备某些专门性的知识或者技能。桑普公司诉创先利公司不正当竞争纠纷案❶，便涉及误导的判断主体问题。

桑普公司与创先利公司均为民用平板式电暖器的生产厂商。自 1996 年 11 月起，创先利公司销售 XT800 节能型电暖器，并随商品散发彩色宣传广告页。广告页标示有"800W 的额定功率所发散的热量相当于油汀电暖气 1500W 所发散热量，使电耗节约一倍以上"的商品性能说明。桑普油汀电暖器系列产品中有额定功率 800W、1300W 及 1600W 三个品种。故桑普公司认为被告创先利公司的行为构成不正当竞争。经查，原被告生产的平板式电暖器的工作原理相同，诉讼中创先利公司在举证期限内未能提交科学、准确、完整的全部技术档案。

在此案中，创先利公司在其产品的广告彩页中，刻意将"节能"作为 XT800 节能型电暖器一个突出的性能特点，并具体地告知了社会公众此类型产品的独特之处是其 800W 额定功率的电暖器所发散的热量能够相当于 1500W 同类产品的散热量，电耗将会节约一倍以上。被告创先利公司关于产品性能的广告宣传，给一般消费者留下了被告产品节能、性能优越的印象。虽然一般消费者在中学教科书上学习过能量守恒定律，但在具体的购物环境中难以意识到被告的宣传不符合科学常识，并受到被告广告宣传的误导。面对同样的广告宣传资料，专家会意识到被告宣传中存在一些问题。同样，对作为电暖器制造厂家的原告而言，会对被告与公知的科学定律相悖的广告用语感到不解、疑惑，进而通过法律手段维护自身权益。因此，在认定被告的宣传行为是否构成误导时，应以一般消费者的认识水平及能力进行判定，而不能以专家或专业人士的眼光来认定。

在此案中，受诉法院认为：创先利公司无法向法院提交其广告中对产品在散热量和电耗节约性能上所陈述的、足以否定国内外热能研究领域内公认的科学定律的证据，从而使该广告的商品性能宣传失去了理应具备的真实依据，致使广告内容上虚假、失实。而虚假的商品广告不仅将会使创先利公司的经营活动违背诚实信用原则及公认商业道德，误导消费者的购买意向，而且使同行业经营者受到不正当竞争的侵害，销售市场的份额被不法挤占，其行为扰乱了经济体制的整体环境和破坏了商业竞争的衡平状态，其行为构成不正当竞争。

在被误导的主体上，自 20 世纪 30 年代以来，美国曾采用"愚人标准"，即以一位不善思考、低于正常判断能力的人为判断标准。如果"愚

---

❶ 北京市海淀区人民法院民事判决书（1998）海知初字第 7 号。

人"不会被某广告所欺骗，则该广告不为虚假广告。该标准充分保护了消费者的利益，但对广告主和广告经营者却过分苛刻，故 1983 年美国联邦贸易委员会放弃了该标准，转而采用普通消费者的标准，即只有普通消费者在合情合理的情况下受到广告误导时，该广告宣传才能被认定为虚假的。❶目前，一些国家也是采用了此种标准。而在法官根据自身经历作出相关判断时，则存在将普通消费者界定为见多识广、足够聪明从而不易上当受骗的趋势。❷ 而在德国，则强调消费者一般是信息较为闭塞、准备不足、容易上当的群体，故误导经常通过实证如消费者调查的方式予以证明，且在10% ~15% 的受调查的消费者受到误导时，则误导行为构成。❸ 在被误导的主体上，我国不能选择"愚人标准"，也不能选择"消费者见多识广标准"，而应以普通消费者为标准。

（二）判定时应考虑的因素

如上文所言，被误导主体为一般消费者。在判断误导是否成立时，人民法院或者行政机关所关注的是经营者所做宣传或陈述对一般消费者所产生的影响，而非该宣传或陈述作出的方式。❹ 误导仅局限于那些可引起消费者误解的表示。❺

在诉讼中，原告可以提交一般消费者受到了误导的证据，包括具有资质的市场调查公司出具的市场调查报告。法律所称的"引人误解"或者误导，并不要求误解或者误导的实际发生，只要存在误解或者误导的可能性就已足够。当然，若原告证明实际的误导的存在，则可证明被告的宣传行为存在误导的可能性。如果在诉讼中，原告不能举出误导实际发生的证据，也未提出能够为法院所采纳的市场调查报告，则法官应将自己摆在普通消费者的位置，结合个案的具体情形来认定被告的行为是否足以误导普通消费者。在作出判定时，法官应考虑一系列的因素，如日常生活经验、相关公众一般注意力、发生误解的事实和被宣传对象的实际情况等。❻

从误导行为判定的主体考察，众多"脑白金"广告宣传纠纷案很具有"标本"价值，颇值得关注。

---

❶ 北京市第二中级人民法院. 不正当竞争案件审理中的若干问题研究 [J]. 电子知识产权, 2005 (1)：33.

❷ *WIPO Intellectual Property Handbook：Policy，Law and Use*，WIPO Publication No. 489（E），p. 145.

❸❹❺ *WIPO Intellectual Property Handbook：Policy，Law and Use*，WIPO Publication No. 489（E），p. 146.

❻ 《最高人民法院关于审理不正当竞争民事案件应用法律若干问题的解释》第 8 条第 3 款。

在若干年之前，"脑白金"礼盒产品外包装上印有"脑白金里有金砖"彩色图文，还特别标明"上海老凤祥特别打造的 99.99% 金砖"及"价值5000 元"等字样。根据这一宣传，有消费者认为每个"脑白金"礼盒中都应该有金砖，故在打开礼盒未发现"金砖"后，纷纷以生产厂家、销售商虚假宣传为由而将其诉诸法院。在众多的诉讼中，天津市和平区人民法院于 2007 年 8 月 22 日对其中两起作出判决。法院认为：❶

经法庭组织双方质证，原被告对被告所进行的销售为有奖销售活动并无异议。"脑白金里有金砖"应认定为一则广告语，按照普通消费者的认知水平和识别能力，尚不足以因此广告语而认为购买产品必得金砖。另外，被告为有奖销售活动制定了活动细则，该活动的 500 张防伪卡经无锡市公证处公证已随"脑白金"生产流水线投放于产品之中，现原告提出"脑白金里有金砖"系虚假广告宣传、对原告构成欺诈证据不足，故驳回了原告的诉讼请求。

本书认为，在此案中，受诉法院认为应按照普通消费者的认知水平和识别能力来判定被告的行为是否构成虚假宣传的观点值得肯定。在此案中，原告以 256 元的价格购买了两盒脑白金，如果每盒中都有一块价值5000 元的金砖，这将是"非常划算的买卖"。因此，应该以普通消费者的眼光去看待"脑白金里有金砖"的宣传，从而认定其为广告语，不是生产者、销售者对消费者"每盒脑白金里都有金砖"的承诺。

在判断广告宣传行为是否构成误导时，应对广告宣传语言本身有所认识。虽然法律对广告的真实性有要求，但并不苛求宣传用语必须非常严谨、精准，像产品说明书或检验报告一样。实践中有些广告如化妆品的广告，经常使用一些修辞方法，如"今年二十，明年十八"，相信一位 20 岁的普通消费者，不会真的认为她使用了该化妆品后明年将变成 18 岁。因此，以明显的夸张方式宣传商品，不足以造成相关公众误解的，不属于引人误解的虚假宣传行为。❷

（三） 对宣传用语的真实性与正当性的举证责任

对宣传用语的真实性与正当性的举证责任是一重要问题。根据多数国

---

❶ "脑白金"里没金砖 消费者起诉"欺诈"被驳回［EB/OL］.［2014-10-14］. http：//www.enorth.com.cn.

❷ 《最高人民法院关于审理不正当竞争民事案件应用法律若干问题的解释》第 8 条第 2 款。有些国家如德国，采用较为严格的标准，推定公众基本相信广告宣传尤其是宣称自身商品或服务独特性（如"最好""第一"）的内容。参见：*WIPO Intellectual Property Handbook*：*Policy*，*Law and Use*，WIPO Publication No. 489（E），p. 147.

家民事诉讼法的一般原则，原告应对误导的可能性承担举证责任。❶ 此原则亦有例外，例如《欧盟关于误导宣传及对比广告指令》则要求其成员国应授权法院或行政机关，根据个案情形要求刊登广告者证明其宣传用语的准确性。❷ 有些国家则将举证责任倒置作为一般规则，即由刊登广告者承担合理证明其广告用语真实性的责任。❸

在我国，针对误导行为，若原告已对被告的宣传用语的真实性与正当性提出质疑并提交相应初始证据的情形下，被告应对此进行举证，否则其行为构成不正当竞争。例如，在重庆市合川区同德福桃片有限公司诉成都同德福合川桃片食品有限公司侵害商标权及不正当竞争纠纷案中，案件基本事实为原告源于 1898 年的同德福斋铺，而被告在其产品外包装上使用"百年老牌""老字号"字样，并在其产品外包装和网站上宣称"同德福"牌桃片创制于清乾隆年间，其品牌源于同德福斋铺等，因被告未能举证证明其与"同德福"斋铺存在何种联系，故其行为构成虚假宣传。❹

---

❶❸ *WIPO Intellectual Property Handbook：Policy，Law and Use*，WIPO Publication No. 489（E），p. 148.

❷ Article 7of DIRECTIVE 2006/114/EC OF THE EUROPEAN PARLIAMENT AND OF THE COUNCIL of 12 December 2006 Concerning Misleading and Comparative Advertising.

❹ 四川省高级人民法院（2013）渝高法民终字第 00292 号民事判决。

第 4 章

商业诋毁行为

> 商业诋毁行为是指在工商业活动中行为人通过捏造、散布虚伪事实，损害竞争对手的商业信誉、商品声誉的行为。商业诋毁行为的构成要件有三个：(1) 诋毁的客体为经营者的商誉；(2) 诋毁的手段为捏造、散布虚伪事实；(3) 诋毁行为造成了损害。从诋毁的客体上，商业诋毁行为可以分为诋毁商业信誉的行为及诋毁商品声誉的行为。商业诋毁行为有时会和误导行为和其他不正当竞争行为产生竞合。

《巴黎公约》第 10 条之二特别禁止的三种不正当竞争行为之一，为"在经营商业中利用谎言损害竞争对方的企业、商品或工商业活动的信誉"。我国《反不正当竞争法》第 14 条规定："经营者不得捏造、散布虚伪事实，损害竞争对手的商业信誉、商品声誉。"根据以上规定，商业诋毁行为可以界定为，行为人在工商业活动中通过捏造、散布虚伪事实，损害竞争对手的商业信誉、商品声誉的行为。商业信誉，指企业信得过的名声及对顾客的吸引力，以及由此带来的经济利益；商品声誉，指商品的名声和荣誉及其对顾客的吸引力，以及由此带来的经济利益。[1] 自反不正当竞争法以一般侵权规则为基础并形成依赖，商业诋毁被视为一种"经典"

---

❶ 吴炯. 反不正当竞争法答问 [M]. 北京：中国经济出版社出版，1994：53.

的不正当竞争行为。❶ 本章将研究商业诋毁行为的构成要件、种类及商业诋毁行为与误导行为及其他不正当竞争行为的竞合等问题。

一、商业诋毁行为的构成要件

商业诋毁，作为一种"打击别人、抬高自己"的行为，在实践中形式多样，不胜枚举。在认定一行为是否构成商业诋毁时，须从三个方面进行考虑：（1）受诋毁的客体为经营者的商誉；（2）商业诋毁的手段为捏造、散布虚伪事实；（3）诋毁行为造成了商誉受损。关于行为人主观上是否必须存在过错方能认定其行为构成侵权的问题，理论及实践上存在争议，本章也将予以探讨。

（一）受诋毁的客体为经营者的商誉

商誉是市场主体——经营者在其商业经营过程中所享有的名誉，是社会公众对其提供的商品、服务质量的综合性社会评价。对于从事经营性活动的法人或者其他组织而言，商誉等同于名誉，对其商誉的贬低等同于对其名誉的侵犯。但对于从事经营性活动的自然人如个体工商户、个人合伙而言，商誉显然不等同于名誉。例如，对于个体工商户业主个人名誉的侵害，不构成商誉的侵害，该业主也不能依据《反不正当竞争法》第14条的规定来主张权利。因此，商业诋毁行为的客体是经营者的商誉。❷

从商业诋毁行为的主体来看，《反不正当竞争法》第14条限定的为"经营者"。不可否认的是，除了经营者之外，消费者甚至媒体也可以成为商业诋毁行为的主体。区分的商业诋毁行为主体为经营者或非经营者的实质意义在于法律适用上。对经营者实施商业诋毁行为，应适用反不正当竞争法的规定，而对于非经营者实施商业诋毁行为的，应适用民事基本法中关于名誉权保护的相关规定。

---

❶ *WIPO Intellectual Property Handbook*：*Policy*，*Law and Use*，WIPO Publication No. 489（E），p. 148.

❷ 此处所称的经营者的商誉，也包括一特定经营者的商誉，也包括特定群体经营者的商誉。参见：*WIPO Intellectual Property Handbook*；*Policy*，*Law and Use*，WIPO Publication No. 489（E），p. 148.

（二）　商业诋毁的手段为捏造、散布虚伪事实

商业诋毁的行为方式很多，但其核心是捏造、散布虚伪的事实，达到贬损他人的目的。如果行为人所宣传、介绍的是一种客观事实，或者对经营者的商品或者服务给予客观、公正的评价，则其行为不构成商业诋毁。上海柯达视听教育器材经营维修部（柯达维修部）诉伊士曼柯达公司、第三人柯达（外贸）公司损害商业信誉纠纷案❶，对捏造、散布虚假事实的认定问题作了很好的诠释。此案的基本案情如下。

1992 年 5 月 8 日，柯达（外贸）有限公司与上海照相器材二厂协议约定，上海照相器材二厂将成立"美国柯达视听教育器材产品经营维修中心"，协议截至 1993 年 6 月 1 日。2001 年 4 月 27 日，伊士曼柯达公司在《解放日报》发表声明：上海柯达视听教育器材经营维修部未经其许可，擅自在企业名称中使用"柯达"文字，严重损害了伊士曼柯达公司的合法权益；要求其立即停止侵权行为，更改企业名称，并采取有效措施消除影响，伊士曼柯达公司将保留对任何侵权行为采取进一步法律行动的权利。原告以被告的上述声明损害了其商誉为由，向法院提起诉讼。

受诉法院认为，原告提供的证据尚不足推断出其使用"柯达"名称的合法性。被告在声明中称原告使用"柯达"名称未经其许可亦属实，所以被告在声明中要求原告停止侵权行为、更改企业名称及保留采取进一步法律行动的权利等措辞并无不妥。综上所述，原告称被告的声明损害了其商誉、构成不正当竞争行为，缺乏事实和法律依据。

此案审理的重点和难点，在于原告在企业名称中使用"柯达"字样是否如声明中所称构成侵权。如果原告有合理的理由使用该字号，则被告的声明构成商业诋毁行为。此案原告证据不足以证明其使用"柯达"字号获得了合法许可，而依据被告的证据可以证明原告的行为违反了《反不正当竞争法》第 5 条的规定，从而构成侵权，因此，被告的声明对原告行为的评价并无不当，不存在散布虚假事实的行为。❷ 现在，越来越多的企业通过借助律师声明的形式来主张自己的权利，向侵权者发出警告，由此引发了律师声明是否构成侵权的问题。此案为此类问题的解决提供了一个很好的思路。❸

---

❶　上海市第二中级人民法院民事判决书（2001）沪二中知初字第 79 号。

❷　吕国强．知识产权案例精选［M］．上海：上海人民出版社，2006：346-347.

❸　类似案件，另见上海市测绘院诉上海红邦企业策划有限公司等商业诋毁案，上海市高级人民法院民事判决书（2008）沪高民三（知）终字第 175 号。

（三）诋毁行为造成了商誉受损

关于商誉诋毁行为及其他不正当竞争行为的构成要件是否应包含"损害"或者"损害后果"，在理论上及司法实践中存在分歧。有观点认为，"不正当竞争是一种扰乱社会经济秩序，损害其他经营者依法从事商品经营、在平等条件下参与市场竞争的合法权益的行为，故通常情况下只要行为人实施了不正当竞争行为，即可认定其构成不正当竞争。"❶ 也有观点认为，损害应当作为商业诋毁行为构成要件之一，理由是客观损害主要是指有损害存在，并不是指能够准确地计算出经济损失的数额；如果经营者捏造、散布虚假事实，客观上完全没有给竞争对手造成任何损失，可以推知这些虚假的事实要么是与竞争对手无关的事实，要么是有利于或者至少是不损害竞争对手的事实，自然不构成侵权。❷ 本书认为，根据我国传统民法理论，损害后果是侵权行为的构成要件之一。在不正当竞争（包括商业诋毁）案件中，侵权行为的构成不宜排除损害后果这一要件。然而，在此类案件中，要求权利人举出充分的证据证明损害后果的存在，一般是比较困难的，在有些情况下甚至是对权利人的一种苛求。因此，在此类案件中可以采用损害后果推定的方法。即只要行为人实施了不正当的行为，可以推定对其竞争对手而言损害后果已经产生，从而认定侵权成立。至于损害的严重程度、范围等，原告应当举证。实在无证可举的，法官可判不予赔偿，或在其自由裁量的范围内判酌定赔偿数额。具体到商业诋毁案件，只要行为人捏造、散布的虚伪事实，从社会公众的眼光看是不利于某经营者的，会对其商誉造成某种程度的损害，则可以认定行为人已给其竞争对手的商誉造成了损害后果，从而认定侵权成立。

（四）过错是否应成为商业诋毁行为的构成要件之一

根据传统的民法理论，商业诋毁作为一种民事侵权行为，其构成要件之一须为行为人在主观上具有过错，即存在故意或者过失。在大多数商业诋毁案件中，行为人也都是积极地实施一些行为，追求他人商誉受损结果的出现，因此，其行为本身是一种故意行为。同样，由于行为人的过失，也会造成他人商誉的受损。甚至在有些情况下，即使行为不存在过错，由

---

❶ 《北京市高级人民法院关于审理不正当竞争案件几个问题的解答（试行）》（京高法发[1998] 73号）第14条。

❷ 陶凯元．广东知识产权案例精选（第二辑）[M]．北京：法律出版社，2004：371-372.

于受到特定技术发展水平的限制，行为人制造、销售的产品在客观上也可能损害了他人的商业信誉。在这种情况下，行为人的行为是否构成侵权呢？KV300 杀毒软件曾误报"写作之星"软件含有黑客程序，并由此引发一场侵犯商业信誉的诉讼。此案案情及法院裁决结果如下。

用户若使用被告北京江民公司的 KV300 杀毒软件在主机中检查原告北京翰林汇科技有限公司的"写作之星"增强版，会出现提示：该程序可执行程序发现 PICTURE. NOTE（黑客程序），请删除，并有 Y/N 的选择提示。当操作者执行删除程序（Y）指令后，在机内备份的原告软件程序不能正常运行，部分被删除。后经查证，上述情况系 KV300 软件产品的误报，"写作之星"增强版中没有黑客程序。原告向被告传真要求其给予书面答复，采取补救措施，并赔偿损失。但被告未给予答复及公开消除影响。

受诉法院认为，被告杀毒软件的误报给原告商誉造成的损害，依照《产品质量法》第 29 条规定，应该得到赔偿。在误报发生后，被告的产品缺陷已属可以发现的缺陷，被告未采取行动公开消除影响，致使被告产品缺陷对原告商誉造成的损害继续存在和扩大。被告此时的行为侵犯了原告的合法权益，对其产品缺陷给原告造成的损失应承担侵权责任，消除影响，公开向原告赔礼道歉并赔偿损失。❶

知识产权侵权行为的构成要件中是否包含过错，过去一直是理论界争论的问题。一种观点认为，过错是侵权行为的构成要件，即行为人无过错，其行为便不构成侵权。另一种观点则主张，过错是侵权行为人承担损害赔偿责任的要件，而不是侵权构成的要件。我国主要的知识产权法律在 2000~2001 年修订时，基本上已解决了这一问题，即在知识产权侵权行为的认定上，即使行为人的主观上没有过错，其行为仍被认定为侵权行为，但是其赔偿责任可以免除。这一观点同样可以应用到侵犯商誉行为的认定上。只要行为人客观上损害了他人的商誉，其行为就应被认定为侵权，便负有停止侵害行为的义务；但由于其不具有过错，故可不承担损害赔偿责任。在上述案例中，在原告通知被告之前，被告的 KV300 杀毒软件在市场上已经出现了误报，客观上已经损害了原告的商誉。但由于此种误报在技术上是不可避免的，因此，被告主观上无过错，故不承担赔偿责任。被告在接到原告通知后，没有采取积极措施予以弥补，甚至继续销售有瑕疵的软件，则其主观上已经具有了过错，因此，应承担损害赔偿责任。受诉法院对此案的裁决结果，也可以佐证其判决的逻辑也是过错不是商业诋毁行

---

❶　北京市第一中级人民法院民事判决书（1999）一中知初字第 51 号；北京市高级人民法院民事判决书（2000）高知终字第 12 号。

为构成之要件。

近年来，互联网公司之间关于侵害商业信誉的纠纷时有发生，一些案件在社会上产生很大影响。例如，腾讯科技（深圳）有限公司诉北京奇虎科技有限公司等不正当竞争纠纷案❶中，受诉法院认定，被告无事实依据地宣称原告 QQ 软件会对用户电脑硬盘隐私文件强制性查看，并且以自己的标准对 QQ 软件进行评判并宣传 QQ 存在严重的健康问题，造成了用户对 QQ 软件及其服务的恐慌及负面评价，使相关消费者对 QQ 软件的安全性产生怀疑，影响了消费者的判断，并容易导致相关用户弃用 QQ 软件及其服务或者选用被告扣扣保镖保护其 QQ 软件，这种评论已超出正当商业评价、评论的范畴，突破了法律界限，故已构成商业诋毁。此案也体现了商业言论自由、商业批评与商业诋毁之关系的问题。对此，正如学者所言，商业言论自由是言论自由的组成部分。❷经营者享有商业言论或者批评的自由，但其评论或批评必须有正当目的，必须客观、真实、公允和中立，不能误导公众和损人商誉；在为竞争目的进行商业评论或批评，尤其要善尽谨慎注意义务。❸

二、商业诋毁行为的种类及竞合

如上文所述，商业诋毁行为的客体是经营者的商誉，商誉包括商业信誉和商品声誉。因此，从受损害的客体上，可以将商业诋毁行为分为损害商业信誉的行为及损害商品声誉的行为。商业诋毁行为，从本质上讲是通过散布对竞争对手不利的虚假信息，从而对消费者的购买决定形成影响，因此，商业诋毁行为在某些情况下，会和误导行为及其他不正当竞争行为产生竞合，在此情况下将产生法律适用及民事责任承担等问题。

（一）诋毁商业信誉的行为

商业信誉是由企业的资信状况、经营者遵守公认的商业道德的表现、企业的字号、商标、商品的质量及价格等因素所决定的。良好的商业信誉

---

❶ 最高人民法院民事判决书（2013）民三终字第 5 号。另见：北京金山安全软件有限公司诉北京三际无限网络科技有限公司等与不正当竞争纠纷案，北京市高级人民法院民事判决书（2011）高民终字第 2585 号。

❷ 孔祥俊. 反不正当竞争法的创新型适用 [M]. 北京：中国法制出版社，2014：52.

❸ 最高人民法院民事判决书（2013）民三终字第 5 号。

代表着企业的良好形象、良好经营状况及竞争优势，因而是企业的一种重要无形资产。

行为人为诋毁竞争对手的商业信誉，有的是指名道姓，❶ 公然捏造、散布不利于该竞争对手的虚假信息，如散布其竞争对手资不抵债，以扰乱该经营者的正常市场交易。有的则采取比较隐晦的方式，甚至通过诋毁、玷污竞争对手的企业名称、字号的方式，来实现自己的企图。

视点公司诉视翰公司侵害商业信誉案❷就是这样的一个案例。

视点公司和视翰公司是两家经营 KTV 设备的公司。2005 年 12 月下旬，视翰公司在其网站上刊载了《京城 KTV 厂家演义》《神州 KTV 厂家演义》两篇文章，当中有多处对比"屎点"公司与视翰公司的内容，声称前者"玩命地黑用户""市场几乎大溃退"等。视点公司认为视翰的行为侵害了其商业信誉，故起诉至法院。

受诉法院认为，视翰公司作为网站的版权所有及经营者，理应对其刊载的文章内容尽合理的审查义务。上述两篇文章，以"屎点公司"影射视点公司，并毫无根据地声称视点公司"市场几乎大溃退"，严重损害了视点公司的商业信誉和商品声誉，视翰公司在其网站上刊载上述文章的行为已经构成不正当竞争，理应立即停止侵权、消除影响和赔偿损失。在此案中，被告以"屎点公司"影射视点公司，并且以"屎点公司"来玷污原告的企业名称，给社会公众以不好的联想，诋毁了原告的商业信誉。

（二）诋毁商品声誉的行为

商品声誉是由该商品的品牌、质量及售后服务等因素决定的。商品声誉，"是随商品存在的一种无形财富和商品价值的增值"，表明了消费者对该商品的信赖程度。良好的商品声誉能给其生产者及经销者带来竞争优势。

诋毁商品声誉的行为，一般是通过对竞争对手的产品质量、性能、使用寿命、性价比，甚至安全性等方面进行贬低来实现的。如在产品宣传

---

❶　关于诋毁行为是否要指名道姓，最高人民法院在相关案件中指出，商业诋毁行为并不要求行为人必须直接指明诋毁的具体对象的名称，即并不要求诋毁行为人指名道姓，但商业诋毁指向的对象应当是可辨别，即只要商业诋毁指向的对象能够为消费者所分辨，可认定该对象的利益受到损害。参见：上海大鹤蛋品有限公司诉上海百兰王贸易发展有限公司商业诋毁纠纷案，最高人民法院民事裁定书（2009）民申字第 508 号。

❷　北京市海淀区人民法院民事判决书（2006）海民初字第 29416 号；北京市第一中级人民法院民事判决书（2007）一中民终字第 4433 号。

中，公然宣传竞争对手的产品为"假冒伪劣产品"等。❶ 在信息技术领域，因将他人软件界定为"流氓软件""恶意软件"的案件而引发的侵害商品声誉案件时有发生。

百度网讯公司、百度在线网络技术公司诉北京三际无限网络公司不正当竞争纠纷案❷便是典型案例。

原告于 2004 年共同开发完成超级搜霸和搜索伴侣软件。被告开发的安全卫士涉案版本以及网址为 www.360safe.com 的网站将超级搜霸和搜索伴侣描述为恶意软件，分别为低危险级别和高危险级别。故原告以被告行为构成不正当竞争为由将其诉至法院。

受诉法院认为，原、被告均系网络服务公司，相互存在同业竞争关系。被告并非经合法授权的网络安全的监督管理者，其无权擅自认定"恶意软件"，且其并未提交充分证据以证明超级搜霸和搜索伴侣存在恶意或者危险之处，故被告之行为缺乏事实和法律依据，属于捏造、散布虚假事实损害竞争对手的商业信誉和商品声誉，从而构成不正当竞争。此案表明，经营者在评价、定性竞争对手的产品时，应该客观公正、用词准确，不得采用一些贬义的词汇来描述竞争对手的产品，否则，便可能构成不正当竞争。

三、商业诋毁行为与误导行为及其他不正当竞争行为的竞合

商业诋毁行为和本编第 2 章所探讨的误导行为的实质作用是相同的，即都是通过向消费者传递某种信息，来对消费者的购买决定或者购买行为产生不当的影响。然而，商业诋毁行为和误导行为也存在一些本质区别，如误导行为实施者所传递的一些虚假的、片面的信息，主要是针对行为人自己的产品或服务的，而商业诋毁行为的实施者捏造、散布的虚假信息，是针对其竞争对手的产品或服务的，前者是通过虚假的宣传来抬高自己，

---

❶ 山东源根石油化工有限公司诉宁波市鄞州山松工程机械有限公司侵犯商标专用权及商业诋毁纠纷案，最高人民法院民事裁定书（2012）民申字第 1503 号。在此案中，源根公司的小松纯正油有很高的知名度，鄞州山松公司在宣传手册中采用对比描述的方法宣称标注有"小松纯正油""XIAOSONG""小松"字样的油品为假冒油品，故源根公司提起诉讼。在此案中，最高人民法院指出，鄞州山松公司指认源根公司产品为假冒油品，实际上已对该产品进行了贬损性的评价，其既不是司法机构也不是行政执法部门或其他相关部门无权对产品是否假冒进行认定，并在经营场所公开散发，由不特定的公众领取，故这种贬损性的评价显然是《反不正当竞争法》第 14 条规制的行为。

❷ 北京市海淀区人民法院民事判决书（2007）海民初字第 17564 号。

后者则是通过打击别人来变相抬高自己。当然，在实践中，有一些商业诋毁行为的实施者一方面打击别人，一方面"直白"地宣扬自己，在此情况下，便产生了商业诋毁行为与误导行为的竞合问题。例如，在本编第 2 章介绍的超微公司诉巨能公司不正当竞争纠纷案中，巨能公司在产品对比中关于传统钙含有铅等重金属的说明，使消费者误认为传统钙为不合格商品，甚至是对身体有害的商品，这实质上构成了对"传统钙"商品声誉的一种侵害。误导行为与商业诋毁行为的竞合，实质是一种法条上的竞合。被侵害者可以同时依照我国《反不正当竞争法》第 9 条及第 14 条来主张权利，即请求法院认定侵权人的行为既构成了误导行为又构成了商业诋毁行为，但在民事责任的承担如损害赔偿上，被侵害人无权双重受偿。

商业诋毁行为，也可以和其他不正当竞争行为产生竞合，如行为人的行为不仅诋毁了其竞争对手的商誉，同时还侵害了其竞争对手的企业名称权、商标专用权等权利。在实践中已出现过此类案例。例如，多年前在某市有甲、乙两个生产瓜子的厂家，两厂的竞争极为激烈。后乙厂仿制了甲厂的包装袋，将自己的劣质瓜子装入甲厂的包装袋中进行销售，导致了甲厂的销售量大幅度下降。甲厂最初找不出原因所在，后发现为乙厂背后所为，故向工商行政管理机关投诉。在此案中，乙厂擅自使用了甲厂的企业名称、商标、包装，其已违反了我国商标法的有关规定以及我国《反不正当竞争法》第 5 条第 1 款、第 2 款、第 3 款之规定，侵犯了甲厂所享有的商标专用权、知名产品特有的包装的专用权以及企业名称专用权，同时，因乙厂的仿冒行为已使消费者误认该劣质瓜子为甲厂所生产，因此乙厂的行为又违反了《反不正当竞争法》第 14 条的规定，侵犯了甲厂的商业信誉及商品声誉。

商誉是经营者重要的无形资产，也是作为商家的民事主体重要的人身权利。商业诋毁行为贬损了竞争对手的商誉，削弱了其竞争优势，因此，是一种较为典型的不正当竞争行为。不过，当诋毁行为的实施者在被认定侵权后，侵权判决本身将对其自身的形象及商誉造成负面的影响。

第 5 章

侵犯商业秘密行为

> 本章研究了商业秘密的概念、保护理论、构成要件，商业秘密侵权行为及其认定，商业秘密侵权抗辩事由，竞业禁止与商业秘密保护之关系等内容。上述内容构成了我国商业秘密法的基本理论框架及实践操作概要。

商业秘密保护，是我国反不正当竞争法的重要内容之一。商业秘密的概念、商业秘密的保护理论、商业秘密的构成要件、侵犯商业秘密的行为及认定、侵犯商业秘密的抗辩事由、竞业禁止及其与商业秘密保护之关系，是本章研究的内容。

一、商业秘密的概念、保护理论及构成要件

（一）商业秘密的概念

商业秘密，依据我国《反不正当竞争法》第 10 条第 3 款的定义，为"不为公众所知悉、能为权利人带来经济利益、具有实用性并经权利人采取保密措施的技术信息和经营信息"。"商业秘密"是一偏正词组，为能够作为秘密保护的信息作出了限定，即该信息必须是来源于商业或者能够在商业中利用的信息，这就使得技术诀窍（know-how）可以受到保护，而将日常生活中的一些小窍门（show-how）排除在了保护范围之外。这一概念

同样将商业秘密和其他具有法律保护正当性及必要性的秘密信息，如个人秘密（隐私）、审判机密等区分开来。随着经济的发展、科技的进步，商业秘密的重要性日益凸显。一些国家纷纷通过刑事立法对商业秘密予以保护。我国 1997 年《刑法》也规定了侵害商业秘密罪。此外，对我国国民经济具有重大影响的商业秘密，可以作为国家秘密受到保护。

商业秘密保护的重要性亦为相关知识产权国际公约所明确。TRIPS 协定第 7 节专节规定了 "未披露信息的保护"（The Protection of Undisclosed Information）。该节所称的未披露信息，主要是指商业秘密。该节为可受保护的未披露信息规定了三个条件：（1）该信息作为一个整体或其信息要素之组合，非为该领域的人员普遍知悉或容易获得；（2）该信息因其秘密性而具有商业价值；（3）该信息的合法控制者已根据信息所处的特定情势，采取了合理的保密措施。

能够作为商业秘密保护的信息具有很宽的范围。如《美国法重述》中对商业秘密所下定义为，"能够用于商业、企业经营，具有秘密性及足够价值，并能带来现实或者潜在经济优势的任何信息。"❶

（二）商业秘密的保护理论

机密商业信息的保护可以追溯到罗马法，法律对引诱雇工披露其雇主商务秘密事项的行为予以救济。现代商业秘密法发端于 19 世纪早期的英国，主要是应对工业革命时期技术诀窍的快速积累及雇员流动性不断增强而带来的问题。❷

商业秘密的保护理论很多，如侵权法理论、合同法理论、合理限制竞争理论、反不正当竞争理论、财产权理论等。❸ 本书认为，在我国商业秘密保护是集财产权理论、合同法理论及反不正当竞争理论于一体的混合理论。财产权理论认为，商业秘密是一种无形财产从而应受保护；合同法理论认为，商业秘密保护是负有保密义务者应尽的合同义务；反不正当竞争理论认为，商业保密保护是市场主体享有的进行公平竞争的重要内容。我国商业秘密保护所依据的财产权理论主要体现在《反不正当竞争法》第 10 条第 1 款第（1）、第（2）项上，❹ 立法者通过使用 "盗窃" "获取" 等字

---

❶❷ *Restatement of the Law*, *Unfair Competition*, As Adopted and Promulgated by THE AMERICAN LAW INSTITUTE, AT WASHINGTON, D. C., May 11, 1993, § 39.

❸ 张玉瑞. 商业秘密法学 [M]. 北京：中国法制出版社，1999：149-315.

❹ "经营者不得采用下列手段侵犯商业秘密：（一）以盗窃、利诱、胁迫或者其他不正当手段获取权利人的商业秘密；（二）披露、使用或者允许别人使用以前项手段获取的权利人的商业秘密。"

样，显然是将商业秘密作为一种财产来对待的。我国颁布的一系列法律，准许以技术秘密（专有技术）投资，也可以证明将技术秘密视为一种财产。❶ 我国商业秘密保护的合同法理论体现在《反不正当竞争法》第 10 条第 1 款第（3）项上，即"违反约定或者违反权利人有关保守商业秘密的要求，披露、使用或者允许他人使用其所掌握的商业秘密"，此项明确规定，违反保守商业秘密的义务，即构成对商业秘密的侵犯。我国商业秘密保护的反不正当理论，体现在反不正当竞争法是我国商业秘密保护的主要法律，该法第 1 条所载明的立法宗旨，如"保障社会主义市场经济健康发展，鼓励和保护公平竞争，制止不正当竞争行为"等显然适用于商业秘密的保护。此外，我国《反不正当竞争法》所制止的不正当竞争行为，如该法第 10 条第 1 款第（1）、第（2）项所明确的行为，所强调的也是侵权人行为的不正当性。

商业秘密的保护可以维护和促进多方面的利益：（1）保护商业秘密早期的案例，强调通过泄密而获得的竞争优势的非正当性，因此，通过追究窃取商业秘密者的责任，剥夺其恶意获取的不当利益，保护权利人不受不正当竞争的侵害；（2）随着时代的发展，商业秘密保护为技术创新提供了商业回报的机会，因而成为鼓励技术投资的工具；（3）商业秘密的保护规则，不鼓励有用信息的"闲置"和"囤积"，鼓励将其向雇员、代理人、被许可人及其他可以使其发挥效能者进行披露，从而提高了知识的利用效率；（4）商业秘密保护，通过对泄密行为及其他不当窃取秘密行为的制裁，有利于个人隐私权的保护。❷ 以上利益可以分为三个方面：一是商业秘密持有者不受他人恶意或不当行为侵害的利益；二是商业秘密持有者的竞争对手及社会公众自由使用公有知识及技能的利益；三是社会公众从鼓励创新、充分竞争中获取的利益。

（三）商业秘密的构成要件

根据我国《反不正当竞争法》第 10 条第 3 款对商业秘密所作出的界定，商业秘密的构成要件如下。

❶ 张玉瑞. 商业秘密法学［M］. 北京：中国法制出版社，1999：314-315.
❷ *Restatement of the Law*, *Unfair Competition*, As Adopted and Promulgated by THE AMERICAN LAW INSTITUTE, AT WASHINGTON, D. C., May 11, 1993, § 39.

1. 秘　密　性

秘密性，是指主张商业秘密保护的信息必须是不为公众所知悉的，即该信息不为其所属领域的相关人员普遍知悉和容易获得。[1] 秘密性的判定，应以所属领域的相关人员为判定主体，不能以社会公众为判定主体。例如，对于冶金领域相关人员普遍了解的信息，造纸行业的相关人员未必普遍了解。此外，秘密性是相对的，法律并不要求某一信息具有绝对的秘密性（即除了该信息的拥有者之外任何人都不了解该信息）才可以受到法律保护。

以下信息不构成不为公众所知悉，从而不具有秘密性：

（1）该信息为其所属技术或者经济领域的人的一般常识或者行业惯例；

（2）该信息仅涉及产品的尺寸、结构、材料、部件的简单组合等内容，进入市场后相关公众通过观察产品即可直接获得；

（3）该信息已经在公开出版物或者其他媒体上公开披露；

（4）该信息已通过公开的报告会、展览等方式公开；

（5）该信息从其他公开渠道可以获得；

（6）该信息无须付出一定的代价而容易获得。

除了上述信息之外，对一般公众而言，一般常识、技能及经验也不具有秘密性。因专利权是通过公开其技术方案而获得排他权保护的一种权利，故专利信息也不具有秘密性，不得作为商业秘密受到保护。

2. 商业价值性

商业价值性，是指该信息能为持有人带来经济利益、具有实用性。具体而言，若有关信息具有现实的或者潜在的商业价值，能为权利人带来竞争优势，则应认定其具有商业价值性。[2] 能够构成商业秘密的信息，之所以对其持有者是重要而宝贵的，就是因为其具有商业价值，能为持有者在市场竞争中取得竞争优势。竞争优势包含两方面的含义：一是财富的增加，如某一技术秘密使得其持有者的产品在市场上性能更优、价格更低，因此给其持有者带来滚滚财源；二是避免了财富的减少或浪费，如某些消极信息或者失败的信息（negative information），即通过某种方式、方法做

---

[1]　《最高人民法院关于审理不正当竞争民事案件应用法律若干问题的解释》（法释〔2007〕2 号），第 9 条第 1 款。

[2]　《最高人民法院关于审理不正当竞争民事案件应用法律若干问题的解释》（法释〔2007〕2 号）。

某事一定不会成功的信息，可以避免资金的浪费。❶ 例如，某企业投入了 50 万元立项研究使用植物根茎制造尼龙的方法，经过无数次实验，证明这一方法在技术上是不可行的。这些失败的信息，对于其他欲从事类似研发的企业而言，因其可以避免研发资金的浪费，故仍具有商业价值。

3. 信息持有者采取了保密措施

信息持有者对该信息采取了保密措施，是指"为防止信息泄露所采取的与其商业价值等具体情况相适应的合理保护措施"。对于信息持有者是否采取了保密措施，不应采取过宽的标准，如只要信息的持有者具有保密的意向，就认可其采取了保密措施；也不可采取过严的标准，要求信息持有者采取的保密措施必须万无一失。最高人民法院在相关案例中指出，符合《反不正当竞争法》第 10 条规定的保密措施应当表明权利人保密的主观愿望，并明确作为商业秘密保护的信息的范围，使义务人能够知悉权利人的保密愿望及保密客体，并在正常情况下足以防止涉密信息泄露。❷ 在认定信息的所有者是否采取了保密措施时，"应当根据所涉信息载体的特性、权利人保密的意愿、保密措施的可识别程度、他人通过正当方式获得的难易程度等因素"❸ 来综合认定。一般而言，商业秘密的价值与其信息的秘密性成正比，即秘密性越高，其价值越大。同样，对于秘密性高、价值大的信息，其持有者应采取更为严格的保密措施。例如，可口可乐配方，作为一个已保密了 120 年之久的、具有巨大价值的商业秘密，可口可乐公司对其采取了极其严格的保密措施。根据可口可乐公司的政策，可口可乐的原始配方保存在亚特兰大一家银行的保险柜中，如今只有两个人知道此配方，而他们不许坐同一架飞机旅行。❹

保密措施种类繁多，但如果信息的持有者采取了以下方式进行保密，在正常情况下足以防止涉密信息泄露的，应当认定其采取了保密措施：

（1）限定涉密信息的知悉范围，只对必须知悉的相关人员告知其内容；

---

❶ 关于能够作为商业秘密保护的信息，学理上可以分为两类，一类为积极信息，即具有直接应用价值，能够积极地提高权利人竞争优势的信息；另一类为消极信息，即对权利人而言不再能够创造新价值，但保守秘密仍可维持其竞争优势的信息。参见：孔祥俊 . 反不正当竞争法的创新性适用 [M]. 北京：中国法制出版社，2014：294.

❷ 上海富日实业有限公司与黄子瑜、上海萨菲亚纺织品有限公司侵害商业秘密纠纷申请再审案，最高人民法院民事裁定书（2011）民申字第 122 号。

❸《最高人民法院关于审理不正当竞争民事案件应用法律若干问题的解释》（法释〔2007〕2 号），第 11 条第 2 款。

❹ 印最高法院命令可口可乐公布配方 [N]. 参考消息，2006-08-06（6）.

（2）对于涉密信息载体采取加锁等防范措施；

（3）在涉密信息的载体上标有保密标志；

（4）对于涉密信息采用密码或者代码等；

（5）签订保密协议；

（6）对于涉密的机器、厂房、车间等场所限制来访者或者提出保密要求；

（7）确保信息秘密的其他合理措施。

在上述保密措施中，有些措施的采取也可能对信息的持有者产生不利的后果，如对涉密信息的载体标有保密标志，即在信息载体上加盖"绝密""机密""秘密"或者"商业秘密"的印章。然而，经营者在经营过程中涉及的信息很多，对于因疏忽而未在载体上标有保密标志的信息，或者当时认为某信息不是商业秘密而未加盖标志的信息，若后来其又主张该信息为商业秘密的，将面临更重的举证责任甚至不利的法律后果。保密协议也会遇到类似的问题。保密协议一般包括保密的内容及范围、双方的权利和义务、保密期限、违约责任。如某一信息当时未纳入保密范围，而后来信息持有者又主张其为商业秘密的，将处于一个不利的地位。

对于一个非常重视商业秘密保护的经营者而言，针对特定的商业秘密采取针对性的保密措施是必要的，然而更为重要的是对整个企业的生产经营状况制定整套的保密制度，如技术档案借阅、使用管理制度，技术成果、经营信息的管理制度，办公场所、生产车间的访问制度等。在发生侵权诉讼时，完善的保密制度将方便权利人举证。

经营者对其商业秘密信息制定保密措施、完善保密制度是必要的，但若这些措施或制度没能得到很好的执行，在发生纠纷时法院仍有可能认定其没有采取保密措施。例如，在北京化工研究院诉美辰公司、范某侵犯商业秘密案❶中，原告并非没有保密制度，但其二审败诉的原因在于制度未得到执行；原告制定了技术资料加密的制度，但涉案的"尼龙 66"技术资料未被列入"密级"；原告制定了与职工签订保密协议的制度，但与范某的协议上并无其本人的签字，且"尼龙 66"产品亦未被列入保密范围；原告也有向职工发放保密费的制度，但其在工资单却是以"电影费"的名义发放的。而且，在被告美辰公司成立后，原告多次将"尼龙 66"配方交该公司生产产品，但从未与其订立产品生产加工的保密协议。因此，二审法院认为，原告的种种行为可以视为其已将"尼龙 66"技术公开，被告对该技术不负有保密义务。

---

❶　北京市海淀区人民法院民事判决书（1997）海知初字第 17 号；北京市第一中级人民法院民事判决书（1998）一中知终字第 58 号。

4. 技术信息和经营信息

正如上文所言，秘密信息的种类很多，能够作为商业秘密受到保护的信息只有两类信息，即技术信息和经营信息。

根据商业秘密法原理及实践经验，能够作为商业秘密保护的技术信息包括：设计图纸（含草图）、试验结果、试验记录、制作工艺、制作方法、配方、样品、计算机程序等；可以作为商业秘密保护的经营信息包括管理诀窍、客户名单、货源情报、产销策略、金融信息、招投标中的标底及标书内容等。

在侵犯经营秘密案件中，原告经常对其客户名单主张权利，但往往提不出具体的客户名单，而只是主张其过去与某个客户发生过交易，现被告也与该客户发生了交易，因此被告的行为构成侵权。原告的此种主张常难以得到支持。能够作为商业秘密受到保护的客户名单，一般是指客户的名称、地址、联系方式以及交易的习惯、意向、内容等构成的区别于相关公知信息的特殊客户信息，包括汇集众多客户的客户名册，以及保持长期稳定交易关系的特定客户。❶ 因此，若原告仅能证明其过去与某个客户进行过交易，并不能表明其拥有禁止他人与该客户进行交易的权利。

（四）对商业秘密的构成能否做鉴定的问题

从以上分析可知，商业秘密具有四个构成要件。在侵犯技术秘密案件中，常常涉及较为复杂的技术问题，技术秘密构成与否常在当事人之间产生很大的争议，法官或者行政执法人员在进行商业秘密认定时亦会遇到很大的困难。于是，有人提出可以对商业秘密构成与否的问题进行司法鉴定，即由专家来决定某种信息是否构成商业秘密。本书认为，司法鉴定的对象为专门性问题，而商业秘密的构成与否是法律问题。因此，某一信息是否构成商业秘密，是在适用法律对事实进行认定后产生的结果，应由法

---

❶ 《最高人民法院关于审理不正当竞争民事案件应用法律若干问题的解释》（法释［2007］2号），第13条第1款。与此相关的典型案例参见宁夏正洋物产进出口有限公司与宁夏福民蔬菜脱水集团有限公司侵犯商业秘密纠纷上诉案，最高人民法院民事判决书（2007）民三终字第1号。最高人民法院认定，此案所涉客户名单等经营信息是正洋公司通过长期从事脱水蔬菜出口外销业务积累形成的与国外客户的往来业务邮件，不同于公开领域中的一般客户资料，在该经营领域内不为相关人员普遍知悉，获得这些信息资料具有一定难度，且其具有现实及潜在的竞争优势，从而构成正洋公司的商业秘密。

院或者行政执法部门根据事实和法律作出判断，不宜委托鉴定部门鉴定。❶
但对于主张商业秘密尤其是技术秘密信息是否具有秘密性的问题，因涉及
专门性问题，可以由双方当事人提供鉴定材料，对该信息是否为某领域的
相关人员普遍知悉或者容易获得的问题，由司法或执法部门委托具有鉴定
资质的部门进行鉴定。

（五）何种信息应通过商业秘密保护

只有符合商业秘密构成要件的信息方可作为商业秘密予以保护。能够
对信息提供保护的制度除了商业秘密制度之外，还有专利制度。何种信息
应通过商业秘密保护，商业秘密与专利对信息的保护又具有怎样的区别？

本书认为，首先，经营信息只能通过商业秘密制度获得保护，无法获
得专利权的保护。我国专利法保护的客体为符合特定条件的新的技术方案
或者新的设计，即均为技术信息。经营信息不是专利权保护的客体，因
此，对于具有商业价值的经营信息，其持有者只能通过商业秘密制度获得
保护。其次，对于技术信息而言，那些不易保密的技术，或者那些产品公
开销售后别人可通过合法手段轻易破解其技术构成的技术，以及生命周期
较短的技术，不宜通过商业秘密制度保护，而适合通过专利制度保护。

对于技术信息而言，商业秘密保护与专利保护主要存在以下区别：
（1）在获得保护的形式上，商业秘密保护自动产生，专利保护须履行一定
的申请程序；（2）在保护期限上，商业秘密无固定期限，甚至当权利人采
取的保密措施得当、技术又不易被破解时，该技术可以永久性地受到保
护；专利保护则有一个固定的保护期限；（3）在权利的保护范围上，专
利权是一种排他性的权利，他人即使通过独立研发获得了同样的技术也
不得进行商业性使用；而商业秘密的持有者无权禁止他人独立开发，他
人独立开发获得的技术，也可以作为商业秘密受到保护，甚至可以申请
专利。通过以上分析，可以看出，商业秘密保护及专利保护各有优劣。
通过何种途径保护自身利益，信息的持有者应结合信息的特点做出综合
判断。

---

❶ 《北京市高级人民法院关于审理反不正当竞争案件几个问题的解答（试行）》（京高法发
〔1998〕73 号），第 11 条。

二、侵犯商业秘密的行为

侵犯商业秘密行为，是指行为人采取不正当手段获取，或者违反保密协议，披露、使用或者允许别人使用他人商业秘密的行为。我国《反不正当竞争法》第 10 条第 1、2 款规定了四种侵犯商业秘密的行为，现分述如下。

（一）以盗窃、利诱、胁迫或者其他不正当手段获取他人的商业秘密

此种侵权行为的实质在于获取他人商业秘密手段的不正当性。盗窃是以非法占有为目的，采取破门而入、破坏信息持有者的物理保密措施（如保险柜），或者趁人不备获取、复制他人商业秘密的行为。利诱是以非法占有为目的，以给予或者许诺给予利益为手段，从有关人员获取商业秘密；利诱的手段很多，包括许诺给以金钱、房屋、汽车或在企业中许以要职等。❶ 胁迫是指通过暴力或以暴力、其他不利后果相威胁，迫使商业秘密的知悉者披露商业秘密。对于此种侵犯商业秘密的行为，行为人获取商业秘密手段的正当性问题往往是当事人争议的焦点。

在广联达公司诉神机公司侵犯商业秘密纠纷案❷中，原告主张的商业秘密之一为该公司的审计案，即该公司当年在北京的营销策略、计划和管理工作的文件，由该公司贾某掌管负责。2001 年 6 月，贾某曾借用恒智公司电脑收发邮件，事后未将邮件删除；恒智公司程某发现邮件中的审计案可能对被告有用，即将邮件发至被告公司经理张某的电子邮箱内；发送前，曾问过原告其他业务员，被告知资料不重要；张某事先并不知晓且其一直未打开此邮件。受诉法院认为，被告虽然收到了含有原告审计案的邮件，但并不具有行为上的主动性，原告也无证据证明被告主动实施了非法窃取或使用原告审计案的行为，故法院对原告所述的被告侵权事实，不予认可。

在此案中，被告之所以未构成对原告商业秘密的侵犯，是因为其没有采取非法手段获取该秘密。此外，虽然被告经理的电子邮箱中收到了含有

---

❶ 张玉瑞. 商业秘密法学［M］. 北京：中国法制出版社，1999：484.
❷ 北京市海淀区人民法院民事判决书（2004）海民初字第 7711 号；北京市第一中级人民法院民事判决书（2004）一中民终字第 11455 号。

原告商业秘密的邮件，但该邮件尚未打开，可以进一步证明被告未获取该秘密。

（二）披露、使用或者允许他人使用以前项手段获取的权利人的商业秘密

非法获取他人的商业秘密通常并非是侵权人的目的。将非法获取的商业秘密进行披露、自己使用或者允许他人使用，方为其获取他人商业秘密的根本目的。披露商业秘密，是指将商业秘密向他人公开，包括三种情况：一是向特定人公开，尚未导致商业秘密的公开；二是向少部分人公开，如在公共场合谈论其获取的商业秘密，在此种情况下有可能导致商业秘密的公开；三是向社会公众公开，导致了商业秘密的彻底公开。❶ 此三种披露的方式，行为均具有违法性，但其对商业秘密所有者造成的损害程度不同，行为人承担的民事责任也不相同。本编第 7 章将对因侵权导致商业秘密公开的行为人应承担的民事责任作进一步的论述。关于使用或者允许他人使用非法获取的商业秘密的行为，不论此种使用是否出于商业目的，也不论其许可他人使用的行为是否具有对价，对侵权的认定均不具有影响。

（三）违反约定或者违反权利人有关保守商业秘密的要求，披露、使用或者允许他人使用其所掌握的商业秘密

此种侵犯商业秘密行为，如上文所述，是从合同法的角度对负有保密义务者违反保密义务行为的一种法律评价。此条中所称的约定，包括明确的合同约定，如在雇主与雇员签订的保守商业秘密合同中，已明确了雇员保守商业秘密的范围及其保守商业秘密的义务。在此情况下，雇员仍违背该保密合同，披露、使用或者允许他人使用其所掌握的商业秘密的，其行为构成侵权。此外，也包括默示的合同约定。默示的合同约定，主要包括两种情形。一种在雇主与雇员的关系上，为了生产经营之目的，雇主将商业秘密向雇员进行披露的，即使双方之间未签署保守商业秘密的协议，雇员在任职期间甚至在离职之后，仍对其掌握的商业秘密负有保密的义务。因为，雇主向雇员披露商业秘密，是一种有限定目的的许可，即许可其在雇佣期间为完成雇主交给的工作而使用，违背了该限定目的的使用行为，

---

❶　张玉瑞. 商业秘密法学 [M]. 北京：中国法制出版社，1999：508.

构成违约，同样也构成侵权。另一种情形存在于具有特定商务关系的当事人之间。例如，出于商务合作、许可等目的，商业秘密持有人将其掌握的商业秘密向相对人进行披露，以方便其对双方之合作、许可进行评估，即使双方当事人没有签订书面的保守商业秘密协议，且双方未能达成合作、许可的合同，接受信息披露者仍负有保守披露者商业秘密的义务。对此，我国《合同法》第 43 条也有明确规定："当事人在订立合同过程中知悉的商业秘密，无论合同是否成立，不得泄露或者不正当地使用。泄露或者不正当地使用该商业秘密给对方造成损失的，应当承担损害赔偿责任。"

（四）第三人明知或者应知前款所列行为，获取、使用或者披露他人的商业秘密，视为侵犯商业秘密

此种侵权行为是针对非法获取商业秘密者以及违反保守商业秘密义务者之外的第三人所作的规定。这就要求第三人对他人商业秘密的保护负有善意及谨慎的注意义务。在因雇员"跳槽"引发的商业秘密纠纷中，"跳槽"雇员的新雇主也往往成为被告。对于那些利诱该雇员"携密跳槽"的雇主而言，其本身为他人商业秘密的不当获取者。面对主动"跳槽"而来应聘者，新雇主应保持一种警醒的态度，主动了解该人员在原单位所承担的保密义务，并自觉予以尊重。否则，明知该人员承担原单位保密义务，并以获取有关商业秘密为目的而故意聘用的，将承担较大的法律风险。●

三、商业秘密侵权行为的判定

侵犯商业秘密，主要是指以不正当手段获取，不法披露、使用或者允许别人使用他人商业秘密的行为。在实践中，仅证明行为人实施了以不正当手段获取，或者实施了不法披露、使用或者允许别人使用某种信息还不足以证明其行为构成侵权，还须对涉案信息与商业秘密进行进一步的比

● 典型案例参见江汉石油钻头股份有限公司诉天津立林钻头有限公司、幸发芬侵犯商业秘密纠纷案，湖北省汉江中级人民法院民事判决书（2008）汉民二初字第 13 号。在此案中，一审法院判决认定，此案所涉三牙轮钻头技术信息依法属于江钻公司的商业秘密。幸发芬以不正当手段获取江钻公司的三牙轮钻头轴承设计图纸，用于立林公司进行钻头轴承设计等行为，侵犯了江钻公司的商业秘密；立林公司明知江钻公司拥有国内领先的三牙轮钻头设计制造技术和该技术给江钻公司带来的市场竞争优势，但为谋求不正当经济利益，聘用幸发芬，非法使用江钻公司的商业秘密制造、销售三牙轮钻头产品，亦侵犯了江钻公司的商业秘密。对于此案，各方当事人在二审达成调解协议。参见：湖北省高级人民法院民事调解书（2009）鄂民三终字第 30 号。

对。这就涉及侵犯商业秘密行为的判断方法问题。在侵犯商业秘密案件中，证据问题是个难点，因此举证责任分担也是本节所要探讨的问题。

（一）侵犯商业秘密行为的判定方法

商业秘密侵权判定涉及两个互相关联的步骤。第一步是证明涉嫌侵权行为人接触过权利人的商业秘密；第二步是证明涉嫌侵权人获取、披露、使用或者允许别人使用的信息与权利人的商业秘密构成实质性相似。这就是实践中所说的"接触+实质性相似"侵权判定方法。

为了证明"接触"，权利人须证明涉嫌侵权人过去曾和其发生过联系或交往，如证明涉嫌侵权人过去为其雇员，或者过去发生了商务上的联系，或证明其采取了不正当手段获取了自己的商业秘密。

在证明了"接触"的要件后，权利人还须证明"实质性相似"的要件。如被非法获取、披露、使用的信息与商业秘密相比，二者完全相同，侵权自然成立。如果二者表面上看不同，则要比较其是否构成实质性相似。能证明被告接触过权利人的商业秘密，但不当获取、披露、使用的信息与权利人的商业秘密不构成实质性相似的，被控侵权人的行为不构成侵权。

"中华女子乐坊"创意商业秘密纠纷案❶即涉及信息的实质性相似的判定问题。此案原告张某于 1998 年 4 月撰写了《中华女子乐坊创意策划文案》和《北京中华女子乐坊文化发展有限公司整合报告》（以下简称《整合报告》）。张某向王某介绍其关于成立"中华女子乐坊"乐队演奏民乐的创意，希望王某投资，双方合作。2001 年 5 月，王某与案外人孙某为世纪星碟公司创作完成了《实施计划》，其包括："女子十二乐坊"乐队名称、图文标识与释义及品牌的保护等方面的内容。世纪星碟公司随即建立了"女子十二乐坊"乐队。张某认为王某侵犯了其商业秘密，故诉至法院。一审法院认为，张某不能证明其对《整合报告》采取了保密措施，故对其主张《整合报告》构成商业秘密，法院不予支持。张某不服上诉至二审法院，二审法院作出同样的上述认定，且将《实施计划》和《整合报告》进行了对比，认为二者的具体内容及表达形式并不相同，故维持了一审判决。

在此案中，若认定原告主张的商业秘密不能成立，再进行被控侵权信

---

❶　北京市朝阳区人民法院民事判决书（2006）朝民初字第 14500 号；北京市第二中级人民法院民事判决书（2007）二中民终字第 02155 号。

息与主张为商业秘密信息的相似性比对已无任何意义。但鉴于上诉人提出了这样的上诉理由，本书推测二审法官怕有"漏审"之虞，还是进行了比对。另外，此案还提出了一个问题是"实质性相似"的比较点是什么？是内容、表现形式还是信息的要素？因商业秘密纠纷非版权纠纷，一般情况下表现形式的比较意义不大。除非涉嫌侵权人窃取了权利人的商业秘密资料，证明被控侵权的信息与商业秘密完全相同。在二者表面上看不相同或相似的情况，"实质性相似"的比较点应立足于信息的内容或者信息的要素上。例如，对于技术秘密而言，比较点应在二者的技术要素及整体的技术方案上。

在实践中，要证明涉嫌侵权人"接触"过权利人的商业秘密有时比较困难。如果结合权利人商业秘密的具体情况，商业秘密信息与被控侵权信息存在惊人的相似之处，或者存在同样的错误，则可以推定涉嫌侵权人接触过权利人的商业秘密。

同样，在实践中有时证明涉嫌侵权人向第三人披露其负有保密义务的信息亦属不易。在某些案件中，若权利人可以证明第三人使用了该信息，即可推定被告向第三人披露了其所掌握的商业秘密，即法官可适用"不可避免披露原则"（inevitable disclosure doctrine），❶ 认定被告的行为构成侵权。一得阁公司诉高某及传人公司侵犯商业秘密案❷是国内适用该原则的首起判例。

高某长期担任原告的副厂长，并熟悉原告的墨汁配方。2003 年 5 月 9 日，原告正式解除了与高某的劳动关系。高某在与原告解除劳动关系前便以最大股东身份与其近亲属组建了传人公司。传人公司成立于 2002 年 1 月，2002 年年底便出品了墨汁。原告主张被告高某及传人公司的行为构成侵权，故诉至法院。受诉法院认为，高某作为原告的高级管理人员，负有保守企业商业秘密的义务，尤其是其熟知墨汁配方。在传人公司的股东王某、杨某向高某询问墨汁配方的时候，高某不可避免地将其知道的原告的墨汁配方告诉他们。且新成立的传人公司在极短的时间里生产出高档的墨汁产品，没有现成的墨汁配方是不可能的。因而法院认定，被告高某违背了保守原告商业秘密的义务，向被告传人公司披露了其掌握的原告的墨汁配方，被告传人公司非法使用了高某披露的墨汁配方，两者均侵犯了原告

---

❶ 行为人知悉权利人的商业秘密，后其所处的环境或职位发生变化后，使其不得不依赖或者披露、使用权利人的商业秘密，此种推定原则为不可避免披露原则。另见，PepsiCo, Inc. v. Redmond, 54 F. 3d 262（7th Cir. 1995）.

❷ 北京市第一中级人民法院民事判决书（2003）一中民初字第 9031 号，二审法院维持了一审判决。

的商业秘密。

在此案中，案件本身并无被告高某向传人公司披露其掌握的原告墨汁配方的证据，也没有证据证明传人公司使用的墨汁配方与原告的配方相同。受诉法院依照高某与传人公司的关系，认定其将不可避免地将其掌握的原告的商业秘密向被告进行披露，被告作为一新成立的企业，在短时间内可以生产出高质量的产品，必然会使用高某披露的墨汁配方。"不可避免披露"原则的运用，减轻了商业秘密权利人的举证责任，有利于商业秘密权持有人利益的保护。❶

（二）举 证 责 任

在侵犯商业秘密案件中，由于权利人证明侵权比较困难，故有人主张在是否构成侵权的问题上应采用举证责任倒置。本书认为，此种观点无法律依据。侵犯商业秘密属于一般侵权行为，因此，权利人对其所主张的信息构成商业秘密、对方的行为构成侵权以及侵权责任的承担等事项均承担举证责任。

首先，商业秘密的主张者应对所主张的商业秘密符合法定条件进行举证，包括其商业秘密的载体、具体内容、商业价值及对该项商业秘密所采取的具体保密措施。其次，商业秘密的主张者，应对对方当事人采取的不正当手段，或违反其保密义务的事实进行举证。再次，商业秘密的主张者应对对方当事人不当获取、披露或者使用的信息与其商业秘密相同或者实质相同进行举证。最后，商业秘密的主张者要求被告承担损害赔偿责任的，还须对侵权行为给其造成的损害范围、大小等进行举证。

四、侵犯商业秘密的抗辩事由

在侵犯商业秘密案件中，被控侵权人具有诸多抗辩事由，现分述如下。

---

❶　虽然我国现行法律法规未提及"不可避免披露原则"，但最高人民法院相关司法政策已体现了类似的精神，例如，《最高人民法院关于充分发挥知识产权审判职能作用推动社会主义文化大发展大繁荣和促进经济自主协调发展若干问题的意见》指出："商业秘密权利人提供证据证明被诉当事人的信息与其商业秘密相同或者实质相同且被诉当事人具有接触或者非法获取该商业秘密的条件，根据案件具体情况或者已知事实以及日常生活经验，能够认定被诉当事人具有采取不正当手段的较大可能性，可以推定被诉当事人采取不正当手段获取商业秘密的事实成立，但被诉当事人能够证明其通过合法手段获得该信息的除外。"

（一）权利人所主张的信息不构成商业秘密

如本章前文所述，商业秘密的构成有四个要件。被控侵权人只要证明权利人所主张的信息不具备其中的任何一个要件，则该信息便不构成商业秘密。实践中，被控侵权人经常提出的抗辩事由为主张保护的信息不具有秘密性，或权利人未对该信息采取合理的保密措施。

（二）信息不相同或实质上不相近似

如果商业秘密的主张者能够证明其信息构成了商业秘密，且被控侵权人实施了不正当地获取、披露、使用等行为，被控侵权人仍可以提出的抗辩事由是其所获取、披露或使用的信息与商业秘密主张者的信息不相同或者不构成实质性相似。

（三）没有采取不正当手段获取商业秘密，或者对权利人的商业秘密不负有保密义务

如果证据表明，被控侵权的信息确实与涉案商业秘密相同或实质性相似，若被控侵权者能够证明其并没有实施不正当的获取行为，也没有违反保守商业秘密的义务，则其行为不构成侵权。如本章前文所述的广联达公司诉神机公司侵犯商业秘密案中，被告就提出了这样的抗辩理由，并得到法院的支持。

对于《反不正当竞争法》第 10 条所称的"第三人"，可以主张其不明知，也不应知其获取、使用或披露的信息，是他人通过不正当手段获取或者违反保密义务向其披露的，从而其行为不构成侵权。

（四）反向工程

反向工程，是指通过技术手段对从公开渠道取得的产品进行拆卸、测绘、分析等而获得该产品的有关技术信息。❶ 反向工程是被控侵权人主张其合法获得有关信息的抗辩理由。商业秘密权人无权禁止他人从事相同信

---

❶《最高人民法院关于审理不正当竞争民事案件应用法律若干问题的解释》（法释〔2007〕2 号），第 12 条第 2 款。

息的开发，任何人皆可以对通过合法渠道获得的产品进行反向工程，获得相关的信息。

当事人以不正当手段知悉了他人的商业秘密之后，又以反向工程为由主张获取行为合法的，此种抗辩理由得不到支持。

（五）独立研发

独立研发，是指通过自己的开发、研究，获得相关技术信息的行为。如反向工程抗辩一样，独立研发也是主张合法获得有关信息的抗辩理由。但此抗辩理由成立的前提是参与研发的所有人在研发之前均没有接触、也不知悉他人的商业秘密。如果在研发队伍中，有人是从商业秘密权持有人处"携密跳槽"而来，或者在研发过程中向知悉他人商业秘密者进行过"咨询"，则此种独立研发的抗辩理由就受到了"污染"，得不到法院的支持。另外，研发人员或者组成的研发团队应具备独立研发的基本素质。如在一得阁公司诉高某及传人公司侵犯商业秘密一案中，[1] 两被告的主要抗辩理由为其所使用的墨汁配方是独立研发的结果，对此，受诉法院认为：要生产优质的墨汁，生产者必须具备墨汁配方及生产流程的丰富的知识，且须运用专门的墨汁生产设备进行大量的、长时间的实验，需要花费大量的时间、人力、物力。从此案的具体情况看，高某、传人公司所述的实验人员王甲、王乙、杨某[2] 在进入传人公司之前均从未从事过墨汁的生产，不懂墨汁的生产设备、生产流程。而传人公司在成立之日起短短的时间内就生产出质量非常高的墨汁，仅仅依靠没有专门设备的几个不懂墨汁生产的实验人员短时间的实验，是不可能生产出来的。因此，被告方有关其墨汁配方是其依据公知资料、独立研制的抗辩理由，该院不予支持。

因此，被控侵权人主张独立研发抗辩事由时，研发团队的领导者以及研发团队中应没有人接触过权利人的商业秘密，而且，研发团队的组成人员应该具有研发的基本素质及能力，否则，此种抗辩理由难以得到支持。

---

[1] 北京市第一中级人民法院民事判决书（2003）一中民初字第 9031 号，二审法院维持了一审判决。

[2] 在此隐去三位实验人员的真实姓名。

五、竞业禁止与商业秘密保护

竞业禁止同商业秘密的保护具有较为密切的联系。实践中，对于一些高新技术企业，雇主在与雇员签订聘用合同时，合同条款中往往包含保守商业秘密及竞业禁止条款，或者分别与其签订保守商业秘密合同及竞业禁止合同。竞业禁止的概念、类型，以及其与商业秘密保护的关系，是值得研究的问题。

（一）竞业禁止

1. 概　　念

竞业禁止，又称竞业限制，是指依照法律规定或者合同约定，雇员在任职期间或者在离职后的一定期限内，不得在生产同类产品或者经营同类业务，且与其雇主有竞争关系或者其他利害关系的其他单位内任职，或者自己生产、经营与雇主有竞争关系的同类产品或业务的一种制度。

2. 竞业禁止的类型

依据产生依据的不同，竞业禁止可以分为法定竞业禁止及约定的竞业禁止两类。所谓法定的竞业禁止，是指雇员根据法律的明确规定，所承担的竞业禁止的义务；约定的竞业禁止，是指雇员根据合同的约定，所承担的竞业禁止的义务。

（1）法定的竞业禁止。在我国，法定竞业禁止的人员范围须有法律的明确规定。《刑法》第 165 条规定，国有公司、企业的董事、经理利用职务便利，自己经营或者为他人经营与其所任职公司、企业同类的营业，获取非法利益，数额巨大的，处三年以下有期徒刑或者拘役，并处或者单处罚金；数额特别巨大的，处三年以上七年以下有期徒刑，并处罚金。此条所规定的负有法定竞业禁止义务者为国有公司、企业的董事、经理。

我国《公司法》第 148 条将同业禁止作为董事、高级管理人员应尽的义务，该条第 1 款第（5）项规定，董事、高级管理人员不得未经股东会或者股东大会同意，利用职务便利为自己或者他人谋取属于公司的商业机会，自营或者为他人经营与所任职公司同类的业务。此条所规定负有竞业禁止义务者为公司的董事、高级管理人员。高级管理人员，根据《公司法》第 216 条的规定，是指公司的经理、副经理、财务负责人，上市公司董事会秘书和公司章程规定的其他人员。

（2）约定的竞业禁止。对于约定的竞业禁止，在《劳动合同法》于 2007 年 6 月 29 日通过之前，我国并没有明确的法律予以规范。人民法院在处理此类纠纷时，多参照原国家科学技术委员会 1997 年 7 月 2 日发布的《关于科技人员流动中技术秘密管理的若干意见》❶。该《意见》第 7 条规定：单位可以在劳动聘用合同、知识产权权利归属协议或者技术保密协议中，与对本单位技术权益和经济利益有重要影响的有关行政管理人员、科技人员和其他相关人员协商，约定竞业限制条款，约定有关人员在离开单位后一定期限内不得在生产同类产品或经营同类业务且有竞争关系或其他利害关系的其他单位内任职，或者自己生产、经营与原单位有竞争关系的同类产品或业务。凡有这种约定的，单位应向有关人员支付一定数额的补偿费。竞业限制的期限最长时间不得超过 3 年。

实践中，竞业禁止合同或者竞业禁止条款主要包括以下内容：竞业禁止的具体范围、竞业禁止的期限、补偿费的数额及支付方法、违约责任。对于竞业禁止合同或条款的有效性问题，一般也应从上述几个方面进行审查。

竞业禁止的范围不能过于宽泛，如对于一个在单位从事财务软件开发的人员，如果约定在离职后不得从事软件开发工作，将被认定为竞业禁止的范围过宽，从而是无效的。

竞业禁止的期限不能过长。根据《劳动合同法》❷ 第 24 条第 2 款规定，竞业禁止期限不超过 2 年。

单位应向个人支付竞业禁止的补偿费用，不支付费用的，将被认定为无效。如果对支付的费用是否合理产生争议的，将由裁决机关根据个案情形来确定。《劳动合同法》第 23 条第 2 款对在竞业禁止期限内劳动者的经济补偿的支付方式进行了规定，即用人单位应按月给予劳动者经济补偿。

违约责任的约定，一般不是竞业禁止合同或条款无效的理由。违约责任约定的违约金过低或过高的，当事人可以请求人民法院或者仲裁机构适当增加或减少。

总之，对于竞业禁止合同或条款效力的认定，要注意平衡单位及个人的合法权益，既要维护单位的商业利益，又要尊重劳动者的权利及择业的自由。冯某诉思特奇公司之间的竞业禁止纠纷，❸ 具有一定的代表性。

---

❶ 国科发政字［1997］317 号。

❷ 本书所称的《劳动法》是指 2012 年 12 月 28 日修改、2013 年 7 月 1 日施行的《劳动合同法》。

❸ 案情及处理结果刊载于：北京法院网［EB/OL］.［2005-04-30］. http://bjgy.chinacourt.org.

冯某于 1999 年 8 月到思特奇公司工作，负责管理软件的开发工作。双方签订的《保密协议》中竞业禁止条款约定：竞业禁止期限为一年；补偿费 1 万元，如冯某不领取，思特奇公司可将应付款项办理银行储蓄；违约金 1 万元。2001 年 10 月，冯某办理了离职手续，但未领取竞业禁止补偿金，思特奇公司在公证处为其办理了该款提存。2001 年 12 月，冯某到与思特奇具有竞争关系的亚信公司工作。受诉法院认为，冯某违反了竞业禁止义务。故判决：冯某向思特奇公司支付违约金 1 万元；思特奇公司不向冯某支付竞业禁止补偿款 1 万元；冯某继续履行《保密协议》，在该协议约定的期限内即 2001 年 10 月 10 日至 2002 年 10 月 10 日不得到亚信公司工作。

在此案中，双方当事人约定的竞业禁止期限、范围等均比较合理，因此，该条款的效力受到了人民法院的肯定。

（二）竞业禁止与商业秘密保护之关系

从法理上讲，竞业禁止与商业秘密保护的关系，可以从以下两个方面概括：其一，竞业禁止往往是商业秘密保护的一种手段，通过在一定期限内限制雇员到其竞争对手处任职，可以大大减少雇主商业秘密被披露、使用的风险。其二，竞业禁止所保护的并非仅是雇主的商业秘密，对于雇主的其他的不可通过商业秘密保护的商业利益如商业机会也具有一定的保护作用。

然而，对于竞业禁止之作用及适用的人员范围，立法者可以根据本国的国情进行选择。我国《劳动合同法》第 23 条第 2 款规定，对负有保密义务的劳动者，用人单位可以在劳动合同或者保密协议中与劳动者约定竞业限制条款，第 24 条进一步明确了竞业禁止的人员的适用范围，即"限于用人单位的高级管理人员、高级技术人员和其他负有保密义务的人员"。这就表明，我国的劳动合同法在竞业禁止上的立法目的是将其作为保护商业秘密的一种工具，用人单位商业秘密之外的商业利益并非竞业禁止立法所要保护的。因此，我国的商业秘密保护制度和竞业禁止制度之间具有更为紧密的联系。

商业秘密保护涉及经营者无形资产的保护，涉及公平的市场竞争秩序的建立及维护，商业秘密保护的价值越来越为经营者所重视。然而，在商业秘密保护方面，我国现行的法律制度尚不完善，期待商业秘密法的立法进程能有所加快，并尽快出台。

第 6 章
反不正当竞争法新进展

> 美国华盛顿州反不正当竞争新法案，是美国以反
> 不正当竞争法加强保护知识产权的一种尝试。在天瑞
> 案中，美国国际贸易委员会及法院将发生在境外的涉
> 嫌侵犯商业秘密的侵权行为置于本国管辖。美国这些
> 做法代表反不正当竞争法的新进展，将对包括我国在
> 内国际社会的知识产权保护及立法产生重要影响。本
> 章在对美国反不正当竞争新法案及天瑞案进行介绍、
> 评价的基础上，分析其对我国企业产生的影响及对我
> 国知识产权保护的借鉴意义。

如本编第 1 章所述，反不正当竞争法可为知识产权提供附加保护。此
种附加保护，一方面可向知识产权法无法保护的客体提供保护，另一方面
可加大知识产权保护力度，或者增加知识产权保护途径。在加大保护力
度、增加保护途径方面，美国华盛顿州众议院于 2011 年 4 月 5 日通过了一
项名为"产品销售——窃取或盗用信息技术"的法案，❶ 值得关注。该法
案规定，在产品的生产、分销、推广或销售过程（以下简称"生产经营过
程"）中使用窃取或盗用的信息技术产品如盗版软件的，属于不正当竞争
行为。受损害的制造商或华盛顿州司法总长对使用非法信息技术产品的生
产者或者第三方（如销售者）可在该州提起不正当竞争诉讼，因此，该法

---

❶ Sale Of Products-Stolen Or Misappropriated Information Technology.

案被称为华盛顿州反不正当竞争新法案（以下简称"美国反不正当竞争新法案"）。❶ 由于知识产权具有地域性，在某法域发生的侵权纠纷，只应由该法域的司法机关适用该法域的法律审理。而美国正在通过判例试图改变这一规则，在此方面，天瑞集团、天瑞集团铸造有限公司（以下简称"天瑞"）与美国国际贸易委员会案（以下简称"天瑞案"）❷ 属于此类案例。研读美国反不正当竞争新法案以及天瑞案，可以发现二者共性之所在：（1）二者所针对的涉嫌侵权的主要行为均发生在美国境外；（2）二者试图通过立法或判例的方式，将发生在美国境外的涉嫌侵权行为置于美国司法管辖权之下，并适用美国法律予以制裁；（3）二者确定的美国司法管辖的连接点为涉嫌侵权商品进口至美国。美国反不正当竞争新法案以及天瑞案，代表着美国以反不正当竞争法加强保护知识产权的新模式，体现了反不正当竞争法的新进展。此种新模式将对包括我国在内的国际社会知识产权保护及立法产生重要影响。

本章以美国反不正当竞争新法案以及天瑞案为基础，研究、探讨反不正当竞争法的新进展，将依次介绍美国反不正当竞争新法案主要内容、对此法案进行评价、❸ 介绍天瑞案概况、分析天瑞案可能带来的影响以及探讨美国反不正当竞争新法案及天瑞案对我国的启示。

一、美国反不正当竞争新法案主要内容
（一）法案所保护的客体

该法案所要制止的是在生产经营过程中使用遭窃取或盗用的信息技术产品的行为。法案所要保护的"遭窃取或盗用的信息技术产品"（以下简称"非法 IT 产品"），是指未经权利人授权而获取或使用的硬件和软件，但不包括在使用之时或之前并未被独立投入零售的硬件或软件。❹ 该法案所称的在其生产经营过程中使用的非法 IT 产品或物品，是指任何有形的物品或产品，但不包括服务、主要用于医疗或医疗目的的产品、饮料、食品。涉嫌侵权的物品具有版权性，以及基于非法 IT 产品的使用构成专利侵

---

❶ 该法案已于 2011 年 7 月 21 日生效。

❷ TianRui Group Co. v. International Trade Commission, Fed. Cir., Case No. 2010–1395（Oct. 11, 2011）.

❸ 本章关于美国反不正当竞争新法案介绍及评价的内容，源自张广良、冯靓撰写的文章《从华盛顿州反不正当竞争新法案看美国知识产权保护新动向》，该文发表在《知识产权》杂志 2011 年第 10 期。

❹ 见该法案第 2 条。

权或商业秘密窃取而提起的诉讼，不在本法调整范围之内。由此看出，该法案是为了加强对硬件商标权和软件版权的保护。同时，为了减少法案对社会公众日常生活所带来的影响，立法者将与其密切相关的产品如饮料、食品及药品等排除在适用范围之外。

（二）法案创设的反不正当竞争诉讼的构成

1. 原　　告

虽然在生产经营活动中使用非法 IT 产品的行为直接侵害的是该信息技术产品的知识产权所有者的利益，但是依据法案的规定可提起不正当竞争之诉的并非知识产权所有者，而是在商业活动中使用合法信息技术产品并因此受到损害的市场竞争者或者州司法总长。❶ 此种规定所隐含的逻辑如下，非法 IT 产品的使用者未对该产品支付对价，故在与合法使用者的竞争中获得了优势，是一种不正当竞争行为。非法 IT 产品的使用者在世界范围内的任何竞争者，若其在华盛顿州销售产品，均可对其提起此类诉讼，故原告范围具有很大的不确定性。

2. 被　　告

使用非法 IT 产品的制造商，无论其是否在华盛顿州设有机构或具有财产，也不论其来自何方，只要其产品在该州销售，便可成为被告。若法院对于制造商作出不利裁决，且其未出庭应诉或者无足够资产以供判决执行，原告亦可对与该制造商有直接合同关系的第三方（如销售商）提起诉讼。原告补充起诉的目的是要求该第三方承担制造商未能承担的责任，如赔偿责任。

3. 管　　辖

根据法案第 2 条和第 7 条的规定，任何在其生产经营中使用非法 IT 产品的制造商，均有可能成为此类不正当竞争诉讼的被告。法院对此类案件行使地域管辖权主要有两种形式：

（1）对人管辖权（in personal jurisdiction）。对人管辖权是指法院达成对个人或法人（以下简称"个人"）有法律约束力的判决的权力。美国对人管辖权的一般原则是：法院的管辖权必须限制在设立该法院的州的地域范围之内，法院取得对人管辖权的依据主要有被告自愿出庭、出现在本

---

❶　见该法案第 2 条。

州、住所居所或者财产在本州等；对州外的人行使管辖权，必须是对该人进行直接送达。❶ 国际鞋业公司诉华盛顿州一案开创了根据"最低限度的联系"标准来确定法院管辖权的先河，并为各州所接受。依据该法案，该州法院可对使用非法 IT 产品的制造商，以及使用非法 IT 产品而制造出产品的销售商行使对人管辖权。

（2）对物管辖权（*in rem* jurisdiction）。对物管辖权与对物诉讼紧密相连。所谓对物诉讼，是指诉讼的目的在于寻求有关当事人对特定财产（物）的利益，而非要求有关当事人承担人身责任。❷ 而对物管辖权则指法院基于其领域内某项财产（物）的权限，而对有关当事人提起的对物诉讼行使的管辖权。法院行使对物管辖权所作出的裁判，影响的是物的权利状况或者某些与物有关的人的利益，但并不是令有关的人直接承担相应的民事责任。对物管辖权被视为在无对人管辖权时寻求司法管辖权的一种补充依据或权力。对物诉讼通常伴随着扣押被诉财产，从而直接威胁到相关人对物的利益，从而说服、迫使其出庭应诉，使受诉法院根据"被告自愿出庭"而取得对人管辖权。

根据该法案，如果对制造商没有属人管辖权，则州法院可以对制造商所有的、在华盛顿州销售或需许诺销售的侵权产品行使对物管辖权。例如，位于我国境内的企业将其生产的产品出口至华盛顿州，若该企业在产品生产经营的任何一个环节使用了非法 IT 产品（如盗版的财务软件），则无论该企业在华盛顿州是否有机构和财产，该州法院均有权根据原告的起诉对这批产品行使管辖权。

（三）制造商的法律责任

反不正当竞争法从私法的角度属于侵权责任法，不正当竞争民事责任实质上就是侵权责任。该法案对制造商的法律责任作出了较为具体的规定。

1. 制造商责任的构成要件

根据法案第 2 条，在生产经营中使用非法 IT 产品的制造商，可能承担不正当竞争责任。值得注意的是，此处的"生产"仅指直接生产或组装产品，不包括通过合同等形式安排他人生产或组装产品。制造商的责任构成

---

❶ 汤维建. 美国民事诉讼法规则 [M]. 北京：中国检察出版社，2003：46.
❷ 汤维建. 美国民事诉讼法规则 [M]. 北京：中国检察出版社，2003：67.

要件包括：

（1）使用被窃取或盗用的信息技术。

该法案第 2 条规定：制造商在商业经营中使用非法 IT 产品，并将其产品在华盛顿州销售或许诺销售，在华盛顿州存在与其竞争且在商业环节中未使用非法 IT 产品而制造的产品，则该制造商可能构成不正当竞争。其逻辑为，制造商在"生产经营"中任何环节使用非法 IT 产品将节省成本，从而使其处于有利的竞争地位。

（2）过错。

虽然反不正当竞争法律规范并不明确要求行为人主观上具有过错，但不正当竞争的核心要件——"违反诚实商业习惯"，已经隐含了过错要件。因为经营者负有熟悉、尊重商业习惯的法定注意义务，而不正当竞争行为是对此种法定义务的违反。❶ 该法案所创设的不正当竞争诉讼有别于传统理论。然而，该法案第 5 条所规定的"通知"规则，仍体现出过错是制造商构成不正当竞争的要件。

该法案第 5 条规定，根据该法提起不正当竞争之诉，必须先由被窃取或盗用的信息技术的权利人（所有人或独占许可人）提前 90 日向该制造商发出书面通知，该通知须清楚地载明以下事项：被窃取或盗用的信息技术及其权利人、制造商未经授权使用该信息技术系违法行为的法律依据、制造商使用该信息技术的方式、相关的产品及相关证据等内容。制造商若未能在收到通知后 90 日内证明其系合法使用该信息技术或停止使用该信息技术，则受损害的竞争者有权依据该法案提起诉讼程序。即无论该制造商最初使用该信息技术是否有过错，若其在收到通知后仍我行我素，其主观过错则可见一斑，原告已无须再费力加以证明。

（3）损害事实与因果关系。

该法案第 6 条第 5 款规定，原告如以证据优势证明以下事实，则可认定其因制造商销售或许诺销售直接竞争性产品而受到了损害：（ⅰ）原告制造的在华盛顿州销售或许诺销售的产品与被告所销售或许诺销售的产品有直接竞争关系；（ⅱ）原告没有使用被窃取或盗用的信息技术生产产品；（ⅲ）原告受到了经济损害，此种损害可通过被窃取或盗用的信息技术的零售价不低于两万美元来证明；（ⅳ）如果是对物诉讼或寻求禁令救济，则原告必须因被告的行为蒙受重大竞争性损害，即原告的产品与被诉的产品相比，连续四个月以上在零售价上至少有 3% 的劣势。

当然，上述规定只是为原告提供了一种法定的证明途径，原告可以自

---

❶ 刘春田 . 知识产权法 [M]. 北京：高等教育出版社，北京大学出版社，2007：335.

由选择其他方法证明损害和因果关系的存在。

至于何为"经济损害"，法案没有明确规定。一般认为，不正当竞争行为侵犯的是他人之间的贸易关系，包括可预期的契约关系、即存的契约关系和雇用关系，❶ 而该法案规定的不正当竞争行为的"不正当性"体现在制造商通过低价或免费使用非法 IT 产品，降低了生产成本，使其产品的价格具有竞争优势，从而减少了其他竞争者与买方形成交易关系的机会，即损害了可预期的契约关系。

2. 制造商责任的承担方式

根据该法案的规定，原告可以请求法院判决制造商承担损害赔偿或者禁止其在华盛顿州销售或许诺销售相关的产品。

（1）损害赔偿。

损害赔偿是传统的侵权行为救济方式，以填补损害为目的。根据法案第 6 条第 4 款的规定，只有在法院认定被告实施了不正当竞争行为的情况下，原告才能请求法院判决被告承担损害赔偿责任。赔偿数额应为以下两者中的较高者：所受的实际直接损失、法定的赔偿数额，但不应超过被窃取或盗用的信息技术的零售价格。

另外，根据第 6 条第 4 款的规定，如果法院发现被告故意使用被窃取或盗用的信息技术产品的，则可以处以惩罚性赔偿，即将损害赔偿数额提高到根据上述方法确定的损害赔偿数额的三倍。

（2）禁令。

禁令（injunction）是法院签发的要求当事人做某事或某行为或者禁止其做某事或某行为的命令，主要用于防止将来某种损害行为的发生，或对不能以金钱来衡量或给予金钱损害赔偿并非恰当方式的损害行为提供救济。因此，若普通法救济中的损害赔偿足以赔偿原告损失的情形下，则法院不应颁发禁令。由于禁令对当事人的利益影响甚大，因此，对禁令颁布条件较为严格。

根据法案第 6 条第 6 款规定，即使法院认定被告构成不正当竞争，也不得径行适用禁令。原告欲寻求禁令救济，应当证明自己遭受了重大的竞争性损害。只有当被告在华盛顿州没有足够的资产可供执行赔偿判决时，法院方能禁止相关产品在华盛顿销售和许诺销售。从成本的角度衡量，被窃取或盗用的信息技术的价值很可能只是产品成本很小的组成部分，如果直接禁止该产品的销售或许诺销售，不仅被告由此受到的不利与在不颁发

---

❶ 范建得，庄春发. 公平交易法 [M]. 台北：健新顾问股份有限公司，1992：219.

禁令时原告所遭受的损失严重失衡，而且可能导致削弱竞争，进而损害消费者利益。

此外，为了减小禁令对第三方及社会公众的影响，法院不得禁止制造商销售或许诺销售满足下列条件的产品：（ⅰ）该产品是第三方产品的关键组成部分，缺少了该产品的存在，第三方的产品将无法达到预定性能，且不存在任何具有可比质量、功能及价格的替代产品；（ⅱ）该第三方已经努力且善意地根据其与制造商之间的合同权利指示该制造商停止使用被窃取或盗用的信息，如第三方向制造商发出要求停止使用被窃取或盗用的信息的书面指示并要求第三方提供发票、订单、许可或其他合法使用相关信息技术的证明。

（3）扣押（attachment）。

扣押只发生在法院行使对物管辖权的情况下，因此，严格来说不属于制造商承担责任的方式。但由于对物管辖的目的在于迫使制造商出庭应诉从而转变为对人管辖，扣押也直接影响制造商的利益，故将其与制造商的责任承担方式一同进行讨论。

根据法案第 7 条的规定，法院在行使对物管辖权时，可以在收到原告控诉时或之后扣押符合法案第 2 条（在其商业经营过程中使用了被窃取或盗用的信息技术）的产品，但该产品的所有权必须归属于其制造商，如果已经转移所有权，则不得进行扣押。

由于该产品在华盛顿州的持有人通常不是制造商（如果是，则该制造商与华盛顿州则存在"最低限度联系"，法院可以直接行使对人管辖权），因此，法院在执行扣押令前应至少提前 90 日通知所涉产品的持有人。在 90 日内，如果该产品的订做人、收货人有下列情况的，该扣押令应视情况解除或暂停：（ⅰ）根据其与制造商之间的合同或订单，证明其已经满足了本法案第 8 条第 2 款所列的一项或多项积极抗辩条件，此时仅就其定做或为其提供的产品解除扣押令；（ⅱ）向法院提供担保，数额为涉嫌被窃取或盗用的信息技术的零售价或25 000美元中的较低者，此时法院应当停止执行扣押令，对该担保行使对物管辖权。

（四）第三方的法律责任

1. 第三方责任的构成要件

（1）与制造商具有直接的合同关系。此合同必须涉及相关产品的生产，如 OEM 合同，制造商根据采购方的要求生产，且产品由采购方全部买断。因为只有在这种情况下，采购方能够通过合同控制制造商的生产过程，要求制造商合规生产。如果是单纯的采购合同而不涉及生产相关产品，则采购方无法控制生产过程，也不能要求其承担侵权责任。此外，合同涉及的产品须为最终制成品，或者是构成某一最终制成品 30% 以上价值的部件。

（2）销售或许诺销售相关产品。这是对第三方行为要件的要求。

（3）主观上具有过错。法案未正面规定第三方承担责任是否以其具有过错为前提，但其通过确立通知程序和积极抗辩规则体现这一要求。

法案规定，第三方的代理人应在法院作出判决前至少 90 日收到被窃取或盗用的信息技术的权利人向上述制造商送达的、符合条件的书面通知的副本一份，否则该第三方不承担责任。❶ 在收到通知后、法院判决前，如果该第三方能够以证据优势证明以下积极抗辩事由，则无须承担侵权责任：（ⅰ）该第三方为有关产品的终端消费者或终端使用者，或者第三方是在该产品已经卖给某终端消费者或终端使用者后获得该产品的。因为终端消费者或终端使用者所出售的产品往往是已经使用过的旧货，其销售目标和成本构成与一般的产品有很大不同，通常不认为与一般的产品存在竞争关系，所以也不构成不正当竞争。（ⅱ）该第三方系年收入不超过 5 000 万美元的企业。（ⅲ）该第三方与上述制造商之间有商业准则或其他书面文件约束，其中包括不使用非法 IT 产品的承诺，或第三方获得制造商关于未在该产品的商业经营中使用非法 IT 产品的书面保证；且该第三方在限定时间内尽合理的努力确保上述承诺或保证的实现。（ⅳ）该第三方系根据本法案生效后 180 日内与上述制造商订立的合同而获得的相关产品，且该第三方在限定时间内尽合理的努力确保该制造商未在相关产品的商业经营中使用非法获得的信息技术。（ⅴ）该第三方尽商业上合理的努力执行规范和准则，以要求其直接制造商不得因使用非法 IT 产品而违反本法案。（ⅵ）该第三方与上述制造商没有合同关系。

从上述（ⅲ）~（ⅴ）项抗辩理由来看，法案实际上为第三方设立了一项义务，即其应当尽合理注意力确保其合同相对方在相关产品的商业经营中不使用非法 IT 产品。若其未尽到义务，则有过失。由于第三人负有证明其已经尽到上述义务（证明上述三项积极抗辩事由之一或若干）的责任，说明本法案在第三人责任承担上采纳的是过错推定的立场。

2. 第三方的责任承担方式

根据法案第 4 条的规定，除了使用了非法 IT 产品的制造商和其拥有所

---

❶ 参见法案第 6 条第（2）a 款。

有权的相关产品，任何人或财产都不得成为禁令或扣押令的目标。因此，第三人承担责任的方式仅限于损害赔偿。根据第 6 条第 3 款的规定，第三方承担损害赔偿的数额应为被窃取或盗用的信息技术的零售价格和250 000美元两者中的较低者，且应当扣除原告从制造商处已经获得的赔偿。❶ 另外，惩罚性赔偿不适用于第三方。

3. 第三方责任的性质

从第三方承担责任的条件和责任的范围上来看，本法规定的第三方责任属于补充责任。补充的侵权责任，是多个责任主体对同一损害后果承担共同责任时的一种侵权赔偿责任。补充责任主要发生在一个侵权行为造成的损害事实产生了两个相重合的赔偿请求权的情况下，法律规定权利人必须按照先后顺序行使赔偿请求权。只有排在前位的赔偿义务人的赔偿不足以弥补损害时，才能请求排在后位的赔偿义务人赔偿。在此类案件中，后位赔偿义务人承担的侵权责任为补充的侵权责任。❷

根据本法案的规定，只有在法院已经判决确定上述制造商违反本法案，但该制造商在本州没有出现或者没有足够可供执行判决的财产时，才可判决第三方承担侵权责任。即该第三方承担责任的顺位在制造商之后。此外，第三方承担责任时应当扣除制造商已经实际承担的责任，体现了该第三方责任的补充性。

（五）不得依据该法案提起诉讼的情形

根据法案第 3 条的规定，在下列情形不得依据本法提起诉讼：

（1）被控违反该法的在华盛顿州被销售或许诺销售的制品或成品存在下列情形：（ⅰ）系可受版权保护的最终成品；或（ⅱ）系根据版权权利人许可而制造；且显示或体现某一可受版权保护的成品的标记；或系根据版权或商标权利人的许可而制造，并体现某主题公园、主题游乐场或其相关设施的标记；或（ⅲ）系（ⅰ）和（ⅱ）规定的任何最终制品或成品的包装物、承载媒介、宣传资料、广告资料；

（2）使用被窃取或盗用的信息技术产品侵犯的是某项专利、商业秘密或可受《美国法典》第 35 编（专利法）保护的利益；

（3）使用被窃取或盗用的信息技术产品违反的是允许用户免费修改和

---

❶ 参见法案第 6 条第 3 款。
❷ 张新宝. 我国侵权责任法中的补充责任 [J]. 法学杂志, 2010 (6): 2.

发布与技术相关的任何源代码的开放许可条款；

（4）对被告的指控系建立在被告教唆、煽动、协助或帮助他人获取、窃取、使用、销售或许诺销售或向他人提供未经权利人许可的信息技术产品。

二、对美国反不正当竞争新法案的评论
（一）美国联邦及州反不正当竞争法律机制

反不正当竞争法，又称"不公平贸易行为法"，系由普通法上的侵权行为规范发展而来。❶ 美国反不正当竞争法的法源除普通法之外还有制定法，包括联邦制定法和各州的制定法。作为普通法的反不正当竞争法为商业侵权行为提供了针对各种干预贸易关系行为的私法补救，就此点而论，它只是关于总体保护有益关系不受侵害的侵权行为法体系中的一部分。❷ 由于普通法存在可察觉的不恰当之处，因而制定法发展了起来，其不仅补充了普通法对私人的补救，而且给政府提供了对贸易行为的管理办法，具有公法的因素。❸

美国联邦层面的制定法主要是 1946 年制定的《兰哈姆法》及其修正案，以及 1914 年《联邦贸易委员会法》及其补充法案。由于《美国宪法》第 1 条规定，国会仅能就"管理合众国与外国的、各州之间的以及与印第安部落的贸易"制定法律，因此上述制定法的效力仅及于各州之间或国际贸易，对各州内部的贸易不发生效力。

各州的制定法在本州内具有高于本州普通法的效力，但在联邦政府享有优先立法权的专利、版权和劳工等领域内应服从联邦立法的规定。华盛顿州反不正当竞争新法案属于华盛顿州议会的制定法。虽然该法案中的"信息技术产品"可能是享有版权的作品，但由于该法案并不涉及对版权的保护，因此仍属于州立法的范畴。

（二）法案加大了硬件及软件知识产权保护力度

该法案一方面扩大了华盛顿州法院对发生在美国本土之外的侵犯 IT 产

---

❶ 赖源河. 公平交易法新论 [M]. 北京：中国政法大学出版社，2002：24.
❷ 查尔斯·R. 麦克马尼斯. 不公平贸易行为概论 [M]. 陈宗胜，等，译. 北京：中国社会科学出版社，1997：2.
❸ 查尔斯·R. 麦克马尼斯. 不公平贸易行为概论 [M]. 陈宗胜，等，译. 北京：中国社会科学出版社，1997：8.

品知识产权行为的管辖范围，另一方面为 IT 产品知识产权的保护设定了两类数量不定的"帮手"。一类"帮手"为非法 IT 产品使用者的竞争者，法案通过赋予其提起反不正当竞争诉讼利益的方式，鼓励其争取公平竞争的市场环境，客观上帮助了 IT 产品的知识产权所有者制止侵权行为。另一类"帮手"为第三方，即涉嫌侵权产品的销售者。法案为第三方建立了安全港。为了进入此"安全港"，第三方必须实施一些积极的行为，如督促制造商使用合法的 IT 产品、停止或替换非法产品。因此，第三者为避免自身利益受损而采取行动，客观上也起到了为合法 IT 产品知识产权所有者维权的作用。以上内容清楚地表明该法案的立法宗旨为加大 IT 产品的知识产权保护力度。

（三）法案在通过反不正当竞争法保护知识产权方面作出了新尝试

反不正当竞争法是制止经营者在市场中采取违反诚实信用原则及公认商业道德的手段，进行不合法、不体面的竞争，以维护市场秩序、保护消费者利益的法律。《保护工业产权巴黎公约》第 10 条之二第（2）项规定，凡在工商业事务中违反诚实的习惯做法的竞争行为均构成不正当竞争。

传统的不正当竞争行为所指的是在工商业活动中有违诚信原则的行为，如混淆、误导、诋毁等行为。华盛顿反不正当竞争新法案所规范的不正当竞争是制造商在商业过程中使用非法 IT 产品的行为。正如上文所言，立法者认为制造商因使用非法 IT 产品而节省了成本，故和合法 IT 产品的使用者相比获得了不当的竞争优势，或者说合法的 IT 产品的使用者受到了竞争损害。因此，该法案所称的不正当竞争行为超出了传统意义上的不正当竞争行为的范畴。

将制造商在商业过程中使用非法 IT 产品解释成不正当竞争行为的另一种可能的理论，是该制造商的行为违反诚信原则，故构成不正当竞争。当然此种理论应谨慎适用，否则所有知识产权侵权行为的实施者均有被其竞争对手追究反不正当竞争法上责任的可能，从而导致不正当竞争诉讼的泛滥。

（四）不正当竞争责任和知识产权侵权责任的衔接

使用非法 IT 产品既可能违反该法案的规定，也可能同时构成知识产权侵权。如果该制造商或第三方已经在知识产权侵权案件中败诉，并已经承担了相应的赔偿责任，实际上赔偿责任的履行已经填补了其产品成本与合法制造商或经销商产品成本之间的差距，其他合法的制造商与之相比的竞争劣势已经消失，此时如果还要求该制造商或第三方承担不正当竞争责任则显然是不合理的。

法案规定的程序一定程度上了防止了上述情况的出现。根据该法案第6条第1款和第2款的有关规定，如果被告在之前已经在美国因该被窃取或盗用的信息技术而受到法院的判决，则法院应当驳回诉讼；如果被告正受制于美国其他法院正在进行的因该被窃取或盗用的信息技术而产生的诉讼，则法院应当暂停本诉讼直至其他法院达成最终判决或和解，然后驳回诉讼。因此，如果制造商或第三方已经在美国被课以侵犯知识产权的法律责任，则不再承担不正当竞争责任。

如果制造商或第三方在美国以外的其他地区已经履行知识产权损害赔偿责任，则美国法院不能通过上述程序规则防止责任的加重，本书认为，制造商或第三方可以将其已经承担赔偿责任作为不正当竞争损害不存在的抗辩理由，从而避免承担双重责任。

（五）知识产权侵权责任主体的扩张

知识产权侵权责任主体最初限定在直接侵权行为人。随着知识产权间接侵权理论的形成与应用，没有直接实施侵权行为的间接侵权行为人也被纳入知识产权侵权责任主体的范围之内。[1] 美国反不正当新法案规定的第三方责任，则代表了知识产权侵权责任主体的扩大。

根据上文的分析，第三方承担责任的理由在于未履行该法案所要求的注意义务，即督促与其具有直接合同关系的制造商在商业过程中使用合法IT产品。对许多从海外采购商品的美国企业来说，此项义务或许并不轻松。虽然法案给制造商或零售商提供了通知和积极抗辩的"避风港"，但要成功进行积极抗辩不免要花大代价对供应商进行尽职调查，甚至可能需要重构其供应链，这将大大增加制造商或零售商的商业成本。该法案已经尽力减轻上述负面影响，为第三方设定了"安全港"，同时将第三方的责任仅限于对制造商的行为承担补充赔偿责任。

三、"天瑞"案概要

Amsted工业公司（以下简称"Amsted"）是一家总部位于美国的铸

---

[1] Wallace v. Holmes, 29 F. Cas. 74 (No. 17, 100) (C. C. Conn. 1871).

钢火车车轮制造商，拥有两项制造方法的商业秘密。该公司在美国业务中使用了其制造方法中的一项，另一项方法则已不再在美国使用，而是授权给中国大同爱碧玺铸造有限公司（Datong ABC Castings Company Limited，以下简称"大同公司"）使用。天瑞在 2005 年时与 Amsted 协商，试图获得类似的许可，但未能成功。后天瑞雇用了大同公司的 9 名员工，这些员工在大同公司工作期间接受过涉案商业秘密方法的培训，并被告知该方法为机密，且其中 8 人签署了保密协议。天瑞在中国制造铸钢火车车轮，通过合资企业将其产品出口至美国。

Amsted 向国际贸易委员会进行投诉，称涉案车轮的制造方法是在美国开发完成的，应受到美国国内商业秘密法的保护，故上述车轮的进口违反了 1930 年《关税法案》的第 337 条（以下简称"337 条款"）。[❶] 天瑞以涉嫌侵犯商业秘密的行为发生在中国，且 337 条款不具有在境外适用的立法意图为由，提出终止 337 调查程序的动议。国际贸易委员会的行政法官驳回了这一动议，并得出有充分的直接及间接证据证明天瑞通过窃取 Amsted 商业秘密的方式，获取了涉案车轮制造方法的结论，故裁定支持了 Amsted 的主张。国际贸易委员会对行政法官的裁决未进行复议，并颁发了有限排除令（limited exclusion order）。

天瑞不服国际贸易委员会的裁决，向美国联邦巡回上诉法院提起诉讼。在诉讼中，天瑞对于国际贸易委员会认定的如下事实并未提出质疑，即 Amsted 所拥有的秘密信息被以违反保密义务的方式泄露给了天瑞，且这些信息被用于制造出口至美国的火车车轮。天瑞提出了两点诉讼主张，一是 337 条款不具有在境外适用的效力；二是因 Amsted 未在美国国内实施诉争商业秘密方法，故其没有满足 337 条款中的国内产业受损的要求。

联邦巡回上诉法院首先分析了此案涉及的新问题（判决书中所称的"第一印象"的问题）：即由国际贸易委员会发起的涉及商业秘密的 337 调查，应当适用联邦法律还是州法律？尽管国际贸易委员会行政法官适用的是伊利诺伊州商业秘密法，联邦巡回上诉法院认为，某行为是否违反了 337 条款而构成进口中的"不公平的竞争方法"或"不公平行为"，是联邦法上的问题，故应适用统一的联邦标准而非依据某一州的侵权法来解决。美国各州商业秘密法差异较小，其法源通常为《反不正当竞争重述》及《统一商业秘密法》，且有关窃取商业秘密的联邦成文刑法对商业秘密定义的依据亦为《统一商业秘密法》，故此案不存在商业秘密实体法的争议。

关于337条款是否具有境外适用的效力问题，联邦巡回上诉法院基于以下三点认可了该条款具有境外适用的效力：（1）337条款所明确针对的对象为将物品进口美国所存在的竞争中的不公平方法及不公平行为。337条款的重点在于进口，而进口本身是一种国际性的交易，故可合理推定国会在立法时清楚或者意图该法将适用于可能发生在境外的行为。（2）在此案中，国际贸易委员会并未适用337条款惩罚纯境外的行为，此案相关的境外不正当竞争行为范围局限于导致商品出口至美国并导致国内产业受损的行为。（3）337条款的立法历史支持了国际贸易委员会对该法适用的解释，准许该委员会审理发生在国外的行为。

天瑞上诉的第二个理由为Amsted本身已停止在美国使用该项遭到窃取的制造方法，故被进口至美国的车轮不具备337条款要求所要求的破坏或者实质损害美国产业的威胁。对此，联邦巡回上诉法院认为，根据案件中所涉知识产权性质的不同，判断所谓国内产业的标准也不同。关于专利、版权及注册商标等法定知识产权，若有证据表明存在与受知识产权保护的物品有关的大量国内投资或就业岗位，则可证明国内产业存在；涉及与非法定知识产权有关的不公平竞争行为（如侵犯商业秘密）时，一方面须有证据表明国内产业确实存在，另一方面还要求此种不公平行为具有破坏或严重损害该国内产业的威胁。然而，对于商业秘密等非法定知识产权，法律没有要求国内企业必须使用该商业秘密，且没有明确要求该国内产业与调查中涉及的知识产权有关。双方提交的证据表明，天瑞车轮的进口与商业秘密拥有者在美国国内制造的车轮进行了直接的竞争。国际贸易委员会认为，此种竞争足以构成337条款所称的对产业损害，此种观点为联邦巡回上诉法院所认可。

综上，联邦巡回上诉法院强调国会授权国际贸易委员会确定产品可进口至美国的条件，并认定该委员会依据天瑞在美国的行为——将车轮进口至美国，正确适用了337条条款，故维持该委员会的裁决。❶

四、"天瑞"案存在的争议

美国联邦巡回上诉法院对此案的裁决具有重大影响。首先，此判决为国际贸易委员会适用337条款进行涉嫌侵犯商业秘密调查时澄清了两个重要的法律问题。一是国际贸易委员会进行此类调查，所适用的应是反映在

---

❶ 有关"天瑞"案的最新进展及更详细的介绍，可参阅：冉端雪. 337调查突围：写给中国企业的应诉指南［M］. 北京：知识产权出版社，2015. ——编辑注

《侵权法重述》《统一商业秘密法》及国际贸易委员会判例法中的联邦商业秘密法；二是在证明因与非法定知识产权有关的不正当竞争存在破坏或严重损害国内产业的威胁时，商业秘密的拥有者无须证明其在美国国内使用此种商业秘密，即相关产业的界定不同于法定知识产权。

此案的裁决引起了很大的争议，尤其是 337 条款能否在美国境外适用，在审理此案的法官中也存在分歧。根据长期确立的美国法律原则，"除非有相反意图表现出来，否则国会通过的立法只适用于美国管辖的地域之内"。基于上文提及的几点理由，审理此案的多数法官认为，337 条款可以在美国境外（结合此案即在中国）适用。参与此案审理的摩尔法官执笔的反对意见则认为，如果天瑞来到美国并窃取了 Amsted 作为商业秘密保护的制造方法，则国际贸易委员会可适用 337 条款，禁止使用该制造方法的所有产品进口至美国；此案所涉任何在火车车轮的进口中不存在任何不公平行为，而此案所有的"窃取"商业行为或者说任何"不公平行为"均发生在国外。摩尔法官认为，美国法院并不具有认定完全发生在境外的商业行为是否正当的权力。

事实上，在诉讼过程中，天瑞的抗辩事由之一为中国法律可为任何窃取商业秘密的行为提供充分的救济，不应准许国际贸易委员会对发生在中国的行为适用美国的商业秘密法，此种做法的后果是不正当地干涉了中国法律的适用。联邦巡回上诉法院未支持天瑞的抗辩，理由之一为天瑞未能指明国际贸易委员会在此案适用的、规制商业秘密窃取的原则与中国商业秘密法存在冲突，并进一步指出其找不出 TRIPS 协定第 39 条关于制止窃取秘密的要求与国际贸易委员会行政法官所适用的商业秘密法律原则之间的区别，故没有发现国际贸易委员会的裁决与中国法之间的冲突。

对此，本书认为，联邦巡回上诉法院的推理逻辑值得探讨。联邦巡回上诉法院的推理过程为：既然中国为世界贸易组织成员，其法律包括商业秘密法必须要符合 TRIPS 协定的要求；国际贸易委员会在此案适用的美国商业秘密法与 TRIPS 协定第 39 条无差别，故中国商业秘密法与在此案适用的美国商业秘密法不存在冲突。联邦巡回上诉法院推理的过程是不严密的。首先，虽然中国有关商业秘密保护的法律符合了 TRIPS 协定的相关要求，但中国法院在司法过程中并不直接适用 TRIPS 协定，因此，不能将TRIPS 协定的规定作为中国法的法源。其次，正如摩尔法官所指出的，对于完全发生在中国的行为，判定该行为是否正当的主体不应是美国的法院。而某行为是否正当、公平，其判定结果在很大程度上取决于当事人的诉辩主张及证据。此案在国际贸易委员会审理过程中，天瑞曾提出了涉案商业秘密不应构成商业秘密的主张。而假定此案诉讼是在中国进行，此抗辩事由应为法院审理的重点，也是认定天瑞行为是否具有正当性的关键。

五、"天瑞"案对中国企业的影响

在中国，商业秘密作为一种民事权益，受到反不正当竞争法及刑法的保护。不同于专利权，商业秘密的保护范围不具有清晰的界限。近年来，随着对外技术交流与合作的加强，中外之间的商业秘密纠纷日趋增多。若商业秘密的持有者为外方当事人，则可根据来源国与中国共同加入的双边或多边国际公约等在中国主张商业秘密保护。中国法院将依据中国法律进行审理，即判定原告主张的商业秘密能否构成、被告的抗辩事由是否成立以及在被告构成侵犯商业秘密的情形下，应承担何种形式的法律责任。

在解决中美商业秘密纠纷方面，天瑞案为美国的商业秘密持有者打开了另一扇门。对于发生在中国的侵犯商业秘密纠纷，只要使用该商业秘密制造的产品出口至美国，美国的商业秘密持有者则可以天瑞案为先例，请求国际贸易委员会对中国企业进行 337 调查。如此操作的优势对美国商业秘密持有者是显而易见的：在本土诉讼、熟悉的法律及诉讼制度以及高昂的律师费用给竞争对手带来的威慑等。这些优势恰恰是其中国对手的劣势。因此，毫无疑问，"天瑞"案将大大增加了中国企业产品出口至美国的商业秘密风险。如何防范这些风险，将是其不得不考虑的问题。

六、美国反不正当竞争新法案及天瑞案对我国的启示

美国反不正当竞争新法案对信息技术产品的知识产权人而言是极为有利的。❶ 美国是知识产权大国，海外盗版行为给美国知识产权所有人带来了巨大的损失，跨国打击盗版行为花费甚大，海外知识产权保护水平也往往不能让美国知识产权人满意。该法案从某种意义上使无数制造商或经销商一夜之间充当了"知识产权警察"的角色，并且巧妙地将美国没有管辖权的知识产权侵权行为转变成美国有管辖权的不正当竞争行为，虽然该知识产权人不能直接获得赔偿，但却能有效地制止侵权行为。该法案对美国本土制造业和创造就业也将是有利的。美国定做商将在该法案的压力下促使其海外制造商合规生产，从而增加海外制造的成本，提高美国本土制造

---

❶ 据了解，路易斯安那州也已通过类似法案，且相似法案已在美国其他数州议会审议之中。

业的竞争力，从而促进就业。

该法案对我国知识产权保护的立法具有一定的借鉴意义。在我国已加入世界贸易组织，且知识产权保护已达到 TRIPS 协定所确立的最低标准的大背景下，我国可以充分利用知识产权保护国内立法机制，加强对于国内优势产业及传统知识的知识产权保护。采用反不正当竞争法对其给予补充保护的模式，将是很好的选择。这一方面因为反不正当竞争法相对其他知识产权法而言是部"兜底"性的法律，而不正当竞争行为覆盖面甚广，可涵盖工商业活动中违反了诚实做法的所有行为；另一方面，反不正当竞争法是规范市场竞争秩序、保护市场利益的法律，而我国优势产业的发展、传统知识的保护及发展同样离不开市场。因此，采用反不正当竞争法加强对本国优势产业的知识产权保护是值得研究的问题。

"天瑞"案的裁决为我国外向型企业敲响了警钟。我国企业在经营中应进一步增强商业秘密意识。一方面确保己方商业秘密的安全，不被非法窃取与使用；另一方面，应采取有效措施，减少与他人发生商业秘密纠纷的概率。毕竟对于许多中国企业而言，在美国输掉了 337 调查的官司事小，产品被禁止进入美国从而失去了市场事大。

第 7 章
知识产权相关不正当竞争行为救济

不正当竞争行为的受害者可以向工商行政管理部门投诉，要求对不正当竞争行为人予以处罚，也可以直接向人民法院提起民事诉讼，以追究行为人的民事责任。不正当竞争行为人承担的民事责任方式主要有停止侵害、消除影响、赔礼道歉及赔偿损失。人民法院还可以针对不正当竞争行为的性质及情节，对行为人给予民事制裁。对于情节严重的侵害商业秘密行为以及商业诋毁行为，若具备了侵犯商业秘密罪及损害商业信誉、商品声誉罪的构成要件，则应依法追究行为人的刑事责任。

　　在受到不正当竞争行为侵害后，权利人可寻求以下救济方式。首先，权利人可以寻求行政救济，就不正当竞争行为向相应的工商行政管理部门投诉。工商行政管理部门在认定被投诉人的行为违法后，将责令其停止不正当竞争行为，并可根据其违法行为的性质及情节予以处罚。其次，权利人在寻求行政救济之后向人民法院提起民事诉讼，或者不寻求行政救济而直接向人民法院提起民事诉讼，以追究不正当竞争行为实施者的民事责任。人民法院认定被告行为构成不正当竞争的，可根据案件的具体情形，判令其承担停止侵害、赔偿损失、赔礼道歉、消除影响等民事责任。根据个案情形，人民法院还可以对有关违法行为实施者给予民事制裁。对于某些严重的不正当竞争行为，若触及了刑律，构成了犯罪，犯罪嫌疑人应被依法追究刑事法律责任。基于以上分析，本章将依次探讨不正当竞争行为的行政救济、民事司法救济及刑事司法救济等三个问题。

一、行政救济
（一）行政救济程序的启动

《反不正当竞争法》第 16 条规定："县级以上监督检查部门对不正当竞争行为，可以进行监督检查。"此条赋予了监督检查部门（工商行政管理部门）依职权对不正当竞争行为主动查处的权力。实践中大量不正当竞争行为的查处，是权利人向工商行政管理部门投诉的结果，即权利人受到不正当竞争行为侵害的，可以请求工商行政管理部门制止、处罚该行为。

（二）行政救济的内容

工商行政管理部门在查处不正当竞争行为时，可以根据反不正当竞争法及行政处罚法的相关规定，对违法者作出如下处罚。

（1）责令其停止违法行为，并改正或者限期改正违法行为。

（2）没收违法所得。例如，依据《反不正当竞争法》第 21 条第 2 款之规定，侵犯知名商品的特有名称、包装、装潢的经营者，其违法所得应被没收。

（3）罚款。反不正当竞争法针对不同的违法行为规定了不同的罚款额度。如对侵犯知名商品的特有名称、包装、装潢的行为，罚款额度为违法所得的 1 倍以上 3 倍以下；对商品做引人误解虚假宣传行为或侵犯商业秘密行为，其罚款额度为 1 万元以上 20 万元以下。

（4）吊销营业执照。此种处罚适用于侵犯知名商品的特有名称、包装、装潢，以及其他情节严重的行为。

（三）行政救济的司法审查

《反不正当竞争法》第 29 条规定，当事人对工商行政管理部门作出的处罚决定不服的，可以自收到处罚决定之日起 15 日内向上一级主管机关申请复议；对复议决定不服的，可以收到复议决定书之日起 15 日内向人民法院起诉；也可以直接向人民法院提起诉讼。例如，吉隆公司与谢某、斯普瑞得公司侵犯商业秘密案中，❶ 就涉及对行政处罚决定的司法审查问题。在此案中，吉隆公司以斯普瑞得公司采用不正当手段窃取并使用其商业秘密为由，分别于 1997 年 10 月 20 日及同年 12 月 16 日向北京市海淀区工商局投诉，要求对斯普瑞得公司的不正当竞争行为给予处罚。海淀工商局对斯普瑞得公司作出立即停止违法行为并罚款 2 万元的处罚。斯普瑞得公司不服，向北京市海淀区人民法院起诉。海淀区法院经审理认为，该处罚决定认定事实清楚，主要证据充分，程序合法，适用法律正确，故判决维持了该处罚决定。斯普瑞得公司对该判决提起上诉，二审法院维持了一审判决。

（四）行政救济与民事救济的衔接

实践中经常出现权利人在工商行政管理部门的处罚决定生效后向人民法院起诉，要求追究侵权行为的民事责任的情形。在此情况下，则存在行政救济与民事救济的衔接问题。

一般而言，若工商行政管理部门认定不正当竞争行为构成，且其处罚决定已经生效，在民事诉讼中，被告未对构成不正当竞争的事实提出异议或者放弃其抗辩权的，则法院可以对该事实予以认定，而直接审理民事责任承担问题。如在本编第二章介绍的北京开关厂诉永达恒昌公司侵犯商标专用权、企业名称权一案中，北京市工商行政管理局朝阳分局认定，永达恒昌公司未经许可，在组装、销售的产品上使用了北京开关厂的名称，故对其罚款 4 万元。后北京开关厂以永达恒昌公司的行为构成企业名称及商标侵权为由向人民法院提起民事诉讼。对此，受诉法院认为，永达恒昌公司未对北京市工商行政管理局朝阳分局的处罚决定书申请复议，并交纳了罚款，可以说明其对处罚书中认定的事实及处罚内容予以认可。故依据处罚决定书及法院调取的永达恒昌公司在其销售的配电箱（柜）上使用北京开关厂厂名的证据，法院认定永达恒昌公司未经北京开关厂的许可，非法使用了其企业名称，其行为构成不正当竞争，应承担相应的民事责任。❷

如果处罚决定书已经生效，甚至被告（被处罚人）已经缴纳了罚款，但其在权利人提起的民事诉讼中主张自身行为不构成不正当竞争，法院仍将对其行为是否构成侵权进行审理。在此问题上，反不正当竞争法及相关

---

❶ 北京市第一中级人民法院民事判决书（1998）一中知初字第 37 号；北京市高级人民法院民事判决书（1999）高知终字第 76 号。

❷ 北京市朝阳区人民法院民事判决书（2000）朝知初字第 104 号。另，在此案中，永达恒昌公司经法院传票传唤，无正当理由拒不到庭，应视为放弃了答辩的权利。

的司法解释并无规定。但在专利案件的审理上，最高人民法院司法解释对此作出了明确规定，法院在审理不正当纠纷案件时可以参照执行。《最高人民法院关于审理专利纠纷案件适用法律问题的若干规定》❶ 第 25 条规定，"人民法院受理的侵犯专利权纠纷案件，已经过管理专利工作的部门作出侵权或者不侵权认定的，人民法院仍应当就当事人的诉讼请求进行全面审查。"此条所称的诉讼请求，应包括被告认为其行为不构成侵权的请求。实践中，已出现数件工商行政管理部门认定行为人的行为构成不正当竞争，而法院意见相左的案件。❷

二、民事司法救济

民事司法救济，是指权利人通过提起民事诉讼，为自身受到的不正当竞争行为寻求的救济。权利人获得的民事司法救济，主要体现在人民法院在认定不正当竞争行为构成的情况下，判令行为人承担的民事责任方式上。不正当竞争行为的民事责任方式，依据《民法通则》第 134 条规定，包括停止侵害、消除影响、赔礼道歉及赔偿损失。此外，人民法院还可针对不正当竞争行为的性质及情节对侵权人给予民事制裁。

（一）停止侵害

停止侵害的民事责任，适用于法院认定被告行为构成侵权而该行为仍在继续，或者侵权行为虽已停止但有再次发生之虞的情形。如果侵权行为是一种已经完成的行为，或者已有其他有权机关责令行为人停止的，权利人已无请求法院判令停止侵害的必要。

停止侵害民事责任的适用，在侵害商业秘密案件中有一定特殊性，主要体现在以下两个方面。

《最高人民法院关于审理不正当竞争民事案件应用法律若干问题的解释》❸ 第 16 条第 1 款规定："人民法院对于侵犯商业秘密行为判决停止侵害的民事责任时，停止侵害的时间一般持续到该项商业秘密已为公众知悉时为止"。该条第 2 款规定："依据前款规定判决停止侵害的时间如果明显

---

❶　法释［2001］21 号，2001 年 6 月 19 日最高人民法院审判委员会第 1180 次会议通过。

❷　如广联达公司诉神机公司侵犯商业秘密案，参见：北京市海淀区人民法院民事判决书（2004）海民初字第 7711 号；北京市第一中级人民法院民事判决书（2004）一中民终字第 11455 号。

❸　法释［2007］2 号。

不合理的，可以在依法保护权利人该项商业秘密竞争优势的情况下，判决侵权人在一定期限或者范围内停止使用该项商业秘密。"

然而，本书认为，人民法院在判令被告停止侵害时，只需简单地表述为"被告自判决生效之日起，立即停止侵权行为"即可，而无须表述为"自本判决生效之日起至涉案商业秘密公开日止，被告停止侵权行为"，这是因为到商业秘密公开之日，已无权利可侵害，自然无须加上停止侵害的时限，故上述司法解释第一款实无必要。司法解释第二款有其合理性，但在适用上会有难度，即如何来确定所谓的"一定期限或者范围"。如在上海兰生股份有限公司诉上海宝山进出口有限公司侵犯商业秘密案中，❶ 法院判令被告停止侵害原告商业秘密行为，两年内不得利用原告的客户名单与价格资料经营吹塑玩具出口业务。在类似案件中，除非原告明确提出其商业秘密的价值持续期限，否则法官难以判断。

由于侵害行为导致了权利人商业秘密的公开，则被告是否还应承担停止侵害的责任，以及被告能否继续使用该信息的问题，曾存在争议。本书认为，商业秘密不论因何种原因被公开，若其已经进入了公有领域，则任何人（包括侵权行为人）均可使用该信息。在此情形下，已经无权利可以侵害了，故被告无须承担停止侵害责任。对于被告侵权导致秘密公开而给权利人造成的损失，应该由被告全面赔偿。

（二）消除影响、赔礼道歉

不正当竞争行为，尤其是市场混淆、误导及商业诋毁行为，往往会在市场上造成混乱，在消费者中造成不良影响。因此，在不正当竞争构成的情形下，经原告请求，被告应承担消除影响的民事责任。

赔礼道歉和消除影响是两种不同的民事责任方式。赔礼道歉的责任方式，是将侵权人道义上的责任转换为法律责任。赔礼道歉，主要适用于人身权利或者精神权利受到侵害的情形。然而，过去由于对知识产权权利属性的认识不清，认为所有类型知识产权均具有人身权及财产权的双重属性，故在侵犯知识产权案件中，只要侵权构成而原告要求被告赔礼道歉的，该诉讼请求均会得到法院支持。这就使得赔礼道歉成为侵犯知识产权"当然"的责任方式。在以往大量商标侵权、专利侵权的判决书中，均出现赔礼道歉的责任方式被普遍适用的情形。目前，在法官之间以及法院之

---

❶ 上海市虹口区人民法院民事判决书（1996）虹经初（知）字第 1075 号；上海市第二中级人民法院民事判决书（1997）沪二中经终（知）字第 1486 号。

间，已逐渐形成了一种共识，还赔礼道歉责任方式之适用于其原貌，❶ 即该责任方式仅适用于人身权利受到侵害的情形。在不正当竞争领域，经营者的商誉既具有财产性质，也具有人身属性，因此，在其商业信誉或其商品声誉受到侵害时，经营者有权要求行为人赔礼道歉。

当不正当竞争行为不仅给原告造成了不良影响，同时还侵害了原告的商誉（当然，商誉损害也可以理解为不良影响的一种）时，被告应同时承担赔礼道歉、消除影响之责任。

然而，赔礼道歉与消除影响毕竟是两种不同的责任方式。二者适用的原则及方式有所不同。对于赔礼道歉，只要被告表达其歉意即可，法律并没有要求被告必须采取公开方式道歉。因此，在实践中，赔礼道歉的方式包括当庭道歉、书面道歉、公开道歉（在报纸、电台、电视上道歉）等方式。而消除影响的适用原则为，被告在什么样的范围内给原告造成了不良影响，便负有在同等范围内予以消除的责任。因此，消除影响应采用公开的方式进行。一般而言，赔礼道歉的责任方式，被告只要履行一次、表明歉意就已足够。而消除影响应根据不良影响的程度及范围，被告或许要承担多次消除影响或将消除影响的公告或声明在网络媒体持续一段时间的责任。然而，在实践中曾经出现过判令被告多次赔礼道歉的判决，这是值得商榷的。如在一起侵犯奥林匹克标志专用权的纠纷案中，被告在某电视台作了 28 次广告，宣传其被控侵权的产品，在认定侵权成立后，一审法院判令被告在北京有线电视台上致歉 28 次。二审法院撤销了一审判决，改判被告在北京有线电视台上致歉一次。

另外，在法院判令侵权人承担消除影响、公开赔礼道歉责任时，若被告不履行该义务，法院将采用在相关媒体上公布判决主要内容，而相关费用由被告承担的方式，以保障法院判决的执行。❷

---

❶ 我国《民法通则》第 118 条所规定的侵犯知识产权的民事责任中，并不包括赔礼道歉。著作权法对侵犯著作权的行为明确规定了赔礼道歉的责任，而其他知识产权部门法并无类似规定。

❷ 例如，在百度公司诉网通青岛分公司、青岛奥商公司等不正当竞争纠纷案中，法院认为，被告在原告的搜索结果页面强行增加广告进行推广宣传的行为，显然属于利用原告提供的搜索服务来为自己牟利，容易导致网络用户误以为弹出广告页面系原告所为，会使网络用户对原告所提供服务的评价降低，对原告的商业信誉产生不利影响，构成不正当竞争，故判决被告承担相应民事责任，包括在判决生效之日起 10 日内在各自网站首页位置上刊登声明以消除影响，声明刊登时间应为连续的 15 天，声明内容须经法院审核；逾期不执行的，法院将在国内相关门户网站上公开判决的主要内容，所需费用由被告承担。

（三）赔偿损失

不正当竞争案件中损害赔偿原则、赔偿范围等内容，和侵犯著作权、专利权及商标权案件无实质区别，在此不复赘述。在赔偿额的计算方法上，不正当竞争案件具有一定特殊性，现论述如下。

1. 反不正当竞争法所规定的计算方法

《反不正当竞争法》第20条规定，不正当竞争行为"给被侵害的经营者造成损害的，应当承担损害赔偿责任，被侵害的经营者的损失难以计算的，赔偿额为侵权人在侵权期间因侵权所获得的利润；并应当承担被侵害的经营者因调查该经营者侵害其合法权益的不正当竞争行为所支付的合理费用。"依据该条所确定的赔偿计算方法，在不正当竞争案件中，首先应以被侵害者受到的损失来计算赔偿额；在损失难以计算的情况下，才应以侵权者的获利来计算赔偿额。另外，该条首次明确了权利人为制止侵权的合理支出，侵权人应予赔偿，这在当时的知识产权立法中是较为先进的。

2. 司法解释中确定的计算方法

虽然反不正当竞争法规定了以权利人损失或者被告获利来确定赔偿数额，但在许多案件中，权利人损失或被告获利均难以确定，故赔偿数额多由法官"酌定"，即根据受侵害的权利类型、侵权持续的时间、侵权人的主观过错等因素，确定一个赔偿数额。因反不正当竞争法中并无法定赔偿制度，故此种赔偿方法被称为"定额赔偿"。

随着我国主要知识产权法律在加入世界贸易组织前完成了修订，在著作权、商标权及专利权领域，损害赔偿的计算方法已趋完备，不正当竞争领域的赔偿计算方法过于原则与单一的问题日益凸显。因此，最高人民法院在2007年制定《关于审理不正当竞争民事案件适用法律若干问题》司法解释时，纳入了损害赔偿计算方法的内容。该司法解释第17条第1款对不正当竞争案件的损害赔偿问题作出了如下规定，即"确定反不正当竞争法第10条规定的侵犯商业秘密行为的损害赔偿额，可以参照确定侵犯专利权的损害赔偿额的方法进行；确定反不正当竞争法第5条、第9条、第14条规定的不正当竞争行为的损害赔偿额，可以参照确定侵犯注册商标专用权的损害赔偿额的方法进行。"根据该款规定，市场混淆、误导及商业诋毁等不正当行为的损害赔偿可以参照侵犯注册商标专用权的损害赔偿额的方法计算，而侵犯商业秘密的损害赔偿额，可以参照专利权的损害赔偿额的方法计算。注册商标专用权损害赔偿额的计算方法为《商标法》❶ 第 63 条所规定，主要包括权利人的损失、侵权人的获利、许可使用费倍数及法定赔偿❷四种方法，且明确赔偿数额应当包括权利人为制止侵权行为所支付的合理开支。专利权损害赔偿额的计算方法为《专利法》❸ 第 65 条及《最高人民法院关于审理专利纠纷案件适用法律问题的若干规定》❹ 第 21 条所规范，概言之，主要包括以下四种计算方法：（1）被侵权人的损失；（2）侵权人的获利；（3）许可使用费倍数，即可以参照专利许可使用费的 1~3 倍合理确定赔偿数额；（4）法定赔偿，即在被侵权人的损失、侵权人的获利难以确定，没有专利许可使用费可以参照或者专利许可使用费明显不合理的，可以根据专利权的类别、侵权行为的性质和情节等因素，确定给予 1 万元以上 100 万元以下的赔偿。

3. 侵权行为导致商业秘密公开时的赔偿额计算问题

上文已经提及，在侵权行为导致商业秘密公开的情形下，侵权人无须承担停止侵害责任，但应承担损害赔偿责任。侵权人承担的赔偿数额应足以弥补侵权行为对商业秘密持有人造成的实际损失，即应当根据该项商业秘密的商业价值确定损害赔偿额。商业秘密的商业价值，根据其研究开发成本、实施该项商业秘密的收益、可得利益、可保持竞争优势的时间等因素确定。❺

（四）民事制裁

民事制裁是在适用民事责任不足以制裁侵权行为人时所采取的措施，其不同于民事责任，如从性质上看，民事制裁是国家对民事活动实行干预的形式，对于民事制裁的适用，不能由受害人放弃或双方和解的方式加以改变。❻ 民事制裁的方式，根据《民法通则》第 134 条第 3 款的规定，包括予以训诫、责令具结悔过、收缴进行非法活动的财物和非法所得，并可

---

❶ 除非特别标注，本书所称的《商标法》是指 2013 年修改的《商标法》。

❷ 关于法定赔偿的额度，《商标法》第 63 条第 3 款规定："权利人因被侵权所受到的实际损失、侵权人因侵权所获得的利益、注册商标许可使用费难以确定的，由人民法院根据侵权行为的情节判决给予 300 万元以下的赔偿。"

❸ 除非特别标注，本书所称的专利法是指 2008 年修改的专利法。

❹ 法释［2013］9 号。

❺《最高人民法院关于审理不正当竞争民事案件应用法律若干问题的解释》（法释［2007］2 号），第 17 条第 2 款。

❻ 王利明，杨立新. 侵权行为法［M］. 北京：法律出版社，1996：108-109.

以依照法律规定处以罚款、拘留。在不正当竞争案件中，人民法院对于违法者所给予的民事制裁常为收缴侵权产品以及专门用于侵权的工具。在北京市京工服装工业集团服装一厂（以下简称"服装一厂"）诉北京百盛轻工发展有限公司（以下简称"百盛中心"）、香港鳄鱼国际机构（私人）有限公司、中国地区开发促进会（以下简称"开发促进会"）侵犯商业信誉、不正当竞争一案❶中，受诉法院对被告开发促进会给予了民事制裁，对涉案侵权产品予以收缴。

在此案中，受诉法院经审理查明：开发促进会原下属企业北京同益广告公司（以下简称"同益公司"）在百盛购物中心"鳄鱼专卖点"以每条 560 元价格销售的"卡帝乐"牌西裤，实为被同益公司撕换商标的原告服装一厂的"枫叶"牌西裤。同益公司的行为违反了诚实信用、公平竞争的基本原则，妨碍原告商业信誉、品牌的建立，使原告商业信誉受到一定侵害，正当竞争的权利受到一定的影响。因此，同益公司的行为构成侵权。故依照《民法通则》第 134 条第 3 款之规定，对于经证据保全扣押的同益公司的"卡帝乐"牌西裤 17 条予以收缴。❷

三、刑事司法救济

刑事司法救济，是指通过追究侵权行为人的刑事责任的方式对权利人所给予的救济。一般而言，在知识产权领域故意的、严重的侵权行为将构成知识产权犯罪，应被追究刑事责任。具体到不正当竞争行为而言，常有两种行为被追究刑事责任，一种是侵犯商业秘密行为，另一种为侵犯商誉行为。

（一）侵犯商业秘密罪

我国《刑法》第 219 条规定，侵犯商业秘密行为，❸ 给商业秘密的权利人造成重大损失的，处 3 年以下有期徒刑或者拘役，并处或者单处罚金；造成特别严重后果的，处 3 年以上 7 年以下有期徒刑，并处罚金。《最高人民法院、最高人民检察院关于办理侵犯知识产权刑事案件具体应用法律

---

❶❷　北京市第一中级人民法院民事判决书（1994）中经知初字第 566 号。
❸　《刑法》第 219 条所规定的侵犯商业秘密行为，与《反不正当竞争法》第 10 条所规定的侵犯商业秘密行为相同。

若干问题的解释》❶ 第 7 条明确规定，侵犯商业秘密行为给商业秘密的权利人造成损失数额在 50 万元以上的，属于给权利人造成重大损失，应当以侵犯商业秘密罪判处 3 年以下有期徒刑或者拘役，并处或者单处罚金；给商业秘密的权利人造成损失数额在 250 万元以上的，属于《刑法》第 219 条规定的"造成特别严重后果"，应当以侵犯商业秘密罪判处 3 年以上 7 年以下有期徒刑，并处罚金。

在侵犯知识产权罪中，侵犯商业秘密罪属于高发犯罪，许多权利人往往选择追究侵权人刑事责任的方式来维护自身的权益。在众多的案件中，2006 年西安市中级人民法院审理的"裴国良侵犯商业秘密案"，曾被人冠以"侵犯商业秘密案第一案"。

裴国良是西安重型机械研究所（以下简称"西重所"）培养的高级工程师，2002 年年底与西重所解除了劳动合同，任中冶连铸技术工程股份有限公司（以下简称"中冶连铸公司"）的副总工程师。在新单位，裴国良将西重所属于商业秘密的设计图纸用于中冶连铸公司的工程项目，与西重所进行相关业务的竞争，给西重所造成了 1 700 余万元的经济损失。2005 年 8 月 19 日，西安市人民检察院向西安市中级人民法院提起公诉，指控裴国良利用工作便利侵犯他人商业秘密。同时，西重所向西安市中级人民法院提起附带民事诉讼，请求法院判令裴国良和中冶连铸公司赔偿经济损失 2 800 万元。

西安市中级人民法院经审理认为，裴国良利用职务便利窃取单位商业秘密，其行为构成侵犯商业秘密罪。附带民事诉讼被告中冶连铸公司是给西重所造成经济损失的直接责任人，应承担赔偿损失的民事责任。2006 年 2 月 28 日，西安市中级人民法院一审判处裴国良有期徒刑 3 年，并处罚金人民币 5 万元。在民事赔偿部分，判处裴国良与中冶连铸公司共同连带赔偿西重所经济损失 1 782 万元。❷

一审判决作出后，被告人提起了上诉，陕西省高级人民法院维持了一审判决。关于民事赔偿部分，据悉二审期间当事人之间达成了和解。在此案中，被告裴国良窃取了西重所的商业秘密，并披露给他人使用，给权利人造成了重大损失，符合侵犯商业秘密罪的构成要件，故受到了法律的追究。

---

❶　法释 [2004] 19 号，2004 年 11 月 2 日最高人民法院审判委员会第 1331 次会议、2004 年 11 月 11 日最高人民检察院第十届检察委员会第 28 次会议通过。

❷　此案案情参见：孙剑博 . 中国侵犯商业秘密第一案 [J]. 中国审判，2006 (6)：24-27.

（二） 损害商业信誉、商品声誉罪

损害商业信誉、商品声誉罪，是我国 1997 年修订后的《刑法》新设的罪名，该法第 221 条规定："捏造并散布虚伪事实，损害他人的商业信誉、商品声誉，给他人造成重大损失或者有其他严重情节的，处二年以下有期徒刑或者拘役，并处或者单处罚金。"该罪是和《反不正当竞争法》第 14 条所规定的商业诋毁行为相关联，即商业诋毁行为给他人造成重大损失或者其他严重情节的，将被追究刑事责任。

该罪的犯罪主体一般是与被害的经营者有竞争关系的经营者，但是消费者甚至媒体从业人员，也可能成为该罪的适格主体。消费者成为损害商业信誉、商品声誉罪主体的案件，有数年前陈某等人当众砸毁双菱空调案。❶ 媒体从业人员成为损害商品声誉罪主体的典型案件，则有某电视台临时人员訾某损害商品声誉案。❷

对于不正当竞争行为，我国现行法规定了多种救济途径。受到不正当竞争行为侵害的经营者可以根据自身情况及寻求救济的具体目的来选择不

---

❶ 2001 年 4 月，由被告人陈某租赁经营的江苏省连云港黄海度假村客房部向连云港广源电器有限公司购买 84 台双菱空调器。同年 11 月，陈某一方以空调器存在质量问题（噪音问题）为由，向上海双菱空调器制造有限公司投诉，协商过程中，双方未达成一致意见。2002 年 3 月 14 日，陈某、金甲、金乙则在没有明确空调噪声成因的情况下，故意混淆个别空调质量问题与双菱空调整体品质，在南京市中山东路太平北路路口打出由被告人钱某策划的"双菱空调，质量低劣，投诉无门，砸毁有理"的宣传语，当众砸毁壁挂式双菱空调一台。同年 3 月 28 日，上述三名被告人又在上海市轻轨明珠线镇坪路站附近打出"双菱空调，质量低劣，路人愿砸，奖励十元"的宣传语，悬赏路人砸毁壁挂式双菱空调一台。同年 5 月 13 日，三名被告人再次在南京市乐富来广场打出"上海双菱空调，质量低劣，8 个月来，投诉无门，不要赔偿，只要公理"的宣传语，当众砸毁壁挂式双菱空调一台。上述事件发生后，南京、上海等地媒体分别作了报道，国内其他一些地方的媒体也作了转载或报道，直接导致双菱公司的商品声誉受损，给双菱公司造成重大损失；且在全国范围内造成了恶劣的影响，情节严重。故法院以损害商品声誉罪分别判处被告人陈某恩有期徒刑 1 年，并处罚金人民币 3 万元；各判处其他三名被告人罚金人民币 3 万元。

❷ 訾某系某电视台临时人员。2007 年 6 月，他在通过查访并没有发现有人制作、出售肉馅内掺纸的包子的情况下，为了谋取所谓的业绩，化名"胡月"，冒充建筑工地负责人，到北京市朝阳区某院内，对制作早餐的陕西省来京人员卫某等四人谎称需定购大量包子，要求卫某等人为其加工制作。后訾某携带秘拍设备、纸箱和自己购买的面粉、肉馅等，以喂狗为由，要求卫某等人将浸泡后的纸箱板剁碎掺入肉馅，制作了 20 余个"纸箱馅包子"。与此同时，訾某秘拍了卫某等人制作"纸箱馅包子"的过程。在节目后期制作中，訾某采用剪辑画面、虚假配音等方法，编辑制作了虚假电视专题片《纸做的包子》播出带，并对电视台隐瞒了事实真相，使该虚假新闻得以播出，造成了恶劣影响，严重损害了相关行业商品的声誉。2007 年 8 月 12 日，北京市第二中级人民法院一审以损害商品声誉罪判处訾某有期徒刑 1 年，并处罚金 1 000 元。参见：北京市第二中级人民法院刑事判决书（2007）京刑二中初字第 597 号。

同的救济途径。然而，当事人的救济途径的自由选择权也带来一些问题。如在侵犯商业秘密案件中，越来越多的商业秘密权利人选择通过刑事司法救济途径来维护自身的权利。由于商业秘密及侵权行为的认定涉及较强的专业性，刑事法官在这些问题上的认识有时会和民事法官有所不同，导致有些被追究了刑事责任的被告人，在后来权利人单独提起的民事损害赔偿诉讼中被认定为不构成侵权。❶ 因此，如何规范当事人救济途径选择权，以平衡劳动者的择业自由权与经营者的商业秘密权益，维护司法的公正及权威，是个值得研究的问题。

---

❶　例如，在杨某涉嫌侵犯商业秘密并构成犯罪的民事及刑事案件中，深圳市龙岗区人民法院于 2005 年 8 月作出刑事判决，认定杨某构成犯罪，故判处其有期徒刑 7 个月，并处罚金 1 000 元。在郑州市中级人民法院审理基于相同事实的侵犯商业秘密案件时，认定原告诉请的商业秘密缺乏法定构成要件，故原告诉讼请求不能成立。但鉴于生效刑事判决已认定杨某侵犯了原告的商业秘密，该院还是认定杨某行为侵犯了原告的商业秘密，并承担 50 万元的赔偿责任。参见：河南省高级人民法院知识产权审判庭. 商业秘密司法保护问题调研报告 [G] //孔祥俊. 商业秘密司法保护实务. 北京：中国法制出版社，2012：414.

下　编

知识产权滥用反垄断规制研究

第 8 章
知识产权滥用与反垄断概述

> 如本书绪论所述，竞争法对知识产权行使的限制主要体现在反垄断法对滥用知识产权行为的规制。我国法律并未对滥用知识产权作出界定，反垄断法对滥用知识产权行为的规制也仅作出了非常原则的规定。本章在从学理研究滥用知识产权的概念、滥用知识产权的构成要件、知识产权国际公约有关滥用的基础上，探讨滥用知识产权与垄断行为之间的关系。

在中国，滥用知识产权并无权威的定义。在此部分，本书首先从学理上研究滥用知识产权的概念、滥用知识产权的构成要件，然后探讨相关知识产权国际公约有关滥用的规定，最后研究滥用知识产权与违反《反垄断法》的行为（垄断行为）之间的关系。

一、滥用知识产权的概念

知识产权作为民事权利，自应适用民法有关民事权利行使的基本规则。从立法层面而言，自罗马法始，对权利滥用即从禁止的方面来制定规则，其中最具影响力的规则为"任何人不恶用自己的财产，是国家利益之所在"。❶

---

❶ 优士丁尼. 法学阶梯［M］. 徐国栋，译. 北京：中国政法大学出版社，2005：37.

何谓滥用知识产权（abuse of intellectual property），尚不存在普遍认可的定义。知识产权中专利权的滥用源自英国《专利与设计法》，该法第 24条规定了由于专利权人不充分实施专利或者对其专利产品或方法的购买、利用或使用附加的条件而使英国某一产业不当受损等情形，从而导致专利的强制许可或者撤销。❶ 关于知识产权滥用，国内有学者将其相对于知识产权的正当性进行界定，指出其为知识产权人在行使其权利时超出了法律所允许的范围或者正当的界限，导致对该权利的不正当利用，损害他人利益和社会公共利益的情形。❷ 也有学者将滥用知识产权定义为知识产权人为了获得超出知识产权所授予的独占权或有限排他权的范围，不公平或者不合理的行使权利，违反激励创新的宗旨，破坏市场竞争秩序的行为。❸

有学者结合权利滥用的构成要件，认为知识产权滥用行为的构成要件包括：知识产权滥用的主体是行使知识产权的权利人；知识产权滥用的客体是国家的、社会的利益和他人的合法权利与利益；知识产权滥用的主观方面是损人利己的故意；知识产权滥用的客观方面是有危害或者可能危害他人权利和利益后果的行为。❹ 对此，本书认为，知识产权滥用行为侵害的客体是市场竞争的活力。市场竞争的活力体现了重大的社会公共政策，即经营者应通过技术创新、改善经营，以提高商品与服务质量、降低产品或服务价格的方式，进行以市场表现为基础的竞争。因此，"他人的合法权利与利益"似乎不是知识产权滥用行为侵害的客体之一；同理，知识产权滥用的客观方面，也不应是"他人"即其他经营者的权益的受损。

---

❶ *Patent and Design Act*, 1907（7 EDW. 7, c29）Art. 24：

（1）Any person interested may present a petition to the Board of Trade alleging that the reasonable requirements of the public with respect to a patented invention have not been satisfied, and praying for the grant of a compulsory license, or, in the alternative, for the revocation of the patent.

    ……

（5）For the purposes of this section the reasonable requirements of the public shall not be deemed to have been satisfied—

（a）if by reason of the default of the patentee to manufacture to an adequate extent and supply on reasonable terms the patented article, or any parts thereof which are necessary for its efficient working, or to carry on the patented process to an adequate extent or to grant licenses on reasonable terms, any existing trade or industry or the establishment of any new trade or industry in the United Kingdom is unfairly prejudiced, or the demand for the patented article or the article produced by the patented process is not reasonably met; or

（b）if any trade or industry in the United Kingdom is unfairly prejudiced by the conditions attached by the patentee before or after the passing of this Act to the purchase, hire, or use of the patented article or to the using or working of the patented process.

❷ 王先林. 知识产权滥用及其规制 [J]. 法学, 2004（3）：107.
❸ 尹新天. 专利权的保护 [M]. 2 版. 北京：知识产权出版社, 2005：600.
❹ 王先林, 等. 知识产权滥用及其法律规制 [M]. 北京：中国法制出版社, 2008：39-40.

二、相关知识产权国际公约对知识产权滥用的规定

中国现行知识产权法律中并无关于滥用知识产权的明确规定。为了考察"滥用知识产权"一词的含义，本书首先研究中国加入的知识产权国际公约中有关滥用知识产权的规定。

在中国加入世界贸易组织的背景下，TRIPS 协定无疑对中国的知识产权立法及执法产生重要的影响。❶ TRIPS 协定第一部分（总条款及基本原则）第 8 条规定，只要符合本协定的规定，成员必要时可以采取适当措施来防止知识产权持有人滥用知识产权或不正当地限制贸易或严重影响国际技术转让的做法。TRIPS 协定第二部分（有关知识产权的效力、范围及利用的标准）第 40 条第 1 款规定，各成员一致认为，一些限制竞争的有关知识产权的许可做法或条件可对贸易产生不利影响，并会妨碍技术的转让和传播。此条第 2 款规定，协定的任何规定不应阻止各成员在其立法中明确规定在特定情况下可构成对知识产权的滥用并对相关市场上的竞争产生不利影响的许可做法或条件；如以上所规定的，一成员在与本协定其他规定相符的条件下可依据该成员的有关法律和规章，采取适当的措施来阻止或控制此类做法，包括诸如排他性返授条件，阻止对许可知识产权效力提出异议的条件和胁迫性一揽子许可等。以上两个条款中均出现了"滥用知识产权"的字样，但何为滥用知识产权，世界贸易组织并未给出具体的解读。❷ TRIPS 协定中的"滥用"含义并不是由第 8.2 条界定，而是由各成员通过国内法来规定。

《巴黎公约》中亦有关于专利权滥用的规定。该公约第 5A（2）条规定，本联盟各国均有权采取立法措施规定授予强制许可，以防止由于行使专利所赋予的专有权而可能产生的滥用，例如不实施。依照我国《专利法》（2008 年）第 48 条规定，在发明专利或实用新型专利权人自权利授予之日起满 3 年，且自提出专利申请之日起满 4 年，无正当理由未实施或者未充分实施其专利的，或者专利权人行使权利的行为被依法认定为垄断行为，为消除或减少该行为对竞争产生的不利影响的，是具备实施条件的单

---

❶　中国在加入世界贸易组织之前，已承诺修改法律使之符合 TRIPS 协定的要求，且中国的知识产权执法必要符合该协定的最低要求。

❷　WTO ANALYTICAL INDEX：TRIPS Agreement on Trade-Related Aspects of Intellectual Property Rights[EB/OL].[2014-11-23].http://www.wto.org/english/res_e/booksp_e/analytic_index_e/trips_01_e.htm#article8,40；TRIPS 协定第 40 条.[EB/OL].[2014-11-23].http://www.wto.org/english/res_e/booksp_e/analytic_index_e/trips_01_e.htm#article8?

位或者个人向国务院专利行政部门申请强制许可，但该法并未将其界定为滥用行为。❶

三、滥用知识产权与反垄断

从上文分析可以看出，滥用知识产权主要是指知识产权人不当行使权利的行为。在判定知识产权行使行为是否构成反垄断法下的"滥用知识产权，排除、限制竞争行为"，即垄断行为时，遵循的基本原则应以权利行使的后果作为优先考虑的内容，只有产生排除、限制竞争后果的知识产权行使行为才会受到反垄断法规制。❷

知识产权人滥用知识产权的行为，可能涉及违反多部法律，如合同法、反不正当竞争法或者反垄断法。滥用知识产权的法律后果也不相同。如权利人的滥用行为，虽可能导致合同的某个/些条款无效或者整个协议无效，但其并未产生排除、限制竞争的法律后果的，该行为并不违反反垄断法。反之，权利人的行为不仅违反了合同法的相关规定，同时产生了排除、限制竞争后果的，则其行为也违反了反垄断法的规定。也就是说，滥用知识产权行为并不当然受到反垄断法规制，只有那些违背了反垄断法价值功能、对市场竞争产生破坏的行为才会受到该法的调整。❸ 在中国，滥用知识产权在一般情形下仅是作为知识产权许可或转让合同无效或部分条款无效的抗辩事由，作为侵权诉讼中的抗辩事由并无明确的法律依据。对于知识产权滥用构成垄断的行为，利益受损者可以向反垄断执法部门投诉，或者向人民法院起诉。人民法院认定垄断行为成立的，垄断行为人应承担相应的民事责任包括损害赔偿责任。

---

❶ 《专利法实施细则》（2010）第73条对何为专利权人未充分实施专利做出了解释，即指专利权人及其被许可人实施其专利的方式或规模不能满足国内对专利产品或者专利方法的需求。
❷❸ 江天波. 知识产权权利行使与反垄断规制 [C]. 北京：第一届知识产权、标准及反垄断国际研讨会，2011：73.

第 9 章
我国制止知识产权相关垄断行为的立法及实践

> 我国现行法中已有制止知识产权滥用行为的若干规定，实践中也出现一些被冠以"知识产权垄断"的案例。我国《反垄断法》所规定的三种垄断行为均可能涉及知识产权滥用问题。自《反垄断法》施行以来，虽然我国反垄断法执法机构及人民法院处理的涉及知识产权滥用的垄断案件数量较少，但对案件涉及的核心问题如相关市场的界定等进行了积极的探索。本章还探讨了相关部门制定《知识产权行使反垄断指南》应予明确界定的问题。

我国现行法中若干零散条款被理论界及实务界称为有关滥用知识产权的规定。在司法实践中，也已经出现了一些被冠以"知识产权滥用""知识产权反垄断"的案例。因知识产权滥用而形成的垄断，不是一种单独的垄断行为，而应归类于《反垄断法》所规范的经营者达成垄断协议、经营者滥用市场支配地位以及具有或者可能具有排除、限制竞争效果的经营者集中等三种垄断行为之列。相关部门制定有关的规范性文件，如《反垄断法》第55条适用的司法解释或《知识产权行使反垄断指南》规制滥用知识产权的垄断行为时，应对相关问题予以明确界定。

一、我国现行法律中关于滥用知识产权的规定

在中国，"知识产权滥用"一词最早出现在国务院 2008 年颁布的《国家知识产权战略纲要》。《国家知识产权战略纲要》"序言"指出，"知识产权滥用行为时有发生"，需要制定相关法律法规、合理界定知识产权的界限，防止知识产权滥用，维护公平竞争的市场秩序和公众合法权益。在知识产权法律层面，最早涉及知识产权相关垄断的是 2008 年《专利法》。该法第 48 条第（二）项规定，专利权人行使专利权的行为被依法认定为垄断行为，为消除或者减少该行为对竞争产生的不利影响的，国务院专利行政部门根据具备实施条件的单位或者个人的申请，可以给予实施发明专利或者实用新型专利的强制许可。除了上述规定外，理论界及实务界通常将一些法律法规中规定的不当行使知识产权的行为，尤其对知识产权的行使（包括转让及许可）附加不合理限制的行为，统称为滥用。这些法律法规主要包括以下各项。

（一）《合同法》

《中华人民共和国合同法》（以下简称《合同法》）第 329 条规定，非法垄断技术、妨碍技术进步或者侵害他人技术成果的技术合同无效。最高人民法院于 2004 年 12 月发布的《关于审理技术合同纠纷案件适用法律若干问题的解释》❶ 第 10 条明确了"非法垄断技术、妨碍技术进步"的情形，具体包括：（1）限制当事人一方在合同标的技术基础上进行新的研究开发或者限制其使用所改进的技术，或者双方交换改进技术的条件不对等，包括要求一方将其自行改进的技术无偿提供给对方、非互惠性转让给对方、无偿独占或者共享该改进技术的知识产权；（2）限制当事人一方从其他来源获得与技术提供方类似技术或者与其竞争的技术；（3）阻碍当事人一方根据市场需求，按照合理方式充分实施合同标的技术，包括明显不合理地限制技术接受方实施合同标的的技术生产产品或者提供服务的数量、品种、价格、销售渠道和出口市场；（4）要求技术接受方接受并非实施技术必不可少的附带条件，包括购买非必需的技术、原材料、产品、设备、服务以及接收非必需的人员等；（5）不合理地限制技术接受方购买原材

---

❶ 法释〔2004〕20 号。

料、零部件、产品或者设备等的渠道或者来源；（6）禁止技术接受方对合同标的技术知识产权的有效性提出异议或者对提出异议附加条件。

（二）《对外贸易法》

《中华人民共和国对外贸易法》（以下简称《对外贸易法》）第 30 条规定，知识产权人有阻止被许可人对许可合同中的知识产权的有效性提出质疑、进行强制性一揽子许可、在许可合同中规定排他性返授条件等行为之一，并危害对外贸易公平竞争秩序的，国务院对外贸易主管部门可以采取必要的措施消除危害。显然此条主要是借鉴或者移植了 TRIPS 协定第 48 条的内容。

（三）《反不正当竞争法》

如本书绪论部分所言，从规范的内容上看，我国《反不正当竞争法》不仅规范不正当竞争行为，而且规范限制竞争行为（垄断行为）。在反垄断法施行之前，在技术转让过程中的其他限制性交易行为，可以依据《反不正当竞争法》第 2 条或者第 12 条予以规范。该法第 2 条规定，经营者在市场交易中，应当遵循自愿、平等、公平、诚实信用的原则，遵守公认的商业道德；第 12 条规定，经营者销售商品，不得违背购买者的意愿搭售商品或者附加其他不合理的条件，即此条所规范或禁止的为搭售行为。

（四）《中外合资经营企业法实施条例》

《中外合资经营企业法实施条例》第 43 条规定，合营企业订立的技术转让协议，应当报审批机构批准。技术转让协议必须符合下列规定：（1）技术使用费应当公平合理；（2）除双方另有协议外，技术输出方不得限制技术输入方出口其产品的地区、数量和价格；（3）技术转让协议的期限一般不超过 10 年；（4）技术转让协议期满后，技术输入方有权继续使用该项技术；（5）订立技术转让协议双方，相互交换改进技术的条件应当对等；（6）技术输入方有权按自己认为合适的来源购买需要的机器设备、零部件和原材料；（7）不得含有为中国的法律、法规所禁止的不合理的限制性条款。此条例中的关于技术转让协议的第（2）（4）（5）（6）项要求，是禁止技术输出方对技术转让施加不合理限制的规定。

（五）《技术进出口管理条例》

《技术进出口管理条例》第 29 条规定，技术进口合同中，不得含有下列限制性条款：（1）要求受让人接受并非技术进口必不可少的附带条件，包括购买非必需的技术、原材料、产品、设备或者服务；（2）要求受让人为专利权有效期限届满或者专利权被宣布无效的技术支付使用费或者承担相关义务；（3）限制受让人改进让与人提供的技术或者限制受让人使用所改进的技术；（4）限制受让人从其他来源获得与让与人提供的技术类似的技术或者与其竞争的技术；（5）不合理地限制受让人购买原材料、零部件、产品或者设备的渠道或者来源；（6）不合理地限制受让人产品的生产数量、品种或者销售价格；（7）不合理地限制受让人利用进口的技术生产产品的出口渠道。

二、我国制止知识产权滥用及垄断的司法实践

（一）有关知识产权滥用问题的常见诉讼类型

法院目前处理的涉及知识产权滥用案件，大多数为技术转让或许可附加了不合理的限制条件，从而违反《合同法》第 329 条而被认定该条款无效的案件。例如，吴琦与北京思路高高科技发展有限公司（以下简称"思路高公司"）技术合同纠纷案中，受诉法院认为，双方当事人签订的《联合商品化靶浓度输注麻醉泵系列产品协议书》第 8 条第 3 款约定思路高公司不得通过其他方法获得具有靶浓度输注功能的单机芯片，限制了思路高公司从其他来源获得类似的技术，违反了《合同法》第 329 条规定，属无效条款。❶ 在专利技术许可方按合同的约定，向专利技术接受方提供包含专利技术的专用生产设备，使其用于生产和销售专利产品的，是否构成《合同法》第 329 条规定的"非法垄断技术、妨碍技术进步"的情形，最高人民法院在相关判例中回答了这个问题。在厦门大洋工艺品有限公司（以下简称"大洋公司"）与厦门市黄河技术贸易有限公司（以下简称"黄河公司"）专利实施许可合同纠纷案中，最高人民法院认定，《合同法》第 329 条所规定的"非法垄断技术、妨碍技术进步"的行为，是指要

---

❶ 北京市第一中级人民法院民事判决书（2005）一中民初字第 10224 号；北京市高级人民法院民事判决书（2007）高民终字第 592 号。

求技术接受方接受非实施技术必不可少的附带条件，包括购买技术接受方不需要的技术、服务、原材料、设备或者产品等和接收技术接受方不需要的人员，以及不合理地限制技术接受方自由选择从不同来源购买原材料、零部件或者设备等；此案讼争专利实施许可合同涉及的石材成型机是包含专利技术的专用设备，大洋公司实施该技术，购买该机器设备是必需的；大洋公司从黄河公司处约定获得的专利实施许可，并不是制造专利产品（石材切压成型机），而是通过使用该专利产品生产、销售最终产品石材，因此，在专利实施许可合同中约定由技术许可方提供履行合同所需要的专用设备并不违反法律、法规的规定。❶

（二）值得关注的两个被媒体称为"知识产权反垄断"的案件

在我国《反垄断法》施行之前，有两起案件被媒体、法学理论界和实务界冠以知识产权反垄断或与知识产权有关的垄断案的标签。研究知识产权滥用的反垄断规制，探究此两件案件的起因及结果具有一定的价值。

1. 德先诉索尼案

四川德先科技有限公司（以下简称"德先公司"）诉上海索广电子有限公司（以下简称"索广公司"）、索尼株式会社（以下简称"索尼公司"）反不正当竞争纠纷一案❷，被称为"知识产权反垄断第一案"。原告诉称：被告索广公司自 1990 年开始生产多种型号的索尼牌锂离子电池，利用该品牌在中国市场的绝对市场占有率，在与索尼数码摄像机、数码照相机配套的锂离子电池（以下简称"索尼电池"）上附加 infolithium 技术。该技术包含了智能密钥识别系统，以此建立其数码摄像机、数码照相机与电池的排他性依存关系。该项技术的使用直接导致同行业其他品牌的电池在未解码时，无法使用在所有索尼数码摄像机、照相机上；消费者在购买索尼数码产品时，也只能选择索尼电池。原告为使自行生产的"品胜"牌锂离子电池（以下简称"品胜电池"）能使用于索尼数码摄像机、照相机上，投入高达百万的经费，破译索尼智能密钥识别系统。原告认为，索广公司凭借其技术优势、品牌优势和规模经济优势，在锂离子电池行业构建起较高的行业进入壁垒，长期把数码摄像机、照相机系列电池价格提高到完全竞争水平以上以获取巨额垄断利润。该行为直接损害了其他

---

❶　最高人民法院民事判决书（2003）民三终字第 8 号。
❷　上海市第一中级人民法院民事判决书（2004）沪一中民五（知）初字第 223 号。

经营者公平竞争的权利，违反《反不正当竞争法》第 2 条、第 12 条的规定，构成不正当竞争。因此，原告请求受诉法院判令两被告在中国境内生产索尼数码摄像机、照相机及其配套锂离子电池立即停止在 infolithium 技术上设置智能密钥识别码；两被告在中国境内立即停止销售在 infolithium 技术上设置智能密钥识别码的数码摄像机、照相机及其配套锂离子电池；两被告连带赔偿原告经济损失人民币 10 万元；两被告连带支付原告调查费和律师费各 5 万元。

被告方主要抗辩理由为：索广公司生产的索尼数码产品和电池上都有知识产权，知识产权本身就允许独占性；智慧型锂离子电池和普通电池有区别，这种技术具有信息交换功能，目的是为了满足产品功能需要，只有使用这种技术才能使产品精确显示时间，并提醒消费者电池要用完了；锂离子电池具有一定的危险性，使用识别技术还是为了防止假冒产品和保护消费者的安全和自身知识产权；原告的诉请欠缺法律依据，从我国现有的相关法律规定来看，原告主张被告构成垄断并无法律依据。

针对此案当事人争议焦点问题，即两被告是否滥用市场支配地位，具体表现形式为利用 infolithium 技术，误导消费者，实施索尼电池的搭售问题，受诉法院认为，《反不正当竞争法》第 12 条所说的"搭售"指的是经营者利用其在经济、技术等方面的优势地位，在销售某种商品时强制交易相对方购买在商品性质上或者商业惯例上与该商品无关的其他商品，从而产生妨碍竞争自由的效果。此案中，两被告确实在数码摄像机、照相机及其配套的锂离子电池上加设了 infolithium 技术。这一技术覆盖到专利技术、软件程序和技术秘密等，从专利的背景技术来看，这一技术是建立在机器和电池间进行信息交换的基础上，通过对电池温度进行不断地检测、计算，并结合电压等数据来实时确定剩余电量，从而实现精确显示电量的目的。由于机器和电池之间需要实现通信，故确实需要通过一些参数设置来进行对话，但目前没有证据显示两被告在数码摄像机、照相机上设置了另外的智能识别码，用以排除非索尼电池的使用。因此，原告主张两被告通过设置识别码来捆绑索尼数码产品和索尼电池，缺乏事实依据。

对于原告关于两被告违反了《反不正当竞争法》第 2 条规定的公平、诚实信用的原则和公认的商业道德的主张，受诉法院认为，现有证据表明被告索尼公司对设置 infolithium 技术的锂离子电池享有多项知识产权，而原告未能提供证据证明两被告通过不必要的技术手段，滥用知识产权，以实现不正当竞争的目的，因此，原告主张两被告的行为违反公平、诚实信用的原则和公认的商业道德，同样缺乏事实依据。故受诉法院于 2007 年 12 月 20 日，依照《反不正当竞争法》第 2 条、第 12 条的规定，判决驳回了德先公司的诉讼请求。原、被告对此判决，均未上诉。

此案将知识产权与市场支配地位、滥用知识产权、搭售等反垄断案件中的术语以及反垄断案件中必须要回答的一些问题呈现在法官面前。此案涉及 infolithium 专利技术、计算机程序及技术秘密等知识产权，受诉法院并未以此认定被告具有市场支配地位，或者说技术方面的优势地位，此种观点是正确的。同样受诉法院认定原告未证明被告滥用其知识产权亦值得肯定。当然，此案中也还有其他值得讨论的问题，如数码摄像机、照相机与电池的关系，即前者与后者是独立的产品，还是一个产品，还是后者与前者是无关的产品，这对搭售的认定具有意义。时至今日，此案对与滥用知识产权有关的反垄断案件的处理仍具有借鉴意义。

2. 精雕公司诉奈凯公司案

北京精雕科技有限公司（以下简称"精雕公司"）诉上海奈凯电子科技有限公司（以下简称"奈凯公司"）侵犯计算机软件著作权纠纷，也被称为滥用知识产权的反垄断案件。在此案中，原告诉称其自主开发了精雕 CNC 雕刻系统，该系统由三大部分组成，即精雕雕刻 CAD/CAM 软件（JDPaint 软件）、精雕数控系统、机械本体三大部分。该系统的使用通过两台计算机完成，一台是加工编程计算机，另一台是数控控制计算机。两台计算机运行两个不同的程序需要相互交换数据，即通过数据文件进行。具体如下：JDPaint 软件通过加工编程计算机运行生成 Eng 格式的数据文件，再由运行于数控控制计算机上的控制软件接收该数据文件，将其变成加工指令。原告对上述 JDPaint 软件享有著作权，该软件不公开对外销售，只配备在原告自主生产的数控雕刻机上使用。2006 年年初，原告发现被告在其网站上大力宣传其开发的 NC-1000 雕铣机数控系统全面支持精雕各种版本的 Eng 文件。被告上述数控系统中的 Ncstudio 软件能够读取 JDPaint 软件输出的 Eng 格式数据文件，而原告对 Eng 格式采取了加密措施。被告非法破译 Eng 格式的加密措施，开发、销售能够读取 Eng 格式数据文件的数控系统，属于故意避开或者破坏原告为保护软件著作权而采取的技术措施的行为，构成对原告软件著作权的侵犯。

被告辩称其开发的 Ncstudio 软件是机械工业的控制软件。原告享有著作权的 JDPaint 软件是工艺美术制造业的图形软件。两者在界面、功能设置、应用环境等方面均完全不同。Ncstudio 软件能够读取 JDPaint 软件输出的 Eng 格式数据文件属实，但因 Eng 数据文件及该文件所使用的 Eng 格式不属于计算机软件著作权的保护范围，故被告的行为不构成侵权。

一审法院认为，Eng 文件是 JDPaint 软件在加工编程计算机上运行所生成的数据文件。该文件所记录的数据并非原告的 JDPaint 软件所固有，而是软件使用者输入雕刻加工信息而生成的，这些数据不属于 JDPaint 软件的著作权人所有。因此，Eng 格式数据文件中包含的数据和文件格式均不属于 JDPaint 软件的程序组成部分，不属于计算机软件著作权的保护范围。据此，原告主张被告研发能够读取 Eng 文件的软件的行为构成对 JDPaint 软件著作权侵权的主张，缺乏事实根据和法律依据，受诉不予支持。❶

二审法院认为，根据《计算机软件保护条例》第 24 条第 1 款第 (3) 项的规定，故意避开或者破坏著作权人为保护其软件著作权而采取的技术措施的行为，是侵犯软件著作权的行为。上述规定体现了对恶意技术规避的限制，对计算机软件著作权的保护。著作权人可以依法采取保护其软件著作权的技术措施，维护自己的合法权益。行为人故意避开或者破坏上述技术措施的，构成对软件著作权的侵犯，依法应当承担相应的法律责任。但是，上述限制"恶意规避技术措施"的规定不能被滥用。上述规定主要限制的是针对受保护的软件著作权实施的恶意技术规避行为。著作权人为输出的数据设定特定文件格式，并对该文件格式采取加密措施，限制其他品牌的机器读取以该文件格式保存的数据，从而保证捆绑自己计算机软件的机器拥有市场竞争优势的行为，不属于上述规定所指的著作权人为保护其软件著作权而采取技术措施的行为。他人研发能够读取著作权人设定的特定文件格式的软件的行为，不构成对软件著作权的侵犯。

根据此案事实，JDPaint 输出的 Eng 格式文件是在上诉人精雕公司的"精雕 CNC 雕刻系统"中两个计算机程序间完成数据交换的文件。从设计目的而言，精雕公司采用 Eng 格式而没有采用通用格式是希望只有"精雕 CNC 雕刻系统"能接收此种格式，只有与"精雕 CNC 雕刻系统"相捆绑的雕刻机床才可以使用该软件。值得注意的是，上诉人 JDPaint 输出的 Eng 格式文件的功能在于完成数据交换，假使不采用 Eng 格式也可以采用其他格式来完成数据交换，故其基本功能并不在于对 JDPaint 软件进行加密保护，对 Eng 格式文件的破解行为本身也不会直接造成对 JDPaint 软件的非法复制。另外，上诉人对 Eng 格式文件进行加密，也只是对计算机运行 JDPaint 软件输出的文件加密，并不是直接对 JDPaint 软件采用的加密措施。因此，上诉人采取的技术措施不属于《计算机软件保护条例》所规定"著作权人为保护其软件著作权而采取的技术措施"。

上诉人精雕公司对 JDPaint 输出文件采用 Eng 格式，旨在限定 JDPaint 软件只能在"精雕 CNC 雕刻系统"中使用，基根本目的和真实意图在于

---

❶ 上海市第一中级人民法院民事判决书 (2006) 沪一中民五 (初) 字第 134 号。

建立和巩固上诉人 JDPaint 软件与其雕刻机床之间的捆绑关系。这种行为不属于为保护软件著作权而采取的技术保护措施。如果将对软件著作权的保护扩展到与软件捆绑在一起的产品上，必然超出我国著作权法对计算机软件著作权的保护范围。恶意规避技术措施的法律限制旨在保护软件著作权，而不能作为滥用该权利者垄断市场和损害社会公共利益的工具。

综上，被上诉人奈凯公司开发能够读取 JDPaint 软件输出的 Eng 格式文件的软件的行为，并不属于故意避开和破坏著作权人为保护软件著作权而采取的技术措施的行为，❶ 二审法院维持了一审法院的判决。

本书认为，二审判决的判理中有关 "对恶意规避技术措施的法律限制旨在保护软件著作权，而不能作为滥用该权利者垄断市场和损害社会公共利益的工具" 等表述，表明了法院对软件与硬件（雕刻机）捆绑的基本态度，也将此案与所谓的知识产权滥用联系起来。然而，若加分析，二审法院与一审法院认定的案件焦点并无实质差别，即 JDPaint 软件输出的 Eng 格式文件数据及其格式是否属于 JDPaint 软件的一部分。两审法院均给出了否定答案，在此情形下，被告的行为不构成 "恶意规避技术措施的行为"，不构成侵权。故本书认为，一审判理更为简洁明了。从此案的判决书上看，被告在答辩书上并未提出原告滥用著作权法关于作品技术保护措施、将软件与硬件进行捆绑等抗辩事由，一审判决当然对此亦未涉及。二审判决中关于 "滥用" "捆绑" 等问题的评述，实际上和此案无关。此观点只能说是 "前瞻性" "假设性" 的，对于研究滥用著作权从而构成垄断的问题有一定的参考价值。

（三）《反垄断法》施行后有关知识产权垄断案件的司法及执法情况

依据我国《反垄断法》的相关规定，因他人实施垄断行为而利益受损者有权通过向法院提起民事诉讼的方式维护自身权益。自《反垄断法》施行以来，人民法院已受理并审结一定数量的反垄断民事案件，❷ 积累了一定的审判经验。例如，北京奇虎科技有限公司诉深圳市腾讯计算机系统有限公司（以下简称 "腾讯计算机公司"）滥用市场支配地位纠纷，❸ 是

---

❶ 上海市高级人民法院民事判决书（2006）沪高民三（终）字第 128 号。

❷ 根据最高人民法院公开的相关资料计算，截至 2013 年年底，全国各级地方法院受理的反垄断民事案件总计 206 件，即 2008 年、2009 年受理 10 件，2010 年 33 件，2012 年 55 件，2013 年 72 件。

❸ 最高人民法院民事判决书（2013）民三终字第 4 号。

"我国反垄断法实施以来第一例复杂的、涉及创新行业的、需要运用合理原则进行分析的滥用市场支配地位垄断纠纷案"。❶ 在已经审结的案件中，与知识产权有关的垄断案件寥若晨星。最为引人关注的当属华为公司诉交互数字集团标准必要专利许可费及滥用市场支配地位纠纷案，在此案中，受诉法院在相关市场的界定、滥用知识产权从而构成垄断的认定等方面进行了积极的探索。❷

《反垄断法》赋予了反垄断执法机构对于垄断行为进行调查、责令停止违法行为并予以惩处的权力。在我国，虽然国务院设立了反垄断委员会，但该委员会的职责为"组织、协调、指导反垄断工作"，具体的反垄断执法工作由发展改革委员会、商务部及国家工商行政管理总局负责。发展改革委员会负责反价格垄断方面的工作；商务部负责经营者集中反垄断审查工作；国家工商总局负责垄断协议、滥用市场支配地位、滥用行政权力排除、限制竞争方面的反垄断执法工作（价格垄断行为除外）。❸ 自《反垄断法》实施后的6年来（至2014年8月），商务部共立案945件，审结875件；工商总局立案3件，授权省级工商局立案36件，共39件，已结案15件，中止调查1件；❹ 国家发展改革委员会查处企业及行业协会组织共355家。❺ 在反垄断执法机构处理的反垄断案件中，已有若干案件涉及知识产权问题。例如，对于微软并购诺基亚手机案，因可能涉及标准必要专利的滥用问题，商务部以企业作出的承诺作为限制性条件，批准了该项并购；国家发展改革委员会已立案调查高通公司涉嫌滥用市场支配地位，收取不公平的高额专利许可费案；国家工商总局立案调查微软公司涉嫌垄断案。❻

---

❶ 此为有关专家对此案作出的评价，此案如选《人民法院报》评选的"2014年度人民法院十大民事案件"。《人民法院报》2015年1月7日，第3版。

❷ 关于对此案的介绍及分析，详见本书第12章。

❸ 对于区域性垄断案件，国家工商总局采取个案授权的方式，授权省级工商行政管理部门开展反垄断执法工作。

❹ 国新办于2014年9月11日举行反垄断执法工作情况新闻吹风会［EB/OL］．［2014-10-14］．http://www.scio.gov.cn/ztk/xwfb/2014/31540/31545/Document/1380831/1380831.htm.

❺ 《新华社》2014年9月11日发布的消息。［EB/OL］．［2014-10-14］．http://money.163.com/14/0911/19/A5SSFLBE00254TI5.html.

❻ 国新办于2014年9月11日举行反垄断执法工作情况新闻吹风会［EB/OL］．［2014-10-14］．http://www.scio.gov.cn/ztk/xwfb/2014/31540/31545/Document/1380831/1380831.htm.

三、知识产权行使的反垄断规制需要解决的问题

知识产权行使导致的垄断，不是一种独立的垄断行为种类，应根据行为的性质、表现形式及效果，归于《反垄断法》第 3 条所规定的三种垄断行为，即经营者达成垄断协议、经营者滥用市场支配地位以及具有或可能具有排除、限制竞争效果的经营者集中。

（一）垄　断　协　议

垄断协议，是指排除、限制竞争的协议、决定或其他协同行为。❶ 根据经营者之间关系的不同，垄断协议可分为横向垄断协议和纵向垄断协议。所谓横向垄断协议，是指具有竞争关系的经营者达成的垄断协议；而纵向垄断协议，是指经营者与交易相对人（与经营者发生交易关系的其他经营者）所达成的协议。横向垄断协议与纵向垄断协议的显著区别是，前者发生在生产或销售过程中处于相同市场地位且有竞争关系的经营者之间，而纵向协议则发生在生产或销售过程中处于不同阶段或不同环节的经营者之间，如生产商与批发商之间、批发商与零售商之间。❷《反垄断法》第 13 条、第 14 条分别规定了禁止经营者达成横向垄断协议及纵向垄断协议的种类，而第 15 条规定了对垄断协议的豁免，即经营者之间的协议、决定或其他协同行为，虽然排除、限制了竞争，构成垄断协议，但由于此类协议在其他方面如改进技术、节约能源等方面所带来的益处大于对竞争秩序的损害，法律特别规定对其予以豁免的制度。❸

在经营者达成垄断协议方面，作为经营者的知识产权人与非知识产权人受到同样的法律规制，换言之，知识产权人滥用其知识产权，并非其与其他经营者达成垄断协议的必要条件。例如，专利权人生产专利产品，而其竞争对手生产非专利产品（两种产品具有某种程度的可替代性），若二者达成了限制商品生产数量的协议的，则此协议为垄断协议。专利产品与否，专利权人是否滥用了其享有的专利权，并非认定协议构成垄断协议应考虑的要素。

为了制止经济活动中的垄断协议行为，国家工行行政管理总局颁布了

---

❶ 《反垄断法》第 13 条第 2 款。

❷ 吴高盛. 中华人民共和国反垄断法释义［M］. 北京：中国法制出版社，2007：41.

❸ 吴高盛. 中华人民共和国反垄断法释义［M］. 北京：中国法制出版社，2007：43.

《工商行政管理机关禁止垄断协议行为的规定》❶。此规定的第 4~7 条分别禁止了如下横向垄断协议，包括：（1）限制商品的生产数量或者销售数量协议；（2）分割销售市场或者原材料采购市场协议；（3）限制购买新技术、新设备或者限制开发新技术、新产品协议；（4）联合抵制交易协议。其中第（3）种垄断协议与知识产权的转让或许可行为直接相关。从上述规定及《反垄断法》的条文上看，经营者达成垄断协议，并不要求其具有市场支配地位。同理，在判定知识产权人是否与其他经营者达成垄断协议时，也并不要求其必须具有市场支配地位。从经营者之间达成垄断协议的角度而言，在知识产权人不占有市场支配地位的情形下，其亦有可能滥用知识产权。不过，垄断协议是在具有横向竞争关系或纵向竞争关系之间的经营者之间所达成的，而竞争是在一定市场范围内进行的，因此，在判定经营者之间是否达成垄断协议时，也需要界定相关市场并判定相关协议对市场竞争所造成的影响。

在知识产权许可协议中，包括具有竞争关系当事人之间的交叉许可相竞争的技术，若其中附加有明显不合理的限制条款，将可能被认定为垄断协议。依据我国现行法律规定，知识产权许可协议中的何种条款应被视为不合理的限制条款，以及本书前文已列举的中国现行法律法规中已明确列为不合理限制的条款，是否构成垄断协议及其构成的情形下是否可以得到豁免，是我国反垄断执法实践尚不明确的问题。

（二）经营者滥用市场支配地位

《反垄断法》第 17 条明确禁止了具有市场支配地位的经营者滥用市场支配地位的行为，包括不公平的高价销售商品，无正当理由拒绝交易、独占交易（经营者限定交易相对人只能与其进行交易或只能与其指定的经营者进行交易）、搭售等行为。此条第 2 款界定了市场支配地位的概念，即指经营者在相关市场内具有能够控制商品价格、数量或者其他交易条件，或者能够阻碍、影响其他经营者进入相关市场能力的市场地位。《反垄断法》第 18 条规定了认定经营者是否具有市场支配地位应当考虑的因素，第 19 条规定了可推定经营者具有市场支配地位的情形，以及对经营者具有市场支配地位推定的推翻。

为了制止经济活动中的滥用市场支配地位行为，国家工商行政管理总

---

❶ 国家工商行政管理总局第 53 号令，2010 年 12 月 31 日公布，2011 年 2 月 1 日施行。

局颁布了《工商行政管理机关禁止滥用市场支配地位行为的规定》❶。此《规定》第 3 条对《反垄断法》第 17 条第 2 款所定义的"市场支配地位"中的"其他交易条件"❷ 及"能够阻碍、影响其他经营者进入相关市场"❸ 作出了解释。此《规定》的第 4~7 条，分别列举了具有市场支配地位的经营者没有正当理由滥用市场支配地位的行为方式，包括：（1）拒绝与交易相对人进行交易；❹（2）限定交易行为；❺（3）搭售商品或者交易时附加其他不合理的交易条件；❻（4）对条件相同的交易相对人在交易条件上实行下列差别待遇。❼ 此《规定》的第 8 条对工商行政管理机关认定第 4~7 条所称的正当理由，应当综合考虑的因素进行了列举，即（1）有关行为是否为经营者基于自身正常经营活动及正常效益而采取；（2）有关行为对经济运行效率、社会公共利益及经济发展的影响。此《规定》的第 10 条，对于《反垄断法》第 18 条所列举的认定经营者具有市场支配地位应当依据的各种因素作出解释。❽

　　本书认为，《反垄断法》第 17 条所规定的滥用市场支配地位的行为以及《工商行政管理机关禁止滥用市场支配地位行为的规定》所进一步列举的行为，知识产权人均有可能实施。在我国现行法或者在实践中需要明确的问题为，知识产权人能否被认定或推定具有市场支配地位，知识产权人

---

❶　国家工商行政管理总局第 54 号令，2010 年 12 月 31 日公布，2011 年 2 月 1 日施行。

❷　"其他交易条件"是指除商品价格、数量之外能够对市场交易产生实质影响的其他因素，包括商品品质、付款条件、交付方式、售后服务等。

❸　"能够阻碍、影响其他经营者进入相关市场"是指排除其他经营者进入相关市场，或者延缓其他经营者在合理时间内进入相关市场，或者其他经营者虽然能够进入该相关市场，但进入成本提高难以在市场中开展有效竞争等。

❹　具体方式包括："（一）削减与交易相对人的现有交易数量；（二）拖延、中断与交易相对人的现有交易；（三）拒绝与交易相对人进行新的交易；（四）设置限制性条件，使交易相对人难以继续与其进行交易；（五）拒绝交易相对人在生产经营活动中以合理条件使用其必需设施。"第 4 条第 2 款规定："在认定前款第（五）项时，应当综合考虑另行投资建设、另行开发建造该设施的可行性、交易相对人有效开展生产经营活动对该设施的依赖程度、该经营者提供该设施的可能性以及对自身生产经营活动造成的影响等因素。"

❺　限定交易行为包括："（一）限定交易相对人只能与其进行交易；（二）限定交易相对人只能与其指定的经营者进行交易；（三）限定交易相对人不得与其竞争对手进行交易。"

❻　具体行为包括："（一）违背交易惯例、消费习惯等或者无视商品的功能，将不同商品强制捆绑销售或者组合销售；（二）对合同期限、支付方式、商品的运输及交付方式或者服务的提供方式等附加不合理的限制；（三）对商品的销售地域、销售对象、售后服务等附加不合理的限制；（四）附加与交易标的无关的交易条件。"

❼　差别待遇包括："（一）实行不同的交易数量、品种、品质等级；（二）实行不同的数量折扣等优惠条件；（三）实行不同的付款条件、交付方式；（四）实行不同的保修内容和期限、维修内容和时间、零配件供应、技术指导等售后服务条件。"

❽　具体见《工商行政管理机关禁止滥用市场支配地位行为的规定》第 10 条的内容。

滥用市场支配地位的行为类型，以及在实施相关行为的"相关理由"的认定方面，知识产权人是否应有所区别对待。

在判定经营者是否具有市场支配地位时，首先应界定相关市场。在此方面，应以《国务院反垄断委员会关于相关市场界定的指南》（以下简称《相关市场界定的指南》）为指引。❶ 依据该指南，相关市场需要界定相关商品市场及相关地域市场，"在技术贸易、许可协议等涉及知识产权的反垄断执法工作中，可能还需要界定相关技术市场"。

在人民法院目前处理的涉及滥用市场支配地位的案件中，相关市场的界定往往为案件的焦点。例如，在刘大华诉东风汽车有限公司、华源实业有限公司垄断经营汽配一案中，刘大华因汽车门锁损坏到4S店维修，因认为维修工时费过高而提出购买配件自行维修，但遭到拒绝。故刘大华诉至法院，主张东风公司滥用市场支配地位，制定垄断经营政策，伙同其4S店共同派车竞争者，严重侵犯了消费者权益。在诉讼中，原告刘大华认为，被告东风公司对其生产的汽车的配件供应市场（"原厂汽车配件市场"），所占份额绝对大于50%，接近100%，具有绝对的市场支配地位；而被告东风公司则将相关市场界定为汽车市场，并主张其没有占据1/2以上的汽车市场份额，不具有市场支配地位。受诉法院认为，原告未对汽车零配件市场和汽配市场❷进行足够的调研，提交的证据无法证明被告的市场支配地位，故应承担举证不能的后果，故于2011年12月15日判决驳回原告诉讼请求。❸ 湖南省高级人民法院于2012年6月22作出（2012）湘高法民三终字第22号二审民事判决，驳回上诉，维持原判。❹ 界定相关市场是判定经营者是否具有市场支配地位的前提。另外，在此案中受诉法院提出对于市场支配地位事实的认定应该有严格的证据标准，一般需要进行周详的市场调查、经济分析、专题研究或利用公开的统计数据等方面的研究成果对市场支配地位进行定量分析。❺ 因此，消费者为原告提起的民事诉讼中，若不能根据《反垄断法》的相关规定推定被告具有市场支配地位，则依受诉法院的观点，证明该被告具有市场支配地位将是非常困难的。

再如，在奇虎公司与腾讯公司、腾讯计算机公司滥用市场支配地位纠纷案中，奇虎公司诉称，腾讯公司和腾讯计算机公司在即时通信软件及服务相关市场具有市场支配地位，两公司滥用其市场支配地位，禁止其用户

---

❶ 2009年5月24日发布。

❷ 受诉法院认为此案的相关市场应为"适用于天籁汽车的门锁配件市场"。

❸❺ 姚芃. 首例汽车消费领域反垄断民事案件原告败诉［N］. 法制日报，2011-12-17（8）.

❹ 湖南省高级人民法院民事判决书（2012）湘高法民三终字第22号。

使用奇虎公司的 360 软件，拒绝向安装有 360 软件的用户提供相关的软件服务等，其行为构成限制交易。在此案中，双方当事人争议的焦点之一也为相关市场的界定。奇虎公司所主张的相关市场是中国大陆的综合性即时通信产品和服务市场，而腾讯公司和腾讯计算机公司则认为，相关市场上提供即时通信服务的产品非常多，其他互联网产品和服务亦可实现即时通信服务功能，奇虎公司故意采用过窄的标准来划分和界定此案相关商品市场范围，使 QQ 软件产品的市场地位被明显高估。二审法院经过分析，将相关市场界定为中国大陆地区即时通信服务市场，既包括个人电脑端即时通信服务，又包括移动端即时通信服务；既包括综合性即时通信服务，又包括文字、音频以及视频等非综合性即时通信服务。❶

（三）具有或可能具有排除、限制竞争效果的经营者集中

依据《反垄断法》第 20 条的规定，经营者集中是指经营者合并、经营者通过取得股权或者资产的方式取得对其他经营者的控制权，以及经营者通过合同等方式取得对其他经营者的控制权或者能够对其他经营者施加决定性影响等三种情形。经营者集中达到国务院规定的申报标准的，经营者应当事先向国务院反垄断执法机构申报，未申报的不得实施集中。❷《国务院关于经营者集中申报标准的规定》❸ 第 3 条以参与集中的所有经营者上一会计年度在全球范围内或中国境内营业额总和为标准，确定了经营者集中的申报标准。对于经营者集中未达到本规定第 3 条规定的申报标准，但按照规定程序收集的事实和证据表明该经营者集中具有或者可能具有排除、限制竞争效果的，国务院商务主管部门应当依法进行调查。《反垄断法》规定了经营者集中申报豁免的情形。❹

本书认为，知识产权可以用于出资，经营者也可以通过转让的方式获取知识产权或者通过许可或联营的方式获得他人知识产权的实施权，进而取得对其他经营者的控制权或者能够对其他经营者施加决定性影响。因此，知识产权的流动（包括转让及许可），可能对市场进入、技术进步造成影响，是审查经营者集中应当考虑的因素。❺ 对技术进步造成的影响而

---

❶ 最高人民法院民事判决书（2013）民三终字第 4 号。

❷《反垄断法》第 21 条。

❸《国务院关于经营者集中申报标准的规定》于 2008 年 8 月 3 日公布，自公布之日起施行。

❹《反垄断法》第 22 条。

❺《关于评估经营者集中竞争影响的暂行规定》第 3 条。此暂行规定由中华人民共和国商务部 2011 年 8 月 29 日公布，同年 9 月 5 日施行。

言，经营者集中可更好地整合技术研发的资源和力量，对技术进步产生积极影响，抵消集中对竞争产生的不利影响，并且技术进步所产生的积极影响有助于增进消费者利益；集中也可能通过以下方式对技术进步产生消极影响：减弱参与集中的经营者的竞争压力，降低其科技创新的动力和投入；参与集中的经营者也可通过集中提高其市场控制力，阻碍其他经营者对相关技术的投入、研发和利用。❶ 行政主管部门在审查过程中，为消除或减少经营者集中具有或者可能具有的排除、限制竞争的效果，参与集中的经营者可以提出对集中交易方案进行调整的限制性条件，包括参与集中的经营者开放其网络或平台等基础设施、许可关键技术（包括专利、专有技术或其他知识产权）、终止排他性协议等行为性条件。❷

在美国微软公司收购芬兰诺基亚公司设备和服务业务案的经营者集中反垄断审查案中，经审查，商务部认为此项经营者集中对中国智能手机市场可能具有排除、限制竞争效果。具体而言，微软可能会凭借其安卓项目（安卓手机使用的技术包含有微软的标准必要专利和非标准必要专利）许可，排除、限制中国智能手机市场竞争，本项集中也可能引发的诺基亚专利滥用问题，决定附加限制性条件批准此项经营者集中。这些附加性条件包括自集中交割之日，微软公司将持续遵守其向标准制定组织作出的承诺，在 FRAND 条件下许可其标准必要专利，且就上述标准必要专利，不寻求针对中国境内智能手机制造企业所制造的智能手机的禁令或排除令；诺基亚公司也确认将继续履行其向标准制定组织作出的承诺，以符合标准制定组织知识产权政策的公平、合理和无歧视原则的条款许可其标准必要专利等。❸ 知识产权在经营者集中所起到的作用，以及经营者集中的目的是否为限制对相关技术的研发、实施，是考察经营者集中是否存在知识产权滥用、是否存在排除、限制竞争的重要因素，不同于一般的经营者集中情形，涉及知识产权的经营者集中，在判断其对竞争的影响方面难度更大。

四、《知识产权行使的反垄断指南》需解决的主要问题
为了充分发挥《反垄断法》第 55 条的功效，随着人民法院司法实践

❶ 《关于评估经营者集中竞争影响的暂行规定》第 8 条。
❷ 《经营者集中审查办法》第 11 条。此审查办法由商务部 2009 年 11 月 24 日公布，自 2010 年 1 月 1 日起施行。
❸ 《关于附加限制性条件批准微软收购诺基亚设备和服务业务案经营者集中反垄断审查决定的公告》（商务部公告 2014 年第 24 号）。

经验的积累，最高人民法院应在适当时机出台司法解释，明确司法尺度及标准。❶ 反垄断委员会亦有必要出台与知识产权行使有关的反垄断指南，为反垄断执法机构及经营者行使知识产权提供必要指引。据了解，国家工商行政管理总局正在起草《关于知识产权领域反垄断执法的指南》❷。对于指南的名称，本书认为《知识产权行使的反垄断指南》更贴切些。知识产权是一种民事权利，而垄断为经营者的市场行为。知识产权相关的垄断行为，或者说知识产权人的垄断行为，应特指权利人将知识产权的行使作为其市场竞争的工具或者手段，以排除、限制竞争的行为。因此，在指南的名称中使用"知识产权领域"的表述不清楚，也不准确。在其他法域，如美国司法部和联邦贸易委员会在1995年制定的《知识产权许可反托拉斯指南》，日本公平交易委员会在2007年制定的《知识产权利用的反垄断法指南》，也是从知识产权行使的角度对相关指南进行了界定。此外，国家工商行政管理总局起草的指南，其名称中的"执法"二字亦可删除，"反垄断"本身已包含了"法律执行"或者"执法"的含义。因此，本书建议日后国务院反垄断法委员会制定、发布的指南可简单地称为《知识产权行使的反垄断指南》。指南中所称的"知识产权行使"应为非常广泛的含义，不仅包括知识产权转让行为、许可行为，而且包含一切将知识产权用于经营、竞争的行为，如将专利放进"专利池"（patent pool）、纳入标准等行为。

《知识产权行使的反垄断指南》仅应涉及知识产权人将知识产权的行使作为排除、限制竞争的工具的行为。知识产权人实施某些类型的垄断行为，如《反垄断法》第二章规定的垄断协议，因其与知识产权行使无关，故应适用《反垄断法》的一般规则，在指南中可作原则性规定。例如，具有竞争关系的经营者一方、双方或多方为知识产权人，其达成了固定或者变更某些知识产权产品价格的协议。此时，经营者的知识产权人身份、产品为具有某种知识产权保护的特性，与该垄断协议的认定无关。因此，知识产权人的某些行为具有自身特性，或者说非知识产权人一般无法实施的

---

❶ 为正确审理因垄断行为引发的民事纠纷案件，最高人民法院于2012年制定并颁布了《关于审理因垄断行为引发的民事纠纷案件应用法律若干问题的规定》（法释〔2012〕5号）。不过，此司法解释仅就审理反垄断民事案件的共性问题作出了规定，并未针对因知识产权行使而引发的垄断案件。

❷ 据了解，该局于2009年年初专门成立工作组，研究起草《关于知识产权领域反垄断执法的指南》，现已形成指南第五稿。草案稿共五章26条，规定了总则，执法原则和分析框架、行使知识产权与垄断协议、行使知识产权与滥用市场支配地位、行使知识产权与经营者集中、特定类型的知识产权行使行为、附则等内容。依据《反垄断法》第9条的规定，制定、发布反垄断指南为国务院反垄断委员会的职责。因此，该指南最终应由国务院反垄断委员会制定、发布。

行为，其是否构成垄断，应为指南所关注的重点。譬如，《反垄断法》第三章所规定的滥用市场支配地位，指南中应对拥有知识产权与具有市场支配地位之关系、何种行使知识产权的行为构成滥用市场支配地位等问题作出规定。同理，对于《反垄断》第四章所规定的"经营者集中"，指南应对"经营者集中"涉及的知识产权行使行为可能排除、限制竞争的作出规定。

此外，《知识产权行使的反垄断指南》应对知识产权行使构成滥用、知识产权滥用及滥用与构成垄断之间的关系、违反反垄断法的分析工具、认定原则、是否存在安全区（safety zone）或豁免等问题予以明确。

第 10 章
欧美关于知识产权行使的反垄断规制

> 欧盟及美国在知识产权行使的反垄断规制的立法及实践方面积累了丰富的经验。本章研究了欧盟竞争政策与知识产权行使、几类知识产权行使行为的反垄断分析，以及美国反托拉斯法与知识产权法之间的关系、若干知识产权许可行为的反托拉斯法分析等问题，以期为我国规范知识产权行使行为、防止垄断行为的发生提供参考。

欧美等国家地区在知识产权滥用的反垄断规制方面已积累了丰富的立法及实践经验，可供我国研究解决知识产权滥用反垄断规制问题时参考。

一、欧　盟
（一）欧盟的竞争政策与知识产权行使

《欧洲联盟运行条约》（*The Treaty on the Functioning of the European Union*，TFEU）第 101 条和第 102 条❶为欧盟竞争政策的两大支柱。然而，需注意的是，欧盟并未对滥用知识产权作出明确界定，滥用知识产权问题

---

❶ 《欧洲联盟运行条约》第 101 条、第 102 条，分别为《欧盟共同体条约》（*The Treaty on European Union*）原第 81 条、第 82 条。在本书中，为表述的统一，对凡涉及《欧盟共同体条约》原第 81 条、第 82 条的内容，均相应地以《欧洲联盟运行条约》第 101 条、第 102 条替代。

应在其竞争规则框架内规制。欧盟竞争法倾向性认为，知识产权的行使如同其他形式的私有财产权一样，当其非法行使构成竞争法规则下的禁止行为时，则限制其使用。❶ 当知识产权的行使与 TFEU 第 101 条和第 102 条相冲突时，欧盟判例法显示，竞争规则将优先适用。❷ 概言之，在现代经济发展中，欧盟竞争政策可在四个领域中对行使知识产权的极端情形进行干预限制。

（1）TFEU 第 102 条下的竞争政策关注个体或集体的知识产权所有人的滥用商业行为，尤其是在知识产权保护—市场标准或事实上的垄断时。此种形式的规制已延伸至超高定价，知识产权执行与取得的滥用，拒绝交易，拒绝许可，知识产权保护的产业标准或基础投入的所有者拒绝向下游市场的竞争者提供专有的软件接口指令等。❸

（2）规制双边知识产权许可协议中某些条款的竞争政策，如 TFEU 第 101 条和集体豁免条例所规范的技术转让协议。❹

（3）规制合资企业及多边协议（包括专利池、多边交叉许可协议及标准化协议）中竞争者合作关系的竞争政策。❺

（4）在合并的背景下，竞争政策则涉及干预、限制知识产权所有者获取相竞争的技术，以及对可能导致市场上技术垄断的合并，要求合并者对与其竞争的企业给予强制许可，作为批准两个公司合并的前提。❻

以下将分别介绍 TFEU 第 101 条、第 102 条内容。

1. TFEU 第 101 条

TFEU 第 101 条第（1）款禁止企业间的一切协议、企业团体所作的决定和协同一致的经营行为，若这些行为可能影响成员国之间贸易并且具有阻止、限制或者扭曲共同体市场竞争之目的或效果，尤其禁止以下行为：（a）直接或者间接地固定购买或者销售价格或者其他任何交易条件；（b）限制或者控制生产、市场、技术发展或者投资；（c）分享市场或者货源；（d）在相同交易情形下对交易对象适用不同的交易条件，因而置其于不利的竞争地位；（e）要求对方当事人接受与合同的主题在本质上或者商

❶　STEVEN ANDERMAN. EU Report, Competition Policy and Intellectual Property Rights：EU Experience and Prospects for China［C］. EU–China Trade Project,2008：2.

❷　*Consten Grundig v. Commission*［1966］ECR 299：36.

❸❹　STEVEN ANDERMAN. EU Report, Competition Policy and Intellectual Property Rights：EU Experience and Prospects for China［C］. EU–China Trade Project,2008：4.

❺❻　STEVEN ANDERMAN. EU Report, Competition Policy and Intellectual Property Rights：EU Experience and Prospects for China［C］. EU–China Trade Project,2008：5.

业惯例上无关联的附加义务，作为签订合同的前提条件。❶ 第 81 条第（1）款既适用于纵向协议，也适用于横向协议。依据 TFEU 第 101 条第（1）款，在满足该款以下三个条件时，协议方应被禁止：（1）须有证据表明两个或以上的企业达成了协议或其他形式的合作；（2）协议、决定或协同行为对成员国间贸易具有"显著的"的定量影响；（3）协议以排除、限制扭曲竞争为目的或具有如此效果。❷ 上述第三个条件表明，TFEU 第 81 条第 1 款所使用的"限制竞争"，应采用目标测试或者效果测试的方法。

2. TFEU 第 102 条

TFEU 第 102 条规定：一个或多个在共同市场内或者其中的相对一部分地域内占有优势地位的企业滥用这种优势地位的任何行为，可能影响成员国之间的贸易的，因与共同体市场不相容而被禁止；特别禁止包含下列内容的滥用行为：（1）直接或者间接地实行不公平的购买或者销售价格或者其他不公平的交易条件；（2）限制生产、市场或者技术发展，损害消费者利益；（3）在相同的交易情形下，对交易当事人实行不同的交易条件，因而置其于不利的竞争地位；（4）要求对方当事人接受与合同主题在本质上或者商业惯例上无关联的附加义务作为签订合同的前提条件。❸

（二）TFEU 第 101 条和知识产权行使

1. TFEU 第 101 条及知识产权许可协议

在知识产权行使尤其是知识产权许可方面，欧洲委员会（以下简称"欧委会"）可依据 TFEU 第 101 条予以规制。TFEU 第 101 条的宗旨并非对通过商业合同实施知识产权的正常形式予以干预。欧共体法院反复申明，知识产权许可协议本身并不是对竞争的限制，但对于某些以排除、限制或扭曲共同体市场竞争为目的或产生此类后果的商业行为而言，当此种协议的"主题、手段或后果"是排除、限制竞争的，则其应受到 TFEU 第 101 条第（1）款的规制。此款已广泛适用于以下知识产权相关的协议：个体许可协议、研发的合资企业、涉及许可协议的协同行为❹、向第三方转

---

❶ 尚明. 主要国家（地区）反垄断法律汇编 [M]. 北京：法律出版社，2004.

❷ EXECUTIVE SUMMARY. Competition Policy and Intellectual Property Rights：EU Experience and Prospects for China [C]. EU-China Trade Project，2008.

❸ 尚明. 主要国家（地区）反垄断法律汇编 [M]. 北京：法律出版社，2004：671.

❹ Lucazeau v SACEM [1989] ECR 2811.

让知识产权❶、商标分割协议❷、专利纠纷和解引发的交叉许可协议以及专利池或技术池。❸

2. 违反 TFEU 第 101 条的法律后果

依照 TFEU 第 101 条第（2）款的规定，违反 TFEU 第 101 条第（1）款的协议或决定的后果自始无效，即其对协议当事人不具有约束力，或其在成员国法院、欧共体法院得不到执行。

3. TFEU 第 101 条所规定的豁免制度

（1）获得豁免的条件。

TFEU 第 101 条第（3）款规定了豁免制度。若一协议"有助于改善产品的市场或销售，或促进了技术或经济进步"，则在满足以下条件情况下可获得豁免：（a）协议必须允许"消费者公平地分享由此产生的利益"；（b）协议不得包含那些对实现上述目标而言并非必不可少的对竞争的限制；（c）协议不得赋予当事人"在所涉产品的实质部分消除竞争的可能"。此款所适用的测试方法为合理规则。

（2）集体豁免制度。

获得 TFEU 第 101 条第（3）款的豁免有两种途径：第一，协议或决定落入欧委会发布的群组或集体豁免（group or block exemptions）的范围之内；第二，借助集体豁免条例指南，类推适用集体豁免条例以说服成员国法院或竞争主管当局，该协议应予豁免。

欧盟已逐步建立了集体豁免制度，自动将特定类型的协议豁免于 TFEU 第 101 条第（1）款。若某协议落入集体豁免的范围之内，则其视为已满足该条约 TFEU 第 101 条第（3）款规定的条件，而无须经过个案调查。在集体豁免条例之外，则需依照欧委会发布的指南，对协议进行促竞争及反竞争的效果的个案分析，以判断是否可被豁免。

（3）2004 年《技术转移整体豁免条例》。

（i）1996 年与 2004 年《技术转移整体豁免条例》之差异。欧委会在1996 年及 2004 年发布了《技术转移整体豁免条例》。❹ 2004 年豁免条例与

---

❶ Sirena v Eda［1971］ECR 3169.

❷ Ideal Standard［1994］ECR 1-2789.

❸ STEVEN ANDERMAN. EU Report, Competition Policy and Intellectual Property Rights: EU Experience and Prospects for China［C］. EU-China Trade Project,2008:35.

❹ Commission Regulation（EC）No 772/2004 of 27 April 2004 on the application of Article 81(3) of the Treaty to Categories of technology transfer agreement.

1996 年条例相比，强调协议中不应包含的限制性条款❶，并制定豁免与否的两大评估标准——协议方的竞争关系和市场份额。2004 年条例更加注重经济分析，对技术转让中的限制竞争持更为灵活和宽松的态度，赋予协议当事人更大的合同自由。❷ 当事人可设计其协议的内容，以使其符合 2004 年条例的要求。此外，2004 年条例在豁免的程序上进行了改革，促使商业协议当事人依照豁免条例、指南、共同体法院判例及欧委会通告，对其协议的内容是否可豁免进行自我评估。❸

（ii）2004 年条例下的安全港。2004 年条例为知识产权许可协议建立了一个安全港。❹ 概言之，此项整体免除规则将专利、专有技术及软件版权许可及转让协议，在满足限制条件的情形下从反竞争协议行为规则中豁免。这些限制条件包括：（a）（在协议双方为竞争者的情形下）许可产品份额不得超出相关市场的 20%；❺（b）（在协议各方非为竞争者的情形下）被许可产品份额不得超出相关市场的 30%；❻（c）协议不得包括严重反竞争的限制条件（如限制协议一方决定向第三方销售产品的价格及产量限制等）。❼ 应注意的是，在界定被许可产品的市场时，现存及潜在的竞争均是相关的，❽ 而在界定被许可的技术市场时，只考虑现存的竞争。❾

（iii）2004 年条例下的核心限制条款。2004 年条例规定了范围较窄的"核心限制"（hard core restriction）的黑色清单。核心限制条款的出现将使得许可协议整体不可依照整体豁免协议豁免，且使得该协议不可执行。主管机关推定"核心限制"条款的目的为总是反竞争的。这些条款类似于美国法中"本身反竞争限制"（*per se* anti-competitive restrictions），故很少对其按照合理规则进行分析。❿ 认定条款是否属于核心限制，需要判定协议方是竞争企业还是非竞争企业。这对核心限制条款的认定具有很大的

---

❶ 条例中不再列举可以获得豁免的条款，即所谓的"白色条款"。

❷ 王晓晔. 滥用知识产权限制竞争的法律问题［J］. 中国社会科学，2007（4）：132.

❸ STEVEN ANDERMAN. EU Report, Competition Policy and Intellectual Property Rights：EU Experience and Prospects for China［C］. EU-China Trade Project,2008：41.

❹ Commission Regulation（EC）No 772/2004 of 27 April 2004 on the application of Article 81(3) of the Treaty to Categories of technology transfer agreement.

❺❻ Article 3(2),Commission Regulation（EC）No 772/2004 of 27 April 2004 on the application of Article 81(3) of the Treaty to Categories of technology transfer agreement.

❼ Article 4,Commission Regulation（EC）No 772/2004 of 27 April 2004 on the application of Article 81(3) of the Treaty to Categories of technology transfer agreement.

❽ Article 1(j)(ii) Guidelines 28,29,67.

❾ Article 1(j)(i) Guidelines 30,66.

❿ STEVEN ANDERMAN. EU Report, Competition Policy and Intellectual Property Rights：EU Experience and Prospects for China［C］. EU-China Trade Project,2008：46.

影响。

在签订协议时，许可人与被许可人为相竞争的企业，条例规定了四种核心限制条款：（a）固定价格；（b）对等产量限制；（c）市场分割；（d）许可人限制被许可人进行研发及实施自己的技术。❶ 前三项条款是基本的反卡特尔竞争规则。对于非竞争对手之间签订的协议，核心限制条款则包括：（a）固定价格；（b）区域限制；（c）作为选择性分销体系中的被许可人主动或被动向最终用户销售的限制。❷

（iv）2004 年条例下的可排除限制条款。除了核心限制条款之外，欧委会还制定了一个短小的、表面上可被排除的限制性条款。与核心限制条款不同，可被排除或者可分割的限制性条款仅是条款本身无效，对协议的其他条款不产生影响。此种条款不能得到集体豁免，但若能满足 TFEU 第 101 条第（3）款规定的四个条件，则仍可获得豁免。此种条款包括：（a）返授条款，赋予被许可人直接或间接的合同义务，即将其对被许可技术作出的可分割的改进技术，转让给许可人或者授予其独占性许可；（b）不质疑条款，即赋予被许可人承担不质疑许可人的知识产权的效力的直接或间接义务；（c）独立研发排除条款，即在垂直许可关系中，直接或者间接限制被许可人实施自己技术的能力，或限制协议任何一方进行研发的能力，除非此种限制对防止被许可的技术诀窍向第三方的披露是必不可少的。

（v）2004 年条例适用范围的延伸。2004 年条例规定了有限种类限制，使得知识产权许可协议当事人在起草能满足其商业需求的协议时具有更大的灵活度。在此情形下，指南的使用不仅有助于为许可协议新条款的分析创设分析框架，而且使集体豁免协议适用的知识产权范围延伸到包括专利、技术诀窍协议、软件版权许可协议以及设计权许可协议。这些知识产权被视为待许可的"核心"技术。

（三）TFEU 第 102 条和知识产权行使

TFEU 第 102 条的作用在于规制一个企业（个体支配）或两个或以上具有市场支配地位的（垄断或接近垄断）企业的联合一致的行为（共同或联合支配），以禁止在相关市场上具有支配地位的企业实施剥削性行为如不公平定价或限制产量，及实施排除性行为如非法排除现有竞争或阻碍市

---

❶ 前三项限制分别参见指南第 4（1）a~c 条。

❷ 指南第 4 条第（2）款。

场准入。❶ 判断知识产权持有人之间的联合行为，如交叉许可关系、技术或专利池等是否构成联合支配时需满足两个条件：第一，企业间存在达成联合努力可证明的联系；第二，若存在联系，按照单一企业独占的标准，上述企业作为整体是否存在支配地位。❷

当知识产权人为一占有支配地位的企业时（a dominant firm），委员会将考虑该权利人行使权利的行为是否构成第 82 条所规定的滥用，具体涉及以下问题。

1. 知识产权与市场力量

欧盟竞争政策不再推定专利法及版权法所授予的合法垄断权等同于经济上的垄断，或者赋予其市场力量。欧盟竞争法最新解释为，对知识产权持有者的市场力量须进行实证分析：当知识产权人的行为依据知识产权法为合法，而依据竞争法为非法时，则欧盟竞争法保留进行干预并限制知识产权行使的权力，以维护有效的市场竞争。❸

2. 相关市场及市场支配地位

知识产权保护产品相关市场的界定一般遵循《欧委会关于相关市场的通告》❹ 进行。该通告明确规定通过经济手段界定相关市场。该《通告》第 7 段规定，"相关产品市场是指因产品特征、价格及用途，而被消费者视为可互换或互相替代的所有产品和/或服务。"产品包括简单的产品及复杂的产品（包括许多部件的产品）。欧委会倾向于使用部件而非整个产品"系统"来界定相关市场，因较窄地界定相关市场，将使之更容易认定市场支配。❺ 在欧盟，知识产权市场并不限于产品市场，而且包括技术市场及创新市场。技术市场包括被许可的技术及其接近的替代品，而创新市场比技术市场范围窄，指在许可阶段前对产品或技术的研发，即任何与该研发接近的替代品，如研究项目、已被许可的技术及产品。

市场支配地位的定义是在相关市场的"相当长的时间内，将价格维持

---

❶❸　EXECUTIVE SUMMARY. Competition Policy and Intellectual Property Rights：EU Experience and Prospects for China［C］. EU-China Trade Project，2008.

❷　STEVEN ANDERMAN. EU Report，Competition Policy and Intellectual Property Rights：EU Experience and Prospects for China［C］. EU-China Trade Project，2008：11.

❹　*Commission's Notice on the Definition of the Relevant Market for the Purpose of Community Competition Law*［1997］OJ C372/5，［1998］4 CMLR R177.

❺　Hilti v. Commission［1994］ECR I-667. 在此案中，Hilti 公司生产射钉枪、子弹带和射钉，并以 PAFS 名称成套出售。欧委会将此成套产品中的每个产品作为单独产品，并认定有三个独立的市场。

在竞争水平之上或产量维持在竞争水平之下的能力"。在相关市场中的市场支配地位的评估需考虑多方面的因素，包括（1）产品/服务的可替代程度；（2）产品为简单产品时，是否仅影响一个市场，而产品为一复杂产品（包含许多组成部件）时，是否可能影响一系列不同市场。❶

在 TFEU 第 102 条下，在界定相关市场之后，接下来须评估被指控方的市场力量或独占地位程度。欧委会对单个企业独占地位的分析的起点是对该产品在市场上的份额进行估计，但市场份额仅是能产生市场力量的假设。此外，还需对市场竞争者的市场份额、市场外潜在的竞争、市场准入壁垒程度以及供应及分销渠道等进行评估。❷ 知识产权的存在并不能推定其为市场准入的障碍，只有当市场是一单一产品市场即市场标准时，知识产权方能在事实上证明构成一个绝对的准入壁垒，而在其他情形下，知识产权仅仅是增加了进入成本而构成市场进入的财政障碍。❸

3. 知识产权作为必要设施（essential facility）背景下的支配地位

在判定知识产权人在 TFEU 第 102 条下应承担的法律责任上，关键是要审查受知识产权（无论是专利权、版权还是设计权）保护的具有高市场份额的产品是否构成事实上的垄断（*de facto* monopoly），且构成一个次级市场（secondary product market）或后续市场（after market）的必要设施。要达此标准，知识产权保护产品的制造者不仅在市场上具有支配地位，尚需满足：（1）是没有替代品的真正的垄断；（2）是一个次级产品市场或后续市场上一个或数个产品"不可或缺的"投入要素。❹ 对于不可或缺性，欧共体法院坚持一个严格的标准，即当服务对于第三方的商业活动而言是必不可少的，不存在任何现实或潜在的替代服务时，拒绝其使用必要设施才构成滥用。❺ 这一标准同样适用于知识产权。❻

4. TFEU 第 102 条中滥用的概念

获得市场支配地位本身并不必然构成滥用，尚须进一步确认具有市场支配地位企业行为的过程构成滥用，包括该行为可能限制了竞争、排除竞

---

❶ EXECUTIVE SUMMARY. Competition Policy and Intellectual Property Rights：EU Experience and Prospects for China［C］. EU-China Trade Project，2008.

❷ STEVEN ANDERMAN. EU Report，Competition Policy and Intellectual Property Rights：EU Experience and Prospects for China［C］. EU-China Trade Project，2008：9.

❸❹ STEVEN ANDERMAN. EU Report，Competition Policy and Intellectual Property Rights：EU Experience and Prospects for China［C］. EU-China Trade Project，2008：10.

❺ Oscar Bronner GMbH & Co. KG v. Mediaprint［1998］ECR 1-7791.

❻ Oscar Bronner GMbH & Co. KG v. Mediaprint［1998］ECR 1-7791，para 41.

争者或者阻碍了新公司的进入；有证据表明实施这些歧视性效果所采用的方法与那些以市场表现为基础的竞争（以市场表现为基础的竞争标准）所采取的方法不同。**❶**

5. 知识产权与特定滥用

（1）拒绝供应或许可。

在以下两种"例外情形"下，TFEU 第 102 条可适用于知识产权人：

（i）在主要市场（primary market）上占支配地位的企业在该市场上享有排他性的知识产权保护，通过拒绝许可或供应的方式将其市场力量以"杠杆作用"（leverage）转至一个次级市场，以排除现有的竞争者或阻碍提供新产品或服务的新的进入者。在此情形欧委会及欧盟法院裁决规则有一演化的过程。有关此过程的以下几个经典案例值得关注。

i）Volvo v. Veng（UK）案。此案因 Veng 在英国进口廉价的仿制品而侵犯了 Volvo 汽车前翼挡板设计权而引发。Volvo 在英国提起了诉讼，法院禁止 Veng 进口侵权产品。作为抗辩，Veng 依据 TFEU 第 102 条要求 Volvo 向其供应或许可其制造此类挡板。英国法院将此竞争法问题提交给了欧洲法院。欧洲法院认为此案涉及三个独立的市场：汽车市场、沃尔沃备件市场和沃尔沃汽车维修市场。在汽车市场上，沃尔沃没有支配地位，但在前翼挡板市场则具有支配地位。在维修市场，出于该挡板的性质及其具有设计权的保护，此种支配地位构成垄断，该产品不存在替代产品且对维修市场而言是不可或缺的。欧洲法院认为，在沃尔沃享有支配地位的初级市场上，其享有的制造或销售其产品的排他权应受尊重，因这正是知识产权保护的目的，知识产权人没有义务向其竞争对手供应或给予制造、销售受知识产权保护产品的许可。然而，在依赖于沃尔沃备件的次级市场，即汽车维修市场，沃尔沃作为对备件具有垄断地位的供货商，不得总是向维修市场的竞争者拒绝供货。**❷**

此案判决隐含着一个占支配地位的企业在次级市场上以限制竞争为目的而拒绝供货的行为，竞争主管机关可依照 TFEU 第 102 条规定要求强制供应知识产权保护的产品。**❸**

ii）Magill 案。Magill 是每周综合电视预告的编辑者。他将由相应电视

---

❶　EXECUTIVE SUMMARY. Competition Policy and Intellectual Property Rights：EU Experience and Prospects for China［C］. EU-China Trade Project，2008.

❷　Volvl（U. K）Ltd v. Veng［1998］ECR 6211.

❸　STEVEN ANDERMAN. EU Report，Competition Policy and Intellectual Property Rights：EU Experience and Prospects for China［C］. EU-China Trade Project，2008：17.

公司分别销售的三份独立的周电视预告的内容编在一起，故电视公司诉其侵犯版权。在成员国法院层面，Magill 输掉了版权侵权诉讼。但其向欧委会投诉电视公司拒绝向其许可电视节目预告从而构成 TFEU 第 102 条所称的滥用行为，得到了支持。欧委会裁决电视公司向其提供预告资料、以制作综合电视预告的强制许可。一审法院维持了欧委会的裁决。欧洲法院判决强制许可的裁决应予维持。该院认为，在以下"例外情形"下（exceptional circumstances），版权本身并不能构成拒绝许可的正当理由：消费者对新产品有需求；电视公司由于可决定电视节目的日程而对节目预告拥有事实上的垄断；电视节目预告的许可是制造综合电视预告的不可或缺的投入；电视公司本身不向消费者提供此类产品。该院进一步指出，对于没有替代品而其又为在次级市场上提供另一种产品不可或缺投入的产品（如电视节目预告）的拥有者，不得利用其在一个市场中的垄断，将另一市场留给自己，消除该市场上的竞争。❶ 此案确定了构成 TFEU 第 82 条滥用的"例外情形"测试。

iii）IMS 案。此案涉及欧委会对一数据库中包含的信息给予强制许可。IMS 数据库包含"1860 砖结构"，为德国区域医药产品的销售信息定期更新储存提供了储存格式。强制许可的受益人为由 IMS 前高管成立的公司，该公司以 IMS 数据库为基础提供区域销售数据服务。欧委会认定"1860 砖结构"已成为包括批发商及制药公司在内顾客所需求的市场标准，对于提供区域销售数据服务的次级市场上的竞争者，复制该结构是不经济的。在此案中，欧洲法院确认应适用 Magill 案所确立的"例外情形"测试中的主要标准，因拒绝对知识产权保护的产品作为不可或缺投入的次级市场的新进入者给予许可，构成 TFEU 第 102 条的滥用应满足以下三个条件：（a）要求获得许可的企业试图在提供数据的市场上，提供一种具有潜在消费者需求的、版权人并未提供的新产品或服务；（b）拒绝无客观上的正当理由；（c）拒绝消除了医药产品销售数据市场上的全部竞争，而版权人把该市场留给了自己。❷

以上三个案件表明，"例外情形"下知识产权人对市场新进入者的拒绝许可构成滥用的情形，仅应局限于"新产品"或后续创新的市场，而非与该所有者的产品或服务方面"无差别"（me too）的竞争。

（ii）具有支配地位的企业拥有知识产权保护的垄断（在次级市场上体现为不可或缺投入）拒绝向次级市场的竞争者继续供应其知识产权。

---

❶ Joined cases C-241/91P and C-242/91P RTE, and ITP v. Commission［1995］ECR I-743.

❷ IMS Health Inc v. Commission, Case T-184/OIR（2001）.

　　Commercial Solvents 案❶为此确立了先例及标准。在此案中，一家在市场上占支配地位的美国公司向一家意大利公司供应化学原料，而后者使用该原料制造药品。在供应一段时间后，美国公司决定进入制药市场，并停止向下游竞争者供货。欧委会作出了此种行为构成滥用的裁决，而欧洲法院基于以下理由维持了这一裁决：在没有替代货源，且有充足的生产能力供应后续市场上的自己的附属企业及竞争对手的情形下，一个具有支配地位的企业拒绝继续供货的目的为消除后续市场上的主要竞争对手，是非正当的行为。此案确定的原则已被适用到信息技术领域。欧洲竞争主管当局迫使产业标准的知识产权所有者以合理条件供应、许可或提供界面指令的专有信息。❷ 例如，在 2000 年和 2001 年，太阳微系统公司向欧委会投诉微软，指控微软拒绝披露 Windows、Office 软件及其服务器操作系统一体化工作的信息，阻碍了太阳公司向其使用微软操作系统的用户提供非微软的工作组服务器。欧委会在 2004 年的决定中认定，微软通过故意限制其Windows 等软件与非微软工作组服务器的兼容性的方式，滥用了其在操作系统市场上接近垄断的市场地位。❸ 欧盟初审法院认为，微软的 Windows操作系统对工作组服务器而言是事实标准的基础设施，对工作组服务器的次级市场是不可或缺的必要设施。❹ 初审法院强调认定违反 TFEU 第 102 条重要的事实是拒绝行为可能消除市场上全部的有效竞争。初审法院对此案的判决继续划定了知识产权"正常行使"与"滥用行使"的界限。❺ 在此案中，法院重申 IMS 案并未确立一个"例外情形"的穷竭式列举清单，TFEU 第 102 条第（2）款规定了拒绝许可的分析测试标准，并将限制技术的发展、损害消费者的行为定性为滥用。法院认为 IMS 案确立的新产品的测试方法应在第 82 条第（2）款下考虑，不应是判定拒绝许可知识产权是否损害消费者利益的唯一因素。❻ 此点是对 Magill 案及 IMS 案的一个发展。

　　微软案的上述观点被欧委会后来制定的相关指南所接受。在《对支配地位企业滥用性排除行为适用欧共体条约第 82 条执法重点指南》中，欧委会指出其将区分两种不同的情形，并在拒绝许可（包括知识产权）的案

---

❶　Commercial Solvents v. Commission［1974］ECR 223.

❷　Microsoft IP（94）643［1994］5 CMLR 143.

❸　见欧委会 2004 年 3 月 24 日微软案调查结论新闻发布稿，转引自：STEVEN ANDERMAN. EU Report, Competition Policy and Intellectual Property Rights：EU Experience and Prospects for China［C］. EU-China Trade Project, 2008：22.

❹　European Court of Justice, Court of First Instance：Case T-201/04.

❺　See Steven Anderman, *Recent EU Experience and IPR Policy Making of Relevance to China*, EU-China Trade Project, July 2009, at p. 9.

❻　European Court of Justice, Court of First Instance：Case T-201/04, para 647.

件中适用消费者损害测试方法（consumer harm test）。欧委会提出在符合以下三个全部要件的情形下，拒绝许可行为应是执法的重点：（a）拒绝许可下游市场竞争者客观上需要的产品或服务；（b）拒绝可能导致消除下游市场的有效竞争；（c）拒绝可能导致消费者损害。其进一步明确，上述标准既适用于停止先前供应的案件，也适用于具有支配地位公司此前未向他人供应但拒绝供应商品或服务的案件。

（2）超高或不公平定价。

禁止具有支配地位的企业滥用其市场支配地位，"直接或间接地强加不公平的购买或销售价格或其他不公平的交易条件"。❶ 此种滥用被界定为具有支配地位的企业企图获得比在市场上存在正常和充分的有效竞争下更高的交易利益。❷ 然而，在依照 TFEU 第 102 条第（1）款评判受知识产权保护的产品是否不公平定价方面确存在难度。在一起案件中，法院指出专利产品与非专利产品相比，以更高的价格销售，并不必然构成滥用。❸ 知识产权的获得，如专利权、设计权等需要研发方面的投入；而对于商标权则需要宣传、推广等方面的投入。对于此种投入，知识产权人应享有获得公平回报的权利。但是，知识产权人仅享有获得公平回报而非超高回报的权利。欧盟竞争法对于知识产权人不公平定价采取少干预的标准。而仅在极端情形下，例如其知识产权人的定价行为和此前行为相比明显是过度的，方对其进行审查。❹

（3）滥用知识产权制度。

欧盟近年来出现些具有市场支配地位的企业滥用其知识产权的新形式，包括高度侵略性地行使其专利权或其他知识产权，以及侵权性地获取知识产权，如企业建立自身的专利组合（portfolio of patents），策略性地申请专利以获得专利集群（patent stacking），或采取手段延长单个专利的保护期。❺

在 Astra Zeneca（AZ）案中，AZ 通过误导陈述的方式获得了对其专利 Omeprazole（药品 Losec 活性成分）的《附加保护证书》（*supplementary Protection Certificate*）。❻ AZ 以此获得的附加保护为依据，指控仿制药企业构成侵

❶ TFEU 第 1022 条（a）款。

❷ United Brands v. Commissions［1978］ECR 207.

❸ Parke Davis v. Probel［1968］ECR 55.

❹ British Leyland Public Limited Company v. Commission ECR,（1986）3263.

❺ STEVEN ANDERMAN. EU Report,Competition Policy and Intellectual Property Rights:EU Experience and Prospects for China［C］. EU-China Trade Project,2008:28.

❻ 《附加保护证书》系根据欧洲议会第 1768/92 号条例颁发，旨在延长药品专利保护期限，以弥补专利授权及药品实际获得授权生产的期间只要公司的损失。专利保护期可最长延长 5 年。

权，从而阻断并延长了仿制药进入市场的时间。2005 年，欧洲委员会裁决，AZ 滥用专利以欺骗规制制度并排除同类竞争对手的行为，违反了 TFEU 第 102 条的规定。

滥用知识产权制度新的发展为药品专利拥有者与仿制药生产企业达成的"反向专利和解"。在专利侵权纠纷中，权利人与侵权人达成和解的现象较为普遍，且在许多情形下被控侵权人向专利权人支付许可使用费，并以此获得专利权人的许可。而"反向专利和解"则为专利权人向被控侵权人支付费用，以阻碍或者拖延专利保护期届满后更便宜的仿制药进入市场的时间。对于此种协议，欧委会将依照 TFEU 第 101 条第（3）款所确定的标准，使用技术转让指南确定的方法进行分析。[1]

在标准制定过程中的"专利伏击"（patent ambush）行为，也是值得关注的、滥用知识产权的动向。例如，在 Rambus 案中，Rambus 向相关标准制定组织隐瞒了其被采纳的几项技术正在申请专利或已被授予专利的事实，欧委会认定其滥用了支配地位，违反了 TFEU 第 102 条规定。[2]

（4）搭售。

搭售（tie ins）为 TFEU 第 102 条第（4）款所规制。在此条款下，构成搭售的传统构成要件包括：（a）存在两个独立的产品，即搭售的产品（tying product）及被搭售的产品（tied product），以及两个独立的市场；（b）搭售产品的企业在该产品市场是否具有支配地位；（c）消费者或者用户是否被强制购买此两个产品；（d）此种搭售行为是否可能导致反竞争的限制；（e）对于实施搭售行为的企业对此是否可作出客观的合理性解释。[3]例如，微软公司曾将其视窗媒体播放器与视窗操作系统搭售或捆绑销售，欧委会及欧盟初审法院认定此种行为违反了 TFEU 第 102 条第（4）款。[4]在知识产权领域，引起竞争主管机关关注的、策略性利用知识产权的方式，包括某些搭售策略，如强制一揽子许可。强制一揽子许可在特定情形下可能是促进效率的，但具有潜在的反竞争性。对于具有市场力量的一揽子许可方，其所坚持的"全盘接受"否则不予许可的策略，可能构成 TFEU 第 102 条第（4）款所禁止的搭售。占有市场支配地位的知识产权人，可利用搭售强制消费者选择其本不愿选择的产品，并排除了在次级相

---

[1]　STEVEN ANDERMAN. Recent EU Experience and IPR Policy Making of Relevance to China [C]. EU-China Trade Project 2009:14.

[2]　STEVEN ANDERMAN. Recent EU Experience and IPR Policy Making of Relevance to China [C]. EU-China Trade Project 2009:15.

[3]　STEVEN ANDERMAN. Recent EU Experience and IPR Policy Making of Relevance to China [C]. EU-China Trade Project 2009:11.

[4]　Microsoft v. Commission,CFI Case T-201/04.

关市场上的竞争，因此，此种行为可能构成滥用。❶

二、美 国
（一） 美国反托拉斯法与知识产权法之关系

知识产权法通过对新颖且实用的产品、更有效的方法以及具有独创性表达的创造者，赋予可执行的财产权的方式，激励创新活动。反托拉斯法则确保具有专有性的新技术、产品及服务，能够在具有竞争性的环境中交易及许可。在过去的数十年来，美国反托拉斯执法机构与法院已形成知识产权法与反托拉斯法具有基本相同的宗旨，即提高消费者福祉，促进创新。

（二） 知识产权滥用
1. 专利滥用原则的历史沿革

知识产权滥用在美国司法实践包括专利滥用、版权滥用及商标权滥用三种形式，其中专利权滥用最早为法院所确认，并对版权滥用、商标专利权滥用的认定产生重大影响。研究专利权滥用的历史沿革，可以更好地理解美国知识产权滥用制度。

专利滥用，是衡平法上的原则，用以描述专利权人实施的各种不当行为。专利权滥用行为，从广义上包括在专利申请过程中的不当行为（inequitable conducts），如未向专利商标局披露相关资料或向该局实施的欺诈行为。❷ 狭义上的专利滥用，是指专利权人扩大专利权的保护范围如搭售或类似的行为。专利权滥用原则起源于涉及专利的搭售案件。美国法院在不同历史时期对涉及专利的搭售案件，判决思路及结果有着较大的差异。

（1）判决违反搭售限制的行为侵权。

在 1912 年判决的 Henry v. A. B. Dick Co. 案❸中（以下简称"Henry 判决"），涉案的专利产品为油印机。专利权人销售该机器的条件是被许可人使用专利权人生产的蜡纸、油墨及其他耗材，而这些耗材不受专利权保护。最高法院拒绝认定此种限制违法，因其认定公众可以自由地接受或拒

---

❶ STEVEN ANDERMAN. EU Report, Competition Policy and Intellectual Property Rights: EU Experience and Prospects for China [C]. EU-China Trade Project, 2008: 30.

❷ Argus Chem. Corp. v. Fibre Glass-Evercoat Co., 812 F. 2d 1381, 1384 (Fed. Cir. 1997).

❸ 224 U. S. 1, 7 (1912).

绝此种销售或许可条件。法院暗示专利权人对专利许可采取任何能使其专利价值最大化的许可限制条件。依此判例，购买受专利权保护机器的顾客若从他处购买了耗材，则其使用专利机器的行为构成侵权；而知道此种侵权存在的与专利权人存在竞争关系的耗材供货商，则是共同侵权人（contributory infringer）。

（2）判决违反搭售限制的行为不侵权。

在 1917 年裁决 Motion Picture Patents Co. v. Universal Film Mfg. Co（MPPC）案❶中，最高法院推翻了 Henry 判决。此案涉及的专利为电影放映机，专利权人要求该放映机只能播放从专利权人之被许可人处租赁而来的电影。专利权人指控未接受其许可的电影供应者的行为构成共同侵权，法院认定专利权人的限制条件无效，并以电影非为放映机专利所覆盖为由，拒绝认定被告行为侵权。

（3）判决具有搭售条款的合同或涉及的专利不可执行（unenforceable）。

前述判例以专利法为裁决依据，认定违反专利许可中要求购买非专利产品的限制条件不构成专利侵权。然而法院上述判理并不使从专利权人处购买非专利产品的合同承诺必然无效。❷ 最高法院在后来的判决中认定在搭售构成滥用的情形下将使涉案专利不可执行。

1942 年裁决的 Morton Salt Co. v. G. S. Suppinger Co. 案❸首次确立了现代专利权滥用原则。此案涉及的专利为向罐装物品中注射盐片的机器，而专利权人租赁该机器的条件为承租者须从专利权人处购买盐。被告制造的机器侵犯了涉案专利。在此案中，最高法院援引古老的衡平法上的"不洁之手"（unclean hands defense）原则，认定权利人将非专利产品与专利产品搭售，扩大了其专利垄断权，并使专利作为限制竞争的有效手段，违背了专利法所体现的公共政策，因此其专利权不受保护（unenforceable），❹即在专利权人放弃此种不当行为及专利权滥用的后果消除前，法院拒绝给予其所有的侵权救济。❺ 在此案中，最高法院认为没有必要审理专利权人的行为是否违反了《克莱顿法》，因其认定试图限制被控侵权人制造或销售被控侵权机器的诉讼违反了公共政策。对专利权滥用，如搭售行为，并不一定要达到违反反托拉斯法的程度，被控侵权人便可以获得相应的

---

❶　243 US 502,518-519（1917）.

❷　Motion Picture Patents Co . v. Universal Film Mfg. Co.,243 US 502,514（1917）.

❸❹　314 U. S. 488（1942）.

❺　314 U. S. 493（1942）.

救济。❶

2. 专利滥用原则的发展及限制

通过 Morton Salt 案及其后几个类似案件，美国最高法院确定了专利权滥用的基本规则，即专利权人可实施其专利，但不得利用它获取专利所未赋予的垄断权。❷专利权滥用最为常见的形式为搭售及专利期限届满后仍收取许可费。美国法院依据搭售方面的判例，对要求被许可人在专利权保护期届满后仍支付许可费的行为进行了分析，认为专利赋予其所有者借助该垄断权的力量进行谈判并获取尽可能高的许可费的权利，但是利用该力量超出专利有效期收费的行为，类似于专利产品的销售或使用以购买或使用非专利产品为前提的搭售行为，扩大了专利垄断权的范围。❸

美国联邦法院在适用最高法院的判决裁决专利权滥用案件时对何为滥用作出了自己的解读。如第七巡回上诉法院认为专利权滥用原则应局限于专利权人试图超出其法定授权范围的、少数具体的行为。❹美国联邦巡回上诉法院（CAFC）将专利权滥用界定为专利权人"不应准许的扩大专利的物理或时间范围并具有反竞争效果"的行为，❺并强调若专利权人实施了一些错误的商业行为，且即使该行为具有反竞争的效果，被控侵权人并不能具有专利权滥用抗辩，❻其理由为专利权滥用原则的范围较窄。1988年《专利滥用改革法案》对搭售安排方面的专利滥用的认定加以明确的限制，要求专利权人在相关市场上具有市场力是其搭售行为构成滥用的前提。❼

2010 年 8 月 30 日，在美国联邦巡回上诉法院全庭审裁决的 Princo 案❽中，该院再次强调专利权滥用原则较窄的适用范围，认为专利权滥用，简言之，是以"专利为杠杆"（patent leverage），即借助专利之力对诉争专利

---

❶ ROBERT P. MERGES. Patent Law and Policy [M]. Michie Law Publisher, 1996:1139.

❷ Transparent-Wrap March. Corp. v. Stoke & Smith Co., 329 U. S. 637,643.

❸ Brulotte v. Thys Co., 379 U. S. 33 (1964).

❹ USM Corp. v. SPS Techs., Inc., 694 F. 2d 505, 510 (7th Cir. 1982). Patent misuse as the patentee's act of "impermissibly broaden[ing] the 'physical or temporal scope' of the patent grant with anti-competitive effect".

❺ Windsurfing Int'l v. AMF, Inc., 782 F. 2d 995,1001 (Fed. Cir. 1986).

❻ C. R. Bard, Inc. v. M3 Sys., In., 157 F. 3d 1340,1373 (Fed. Cir. 1998).

❼ 35 U. S. C. A. § 271(d)(5).

❽ Princo Corp. v. ITC, 616 F. 3d 1318 (Fed. Cir., 2010).

的使用附加过宽的、超出政府授予垄断权范围的条件。❶ 专利权滥用构成的最低要求是涉诉专利（patent in suit）本身是被指控行为的成因；当专利权与被控不当行为之间不具有联系时，专利滥用亦不存在。❷

3. 版权滥用及商标滥用原则的形成

版权诉讼中的权利滥用抗辩来源于专利权滥用，美国法院认为，当版权人以不合理的、反竞争的方式行使版权时，被控侵权人可以行使版权滥用的抗辩事由。法院认为，在行使此抗辩事由时，被控侵权人没有必要证明版权人实施了违反托拉斯法的行为。❸ 在商标案件中，美国法院多年来一直不支持商标滥用抗辩，但后来态度发生转变，认为证明滥用的举证责任虽然很重，但这一障碍是可克服的。❹ 法院指出，证明商标本身成为实施反托拉斯行为的基本手段，是商标案件中的反托拉斯滥用抗辩的要素之一。❺

（三）知识产权滥用与违反反托拉斯法的关系

1. 知识产权滥用与违反反托拉斯法关系的历史沿革

知识产权滥用与违反反托拉斯法的关系仍要从专利权滥用说起。专利权滥用原则的出发点及合理性是为制止威胁竞争的行为，体现了对公共政策的考量，此点与反托拉斯的宗旨相同。专利权滥用原则发端并成熟于美国联邦反托拉斯法制定之前。❻ 在反托拉斯法颁布后，美国最高法院在若干专利滥用案件中提及了反托拉斯法对涉及专利搭售案件的适用问题。如在 Motion Picture Patents 一案中，最高法院虽未依据反托拉斯法进行裁决，但其表态说当时刚制定不久的《克莱顿法》第 3 条是制止此种协议的"体现我国公共政策的、最有说服力的表述"。❼ 在 Carbice Corp. v. American

---

❶ Princo Corp. v. ITC,616 F. 3d 1318,1331. "What patent misuse is about,in short,is 'patent leverage',i. e.,the use of the patent power to impose overbroad conditions on the use of the patent in suit that are 'not within the reach of the monopoly granted by the government.'"

❷ Princo Corp. v. ITC,616 F. 3d 1318,1331.

❸ Practical Management Information Corp. v. American Medical Ass'n 121 F. 3d 516 (9th Cir. 1997).

❹ BEVERLY W. PATTISHALL, DAVID C. HILLIARD, JOSEPH NYE WELCH. Trademark and Unfair Competition [M]. Lexis Publishing,2010:297.

❺ Carl Zeiss Stiftung v. V. E. B. Carl Zeiss,Jena,298 F. Supp. 1309 (S. D. N. Y. 1969).

❻ USM Corp. v. SPS Techs.,Inc., 694 F. 2d 505,511 (7th Cir. 1982).

❼ Motion Picture Patents Co . v. Universal Film Mfg. Co,243 US 502,518 (1917).

Patents Dev, Corp. 案中，❶ 法院将专利权人的搭售行为类比为"将专利作为限制商业的工具，……应受到谢尔曼反托拉斯法的谴责"。美国法院此后有关专利权滥用的判例较为清晰地显示专利滥用与违反托拉斯法是两种不同的抗辩事由。在二者的关系上，联邦法院之间存在分歧。有些法院认为滥用覆盖的范围要广于违反反托拉斯法的范围。例如，第四巡回上诉法院认为，专利滥用原则（包括版权滥用）不受反托拉斯原则的限制；❷ 第一巡回上诉法院认为，专利滥用的证明责任小于违反反托拉斯法，因不需证明反竞争后果。❸ 而其他法院，甚至包括同一巡回上诉法院的不同合议庭，则要求滥用与实质违反反垄断法应具有相同的证明标准。❹

随着滥用抗辩案件的增多，尤其是一些法院在知识产权滥用与违反反托拉斯法测试日益采用趋同的分析方法的情形下，知识产权滥用与反托拉斯的关系引起了法官的思考。例如，在一专利案件中，波斯纳法官提出了这样的问题：作为专利许可一般行为准则之一的专利滥用原则，是否与反托拉斯法截然不同？❺ 他认为，专利权滥用是在联邦反托拉斯法的实体部分形成之前便产生的原则，且在该法获得广泛适用范围之前便已成熟。现在反托拉斯法可被解释适用于任何实质阻碍竞争的行为，那么限定同样旨在防止反竞争行为的专利权滥用原则的独立作用，则不是一件易事。二者区别可能是专利权滥用原则谴责一切包括仅具有轻微反竞争效果的专利许可行为。在专利权滥用分析与标准反托拉斯分析日益趋同的情形下，不少司法判决表明在反竞争效果的证据方面，滥用案件比反托拉斯案件的要求要低……❻

除了上述疑惑外，美国法院多年来已适用本身违法规则处理了各种形式的搭售案件。❼ 专利权滥用原则的批评者，以及在侵权诉讼中疲于为其客户应对各种形式的滥用反诉的执业者，提议对专利法中有关专利权滥用原则进行修改。❽ 1988 年《专利滥用改革法案》对搭售安排方面的专利滥用的认定加以明确的限制，要求专利权人在相关市场上具有市场力是其搭

---

❶　283 U. S. 27,34 (1931).

❷　Lasercomb America v. Reynolds,911 F. 2d 970,973,979 (4ᵗʰ Cir. 1990).

❸　Transitron Elec. Corp. v. Hughes Aircraft Co.,487 Supp. 885,892-893 (D. Mass,1980),aff'd, 649 F. 2d 871 (1ˢᵗ Cir. 1981).

❹　Data General Corp. v. Grumman Sys. Support Corp,36 F. 3d 1147,1180-1181 (1ˢᵗ Cir); *Windsurfing Intl. v. AMF*,782 F. 2d 995 (Fed. Cir.).

❺❻　USM Corp. v. SPS Techs.,Inc., 694 F. 2d 505,511 (7ᵗʰ Cir. 1982).

❼　ROBERT P. MERGES. Patent Law and Policy [M]. Michie Law Publisher,1996:1188.

❽　ROBERT P. MERGES. Patent Law and Policy [M]. Michie Law Publisher,1996:1185.

售行为构成滥用的前提。❶《专利滥用改革法案》并未涉及专利滥用与反托拉斯法之间的关系问题。事实上现行司法实践似乎将专利滥用限制于两种情形：利用因专利而生的市场力量在未获得专利授权的领域抑制竞争；将专利期限延长至法定期限之外。❷ 联邦巡回上诉法院法官在滥用与违反反垄断法之关系及其二者的证明标准尚存在分歧。一种观点认为，滥用行为必须产生一定的反竞争效果，虽然其严重程度不必达到反托拉斯法；❸ 滥用原则具有独立的价值，应继续存在。❹ 而另一种观点则主张，仅证明专利权人实施了具有反竞争效果的不当行为从而违反了反托拉斯法，尚不能证明涉诉专利的滥用，并认为在目前反托拉斯法可用于规制任何实质妨碍竞争行为的情形下，对滥用原则的独立作用表示怀疑，甚至主张该原则应予以废除。❺

2. 知识产权滥用原则与违反反托拉斯法原则的区别

知识产权滥用原则与违反反托拉斯法原则具有以下区别。

（1）知识产权滥用与权利人违反反托拉斯法在法律后果上有很大的不同。

如上文所言，知识产权滥用是一种抗辩事由。若抗辩成功，则涉案知识产权将不予执行，即权利人的该项知识产权将不受保护。权利人的行为违反了反托拉斯法，则构成一种反诉。在反诉成立的情形下，反托拉斯法的违反者将向利益受损者承担 3 倍的损害赔偿、诉讼费及合理的律师费。❻ 此外，违反反垄断法甚至构成重罪，需承担刑事责任。

（2）主体上存在差异。

对于知识产权滥用原则，在知识产权侵权案件中的被控侵权人（甚至是毫无争议的侵权人），即使其未受到滥用行为的影响或损害，也可行使滥用原则的抗辩；而违反反托拉斯法的反诉者，必须是托拉斯行为的受害者，并证明其受到了反托拉斯损害。

（四）知识产权许可与反托拉斯

如上文所言，知识产权许可是行使知识产权的重要方式。知识产权人

❶　35 U. S. C. A.　§271(d)(5).

❷　B. Braun Med.,v. Abbott Lab.,124 F. 3d 1419 (Fed. Cir. 1997).

❸　Martin J. Adelman,Randall R. Rader,Gordon P. Klamcmok,*Patent Law*,Thomson/West,2008, p.395.

❹❺　Princo Corp. v. ITC,616 F. 3d 1318,1329(2010).

❻《谢尔曼法》第 7 节。

在许可过程中，可能因自身的行为或与他人的协同行为违反了相关法律的规定，❶ 从而承担反托拉斯法上的责任。知识产权许可安排若对产品或服务的价格、数量、质量或种类，造成现实或潜在的不利影响，则会产生反托拉斯法上的问题。❷

1. 《知识产权许可反托拉斯指南》所明确的原则

在知识产权与反托拉斯法及政策交叉方面，1995 年《知识产权许可反托拉斯指南》明确了以下基本原则：（1）知识产权的存在并不能推定存在市场力；❸（2）涉及知识产权的协议与涉及任何财产权的协议一样，适用相同的反托拉斯规则；❹（3）知识产权许可一般是促进竞争的。❺

2. 相关市场及当事人之间的关系

许可安排对竞争造成的影响应在相关市场内进行评估。相关市场包括商品市场、技术市场及创新市场。❻ 如同其他财产权的转让，知识产权许可安排的反托拉斯法的分析需要审查当事人之间主要是水平关系还是垂直关系，或者实质上兼具。❼

3. 许可限制评估框架

在大多数案件中，知识产权许可安排中的限制应根据合理规则进行评估。依据合理规则，执法机构要调查许可安排中的限制是否可能带来反竞争效果；如果是，则考察此种限制是否是实现积极竞争利益所必须且合理的，且此种积极竞争利益大于反竞争效果。但在有些案件中，法院认定许可限制的"性质和必然效果具有如此明显的反竞争性"，应直接将其作为本身违法对待，而无须详细考察该限制可能带来的促进竞争的效果。判定本身违法的限制情况包括赤裸的固定价格、产量限制和横向竞争者之间的

---

❶ 这些法律主要包括《谢尔曼法》《克莱顿法》《联邦贸易委员会法》《罗宾逊—帕特曼反价格歧视法》等。知识产权行使或许可方面适用较为频繁的为《谢尔曼法》的第 1 节、第 2 节。第 1 节规定，"任何契约，以托拉斯形式或其他形式的联合、共谋，用来限制州际间与外国之间的贸易或商业，是非法的"；第 2 节规定，"任何人垄断或企图垄断，或与他人联合、共谋垄断各州之间或与外国间的商业和贸易，是严重犯罪。"

❷ *Antitrust Guidelines for the Licensing of Intellectual Property* （"ANTITRUST-IP GUIDELINES"）, issued by the U. S. Department of Justice and the Federal Trade Commission, April 6, 1995, § 3. 2.

❸ Ill. Tool Works Inc. v. Indep. Ink, Inc. , 126 S. Ct. 1281, 1284（2006）.

❹ ANTITRUST-IP GUIDELINES § 2. 1.

❺ ANTITRUST-IP GUIDELINES § 2. 0.

❻ ANTITRUST-IP GUIDELINES § 3. 2. 1, § 3. 2. 2, § 3. 2. 3.

❼ ANTITRUST-IP GUIDELINES § 3. 3.

市场分割，以及某些集体抵制及维持转售价格。❶

4. 反托拉斯"安全区"

在一般情形下，在产品市场中，符合下列条件的知识产权许可安排中的限制，反托拉斯执法机构将不对其提出质疑：（1）该限制不具有表面的反竞争性；（2）在受限制实质影响的各相关市场中，许可人和被许可人的市场份额综合不超过 20%。对于技术市场，如果市场份额数据不可获取或者不能准确反映竞争的重要性，则适用以下安全区标准：（1）该限制不具有表面的反竞争性；（2）除了许可安排当事人控制的技术外，尚有四项或四项以上的被独立控制的技术，用户以可比成本能够获得可替代当事人控制技术之技术。对于创新市场，其安全区标准为：（1）该限制不具有表面的反竞争性；（2）除了许可安排的当事人外，尚有四家或四家以上的实体具有所需的专门性资产或特质以及动机，开展对许可协议当事人所进行的研发活动构成近似替代的研发。在上述情形下，许可安排几乎不会产生反竞争效果，无须进行特定产业情况调查便可推定不具有反竞争性，故可为知识产权所有者提供某种程度的确定性。❷

（五）几种知识产权许可限制反托拉斯分析

对于大多数的知识产权许可限制条件将适用合理规则进行分析，反托拉斯执法机构通常调查的是"限制是否可能具有反竞争的效果；如果是，则此种限制是否是为了取得促竞争的利益大于反竞争的效果在合理性方面所必需的"。❸

1. 转售价格维持

当商品已进入流通渠道并且为经销商所拥有时，转售价格维持便为非法。在涉及知识产权的背景下，执法机构将对转售价格维持适用本身违法规则。❹

2. 排 他 交 易

在涉及知识产权的情形下，排他交易是指许可限制被许可人许可、出售、分销或使用相竞争的技术。排他交易安排根据合理规则进行评估。

---

❶　ANTITRUST-IP GUIDELINES §3.4.
❷　本段内容见《知识产权许可反托拉斯指南》第 4.3 节。
❸❹　ANTITRUST-IP GUIDELINES §5.2.

3. 知识产权搭售、捆绑销售及一揽子许可

"搭售"与"捆绑销售"两词，在美国判例法中有时可互换使用。❶搭售可分为合同搭售（contract tying）及技术搭售（technological tying）。合同搭售是指专利产品的销售以购买非专利产品为条件。技术搭售可定义为搭售与被搭售产品在物理上捆绑在一起，或者在生产时仅使二者可以相兼容。❷

搭售在过去无须审查其实际的竞争后果而被视为本身违法。现在执法机构将考虑搭售协议的反竞争效果及其带来的效率，在符合下列条件下，反托拉斯执法机构适用合理规则审查知识产权相关的搭售及捆绑销售行为，❸并对符合以下条件的搭售提出反托拉斯法上的质疑：（1）在搭售商品上，卖方具有市场力；（2）协议对被搭售商品的相关市场的竞争具有不利影响；（3）协议的效率正当性不能抵消反竞争效果。❹

在单一许可或一组相关许可中包含多项知识产权的，为一揽子许可。若一项产品的许可以接受另一产品的许可为前提，则此种一揽子许可是一种搭售安排。在此情形下，执法机构将适用其他搭售安排相同的原则来评估其竞争效果。❺

4. 返　　授

返授是指被许可人同意将其对被许可技术所作出的改进授予许可人使用的合同安排。❻返授尤其是非独占性返授，有助于许可人及被许可人提高效率，促使双方风险共担。❼返授也可能对创新带来不利影响。尤其是独占性返授仅使原始许可人从后续发明中获益，将对创新产生抑制作用。执法机构对返授安排依据合理规则进行评估。评估中所考虑的一个重要因素是许可人在相关技术或创新市场是否具有市场力。

5. 不主张条款

不主张条款，是约定缔约方不向另一方主张专利或其他知识产权（使该方正在进行侵权性使用）的合同条款。❽对于不主张条款，有人认为可

---

❶　United States v. Loew's, Inc., 371 U.S. 38 (1962).

❷　U.S. DEP'T OF JUSTICE & FED. TRADE COMM'N, ANTITRUST ENFORCEMENT AND INTEL-LECTUAL PROPERTY RIGHTS: PROMOTING INNOVATION AND COMPETITION (2007), p. 107, n29.

❸❹❺　ANTITRUST-IP GUIDELINES § 5.3.

❻❼　ANTITRUST-IP GUIDELINES § 5.6.

❽　U.S. DEP'T OF JUSTICE & FED. TRADE COMM'N, ANTITRUST ENFORCEMENT AND IN-TELLECTUAL PROPERTY RIGHTS: PROMOTING INNOVATION AND COMPETITION (2007), at p. 88.

产生类似于专利许可的效率，也有人认为过宽的不主张条款的适用，如对范围或期限不作限制，可能会带来竞争法上的问题，如抑制独立创新。对于不主张条款应适用合理规则进行分析。

（六）　几种知识产权许可行为反托拉斯分析

1. 拒绝许可

专利权人单方拒绝专利许可是否构成专利滥用的问题，已为《美国法典》第 35 编第 271（d）（4）条❶所解决。不同专利的所有者之间协同的拒绝专利许可行为是否构成专利滥用，在实践中存在分歧。❷ 专利权人单方拒绝专利许可是否违反反托拉斯法则一直存在争议。美国联邦法院曾对此作出不同的判决。在柯达案中，第九联邦巡回上诉法院维持了单方拒绝知识产权许可行为者承担的《谢尔曼法》责任。❸ 而在 CSU 案中，美国联邦巡回上诉法院（CAFC）维持了有利于被告的简易判决。❹ 美国理论界及实务界人士认为，上述两案并未对单方拒绝专利许可的潜在反垄断责任提供明确指引，并在许可人及被许可人间造成不确定性。❺ 此外，是否对单方拒绝专利许可创设豁免存在争议。

反托拉斯执法机构认为，美国联邦巡回上诉法院明确驳回了版权持有者拒绝许可行为获得反托拉斯豁免的观点，指出《谢尔曼法》并未明确将原创作品的保护从反托拉斯法中豁免，故法院在创设默示豁免时应非常谨慎，❻ 且《美国法典》第 35 编第 271（d）（4）条本身并未创设拒绝许可的反垄断豁免，因此，拒绝许可行为不应从反托拉斯法中豁免。最高法院相关裁决支持了单方拒绝许可是专利授予的核心权利；❼ 若拒绝向竞争对手许可专利将承担反托拉斯责任，将促使公司伸手援助其竞争对手，构成与反托拉斯法宗旨的冲突，故一般的单方拒绝向竞争对手许可专利的行为，不应承担反托拉斯责任。但对于造成竞争损害的附条件的单方拒绝许

---

❶　此款规定，"[n]o patent owner otherwise entitled to relief for infringement or contributory infringement of a patent shall be denied relief or deemed guilty of misuse or illegal extension of the patent right by reason of his having... refused to license or use any rights to the patent ...".

❷　Princo Corp. v. ITC,616 F. 3d 1318 (Fed. Cir. 2010).

❸　In Image Technical Services,Inc. v Eastman Kodak Co., 125 F. 3d 1195 (9th Cir. 1997).

❹　In re Independent Service Organizations Antitrust Litigation,203 F. 3d 1322 (Fed. Cir. 2000).

❺　U. S. DEP'T OF JUSTICE & FED. TRADE COMM'N, ANTITRUST ENFORCEMENT AND INTELLECTUAL PROPERTY RIGHTS:PROMOTING INNOVATION AND COMPETITION (2007),at p. 16.

❻　Data Gen. Corp. v. Grumman Sys. Support Corp.,36F. 3d 1147,1185 (1st Cir. 1994).

❼　Dawson Chem. Co. v. Rohm & Haas Co.,448 U. S. 176,215 (1980).

可行为，可能会承担反托拉斯责任。❶

2. 专利纳入集体确定的标准

当集体确定的标准涉及知识产权时，则会产生反托拉斯法上的问题。例如，当一技术缺少有效的替代技术而标准组织将其纳入标准，不采用该标准而适用其他标准的成本高昂时，该技术的专利权人便可通过确定更高的使用费或更苛刻的许可条件（均和该技术确定为标准前比）来"挟持"或"阻抑"（hold up）希望执行该标准的企业。因此，将专利纳入集体确定的标准引发的反托拉斯争议，主要涉及以下问题。

（1）标准制定参与者的欺诈行为。

标准制定参与者在标准确定过程中实施了欺骗行为或未能披露相关知识产权，但在标准通过后主张实施标准的行为侵权，故要求使用者需征得许可并支付使用费。这是一种"专利伏击"行为。例如，在 Rambus 一案中，Rambus 向 JEDEC❷ 隐瞒并最终采纳属于 JEDEC 标准的几项技术正在申请专利或已被授予专利的事实，给 JEDEC 成员留下其在该标准中不拥有任何知识产权的实质性错误及误导性印象，完全无视 JEDEC 标准制定的规则及操作规程，即和拟定标准相关的专利必须披露。FTC 认为，Rambus 的欺骗行为及其要求相关标准使用者支付使用费的行为，赋予了 Rambus 垄断力量，构成《谢尔曼法》第 2 节下的排除行为。❸ Rambus 为此向哥伦比亚特区巡回上诉法院起诉。该院质疑 FTC 是否有充分的证据证明 Rambus 实施了欺诈行为，并认为 FTC 未能证明 Rambus 的行为是排除性的并由此非法垄断了相关市场，故推翻了 FTC 的裁决，要求 FTC 重审。❹

（2）标准制定参与者披露知识产权的义务及范围。

标准制定参与者披露知识产权的义务及范围，是与认定其在标准制定过程中的欺诈行为紧密相关的问题。在确定标准之前，若标准制定参与者未能向标准组织披露其知识产权，则专利所有者会"挟持"那些为适用该标准已进行重大投资，而放弃此种投资选择其他标准则过于昂贵的经营者。❺ 为了避免"专利挟持"的发生，许多标准组织要求参与者披露或者

---

❶ U. S. DEP'T OF JUSTICE & FED. TRADE COMM'N, ANTITRUST ENFORCEMENT AND IN-TELLECTUAL PROPERTY RIGHTS: PROMOTING INNOVATION AND COMPETITION (2007), at p. 6.

❷ Joint Electron Device Engineering Council.

❸ In re Rambus, Inc. , No. 9302 (F. T. C. July 31, 2006).

❹ Rambus Inc. v. FTC, 522 F . 3d 456 (CADC, 2008). FTC 于当年 6 月日请求 CADC "全员" (en banc) 复审其判决，遭到拒绝。该委员请求最高法院审查此案，亦未获得成功。

❺ Broadcom Corp. v. Qualcomm Inc. , 501 F. 3d 297, 310 (3d Cir. 2007).

放弃覆盖某一标准的知识产权。❶ 在确定标准制定参与者是否负有披露义务时，首先应判断该标准组织的书面知识产权政策是否要求制定参与者承担披露义务；其次，若该标准组织的书面知识产权政策对此不十分清晰，则应依据制定参与者对此政策的理解以判定是否存在披露义务。❷ 关于披露义务的范围，美国联邦巡回上诉法院在 Rambus Inc. v. Infineon Technologies AG 案中确定了实施该标准的"合理可能必要"（reasonably might be necessary）标准，即披露以实施该标准而必须再现的相关专利或专利申请中的权利要求为限。❸ 根据此种义务，任何与该标准具有关系（即使是模糊不清的关系）的专利或专利申请，均应被披露。❹

（3）纳入标准知识产权的许可条件。

纳入标准的知识产权许可，基本上有两种模式。一种为合理且非歧视模式（RAND），另一种为免费许可模式。标准组织及其成员对纳入标准的知识产权许可条件的讨论，存在反托拉斯法上的顾忌。反托拉斯执法机构在听取多方观点后认为：标准组织参与者事先考虑许可条件是促进竞争的；标准组织参与者事前联合考虑许可条件，也不构成本身违法；准许标准的潜在被许可人与知识产权持有者协商许可条件，以减缓"挟持"压力。对于此种联合行动，反托拉斯执法机构通常采用合理规则进行评估；知识产权所有者单方宣布许可条件不违反《谢尔曼法》第 1 节，单方宣布许可价格不违反该法第 2 节。❺

3. 组合交叉许可（portfolio cross licenses）及专利池（patent pool）

组合交叉许可，指两家公司分别向对方许可自己的大量专利，以避免侵权诉讼而达成的普通的双边协议。专利池，指多方专利所有者将其专利汇集一起，通过一联合实体，向专利所有者或第三方进行整体许可。有关专利池的最早记载始于 1856 年的缝纫机生产商之间，从那时起，工业界诞生了 100 多个专利池。❻

专利权重叠或专利丛林（patent thickets）为专利的单个许可带来很大

---

❶　MARK A. LEMLEY. Intellectual Property Rights and Standard-Setting Organizations [J]. Cal L. Rev.,2002(90):1889,1902.

❷　Qaulcomm Inc. v. Broadcom Co.,548 F. 3d 1004,1012 (Fed. Cir,2008).

❸　318 F3d 1081,1100.

❹　318 F3d 1081,1101.

❺　See U.S. DEP'T OF JUSTICE & FED. TRADE COMM'N, ANTITRUST ENFORCEMENT AND INTELLECTUAL PROPERTY RIGHTS:PROMOTING INNOVATION AND COMPETITION (2007),at p. 8.

❻　Gilbert,Richard. Patent Pools:100 Years of Law and Economic Solitude [C]. University of California,Berkeley Working Paper,2002.

的问题，而组合交叉许可及专利池降低了被许可人的交易成本，从而解决了这一问题。组合交叉许可及专利池也可能带来竞争者间固定价格、产量限制，或者限制创新等具有反竞争效果的问题。❶ 专利池有要求其成员须将其现有及未来的技术以低廉的价格向其他成员许可的制度安排，可抑制其成员从事研发的动力。反托拉斯执法机构认为：其将继续依照《知识产权反托拉斯指南》对组合交叉许可及专利池的竞争效果，按照合理规则进行分析。对于交叉许可，《知识产权反托拉斯指南》规定了一避风港，即交叉许可当事人在相关市场上的份额综合不超过 20%，且交叉许可的限制表面上不是反竞争的，可获得反垄断豁免。❷

在潜在或现存的专利池对竞争的影响方面，反托拉斯执法机构主要关注两点：一是专利池中处于水平关系上的许可方之间的协调可能导致下游产品的价格竞争的减弱。尤其是当专利池中纳入了替代技术的专利，可能导致最终产品市场价格的上升，其原因为该市场不存在可替代技术的竞争。❸ 二是专利池的参与者可通过专利池机制进行共谋，如交换竞争性敏感信息（如定价、市场或研发信息）。❹ 专利池可能抑制研发、新产品的开发及降低成本方法的创新。❺ 专利池对创新的损害或对竞争的影响的评估涉及以下因素：纳入专利池的专利为有效专利，专利池的倡导者建立了无效专利（或不可执行专利）排除的机制；许可人保留将其专利单独许可的权利；限制返授条款的范围；许可对所有感兴趣的被许可人开放；专利池对许可的内容提供清晰的说明。❻ 例如，在限制返授条款的范围方面，若返授限制专利池现存专利的创新，甚至仅限于对专利池必要专利的创新，从而仅将互补性专利纳入专利池，以及返授是非独占的，专利池被许可人可自由使用其发明并将其许可给其他人，❼ 则此种受到限制的返授不会引起反托拉斯方面的争议。

对专利池进行竞争效果的分析很大程度上取决于纳入专利池的专利的性质。专利池中包含互补性专利（complementary patents），即专利所覆盖的技术起到不同的功能但在制造被许可产品时一并应用，将带来降低许可使用费总额及最终生产成本的促进竞争的效果。专利池中包含可替代性专利，即专利所覆盖的是相竞争的技术，被许可的生产者将进行选

---

❶❸ ANTITRUST-IP GUIDELINES § 5.5.

❷ ANTITRUST-IP GUIDELINES § 4.3.

❹❺ U. S. DEP'T OF JUSTICE & FED. TRADE COMM'N, ANTITRUST ENFORCEMENT AND INTELLECTUAL PROPERTY RIGHTS:PROMOTING INNOVATION AND COMPETITION (2007),p. 67.

❻ U. S. DEP'T OF JUSTICE & FED. TRADE COMM'N, ANTITRUST ENFORCEMENT AND INTELLECTUAL PROPERTY RIGHTS:PROMOTING INNOVATION AND COMPETITION (2007),p. 72.

❼ 3C DVD Business Review Letter,p. 2,n. 2.

择适用的技术，将带来增加许可使用费总额的反竞争效果。❶ 因此，将替代性专利从专利池中排除需要判定某专利对遵循特定标准是否是必要的（essential）。❷ 将互补性的专利纳入专利池一般是促进竞争的，而将可替代的专利纳入专利池并不推定该专利池是反竞争的，对其竞争效果应进行个案分析。

对于专利池的许可条件，应在个案基础上进行促进竞争与反竞争效果的分析；反垄断执法机构一般不评判专利池许可费用的合理性，其关注的重点在于专利池的组成及其结构是否使专利池的参与者阻碍竞争，如在相关市场上提高价格或限制产量。❸

关于要求专利池部分专利的许可问题，反托拉斯执法机构认为，若专利池中的许可人保留单独许可其专利的权利且专利池的设计在其他方面均是促进竞争的，则不会引起反托拉斯的争议。要求准许专利池的部分许可将削弱专利池的主要的效率利益，即在技术提供方面提供"一站式购物"（one-shop shopping）。❹

4. "通达"（reach-through）许可协议

"通达"许可协议是指上游研究工具的专利权人，授权下游制造商使用该工具研发产品，而以下游产品的销售量或使用情况计算该专利许可对价的协议。获得专利的研究工具，主要指在医药及生物技术领域用来发现、提炼、设计或者限定潜在产品的技术。❺ "通达"许可协议促进了上游研究工具的使用，可提高效率。同时，"通达"协议在涉及多个研究工具所有人的情形下，可产生许可费累加（royalty stacking）的问题，❻ 从而阻碍了下游市场的创新活动。

---

❶ U. S. DEP'T OF JUSTICE & FED. TRADE COMM'N, ANTITRUST ENFORCEMENT AND INTELLECTUAL PROPERTY RIGHTS:PROMOTING INNOVATION AND COMPETITION（2007），p. 77.

❷ 6C DVD Business Review Letter, p. 10.

❸ U. S. DEP'T OF JUSTICE & FED. TRADE COMM'N, ANTITRUST ENFORCEMENT AND INTELLECTUAL PROPERTY RIGHTS:PROMOTING INNOVATION AND COMPETITION（2007），p. 9.

❹ U. S. DEP'T OF JUSTICE & FED. TRADE COMM'N, ANTITRUST ENFORCEMENT AND INTELLECTUAL PROPERTY RIGHTS:PROMOTING INNOVATION AND COMPETITION（2007），p. 84.

❺ U. S. DEP'T OF JUSTICE & FED. TRADE COMM'N, ANTITRUST ENFORCEMENT AND INTELLECTUAL PROPERTY RIGHTS:PROMOTING INNOVATION AND COMPETITION（2007），p. 93, n. 56.

❻ "许可费累加"，是指当存在多个许可人，被许可人需支付多份许可费的情形。有人担心，若多个上游的专利许可人均向下游的使用者收取许可费，在从商业角度看下游后续改进技术的商业化将无利可图的情形下，将窒息下游的后续创新活动。参见：U. S. DEP'T OF JUSTICE & FED. TRADE COMM'N, ANTITRUST ENFORCEMENT AND INTELLECTUAL PROPERTY RIGHTS:PROMOTING INNOVATION AND COMPETITION（2007），p. 93, n. 69.

对于上述几类知识产权许可类型，反托拉斯执法机构一般不会提出竞争上的质疑，同样也不会因上述协议的效率而放任不管。执法机构在审查上述许可行为时将考虑以下几个因素：（1）专利持有人是否在相关市场具有市场力；（2）许可行为是否鼓励了竞争者之间的非法协调；（3）许可机制的排除性是否阻碍了其他公司的市场进入；（4）许可行为是否减弱了对未来创新的激励。❶执法机构将继续适用具有灵活性的合理规则进行分析。❷

5. 将专利赋予的市场力延长至专利法定期限外的行为

将专利赋予的市场力延伸至专利法定期限外的行为，包括专利期限届满后仍收取许可费、签订长期的独占性合同（long term contracts involving exclusitiy）剥夺竞争对手或潜在的市场进入者供货渠道或客源、将专利与商业秘密捆绑一起。❸

超出专利有效期收取费用的行为，最高法院曾在 Brolotte 案❹认定构成"本身专利滥用"（*per se* patent misuses），但此案并不涉及反垄断的诉求。此外 Brolotte 案裁决招致诸多批评。有法官认为，在专利届满后被许可人继续支付许可费并未延长专利有效期，因为如果被许可人在专利期限届满后同意继续付费，则许可费的数额会更低。❺长期的独占性合同，因其阻碍了新的市场进入者，故其也有可能造成竞争上损害。将专利与商业秘密捆绑许可的行为，在专利期限届满后，许可亦有可能变成卡特尔机制，从而损害市场竞争。❻

判定将专利赋予的市场力延长至专利法定期限之外的行为的反托拉斯问题的出发点在于涉及专利是否具有市场力。❼如果其具有市场力，则评

---

❶ U.S. DEP'T OF JUSTICE & FED. TRADE COMM'N, ANTITRUST ENFORCEMENT AND INTELLECTUAL PROPERTY RIGHTS：PROMOTING INNOVATION AND COMPETITION（2007）,p. 99, n. 98.

❷ ANTITRUST-IP GUIDELINES § 3.4.

❸ U.S. DEP'T OF JUSTICE & FED. TRADE COMM'N, ANTITRUST ENFORCEMENT AND INTELLECTUAL PROPERTY RIGHTS：PROMOTING INNOVATION AND COMPETITION（2007）, p. 116.

❹ Brulotte v. Thys Co.,379 U.S. 29（1964）.

❺ Scheiber v. Dolby Laboratories,Inc.,293 F.3d 1014,1017（7th Cir. 2002）.

❻ U.S. DEP'T OF JUSTICE & FED. TRADE COMM'N, ANTITRUST ENFORCEMENT AND INTELLECTUAL PROPERTY RIGHTS：PROMOTING INNOVATION AND COMPETITION（2007）, at p. 119.

❼ 所谓市场力，是指在一定时期内专利持有人可有利地将价格维持在竞争水平之上、将产量控制在竞争水平之下的能力。参见：ANTITRUST-IP GUIDELINES § 2.2.

估其是否不合理地将其市场力延伸至有效期之外。专利持有人超出专利法定有效期收取许可费可能会引起反托拉斯的问题，但此种做法可使被许可人在更长的时段内支付较低的许可费，可减少由于专利垄断权高额的许可费而造成许可减少的"无谓损失"（deadweight loss），使得专利权人可获取专利的充分价值，从而维护了对创新的激励。❶ 因此，对此种行为、签订独占性合同以及将专利与商业秘密捆绑的行为，反托拉斯部门将采取合理规则进行竞争效果上的审查。如果上述行为仅是一种伪装，例如，其目的在于与竞争对手分割市场，则可认定其本身违法。❷

（七）知识产权的获取

知识产权的获取主要是指通过知识产权转让的方式取得知识产权。美国对知识产权转让曾规定了较为严格的限制。例如，美国司法部在 20 世纪 60 年代对 9 种与知识产权转让相关的限制竞争条款使用本身违法规则。此九种限制包括：（1）要求被转让人从转让人处购买与专利权无关的资料；（2）要求被转让人向转让人转让许可协议生效后取得的所有专利；（3）限制专利产品销售中的买主；（4）限制被转让人关于专利权范围之外的产品或者服务的交易自由；（5）转让协议规定未经被转让人同意，转让人不得向其他任何人授予许可；（6）要求被转让人订立一揽子许可协议；（7）要求被转让人对其整个产品的销售支付转让费，甚至包括与专利权无关的产品销售；（8）限制方法专利被转让人销售由此种方法生产的产品；（9）要求被许可人按照固定价格或最低价格销售相关产品。❸

执法机构在《知识产权许可反托拉斯指南》对知识产权获取表达了不同的反托拉斯审查标准，主张某些类型的知识产权转让最适宜通过适用分析合并的原则和标准，尤其是对《1992 年横向合并指南》确定的原则和标准进行分析。执法机构将适用合并的分析方法，分析知识产权所有者完全出售其对某知识产权享有的全部权利，并对一个人通过授权、购买排他权的方式获取知识产权的交易进行分析。对于此种交易可根据《克莱顿法》第 7 节、《谢尔曼法》第 1、2 节和《联邦贸易委员会法》第 5 节进行

---

❶ U. S. DEP'T OF JUSTICE & FED. TRADE COMM'N, ANTITRUST ENFORCEMENT AND INTELLECTUAL PROPERTY RIGHTS：PROMOTING INNOVATION AND COMPETITION（2007），p. 12.

❷ ANTITRUST-IP GUIDELINES § 3.4.

❸ American Bar Association, The 1995 Federal Antitrust Guidelines for the Licensing of Intellectual Property, Commentary and Text, at p. 5.

评估。❶

（八）在专利侵权诉讼中的反向排除支付和解

在前文讨论欧盟知识产权滥用反垄断规制问题时已经提及反向排除支付和解（reverse exclusionary payment settlement）问题。美国同样遇到了类似问题。此问题目前主要出现在医药专利领域。以下便为一典型案例。❷ Bayer AG（以下简称"Bayer"）是处方抗生素药物 ciprofloxacin hydrochloride（以下简称"Cipro"）的活性成分的专利（专利号 4,670,444）持有人。为了制止仿制药厂家进入市场，Bayer 向该药潜在的仿制药厂商 Barr Laboratories, Inc（以下简称"Barr"）等提起了侵权诉讼。在诉讼过程中，Bayer 与 Barr 在 1997 年 1 月达成了反向排除支付或"支付或推延"（pay-for-delay）协议，其主要内容为：专利权人向被控侵权人支付一笔费用，双方对侵权案达成和解，而被控侵权人认可涉案专利的效力，并承诺在专利保护期届满前不进入该药品市场。Ark Carpenters Health & Welfare Fund 等为 Cipro 药品的直接购买者，其认为在前述专利侵权案件中，原被告达成的反向支付协议违反了《谢尔曼法》第 1 条规定，故向纽约东区联邦地区法院提起诉讼（以下简称"Ark Carpenters"案）。初审法院作出有利于被告方的简易判决，美国联邦第二巡回上诉法院维持了该判决。该院遵循了其在 In re Tamoxifen Citrate 反托拉斯诉讼（以下简称"Tamoxifen"案）中的裁判理由：❸ 除非能够证明涉案专利是通过欺诈手段获取的，或者权利人提起的侵权诉讼是客观上毫无根据的，只要被限制的竞争仍限于专利的范围之内，则反向支付和解对依照现行反托拉斯法界定的市场未产生损害。❹ 在 Tamoxifen 案中，法院认为因专利权人有权保护其对专利产品享有的制造及销售的合法垄断权，故原告不具备反托拉斯诉求。反向排除支付和解实质上涉及其是否为非法的市场共享协议问题。美国反托拉斯执法及法院对此问题存在分歧。美国联邦贸易委员会一直以来坚持此种协议违反了反托拉斯法，并质疑此类协议不合理地限制了竞争；许多法院则认为此类协议在药品专利权的排他权范围之内，也有个别法院认定此类协议构成本身

---

❶ ANTITRUST-IP GUIDELINES § 5.7.

❷ 此案例的案情及法院裁决的理由见 Ark Carpenters Health & Welfare Fund v. Bayer AG. 案的判决书，此案由美国第二联邦巡回上诉法院 2010 年 4 月 29 日裁决。

❸❹ 466 F. 3d 187,213 (2d Cir. 2005).

违法。❶ 在 Ark Carpenters 案中，第二巡回上诉法院认为专利侵权诉讼中的反向排除支付和解协议的反托拉斯影响"尤为重要"（exceptional importance），故邀请原告（上诉人）申请该院全员复审此案。❷

（九）无效知识产权的执行❸

执法机构认为将执行无效的知识产权可能违反了反托拉斯法。执行或试图执行通过欺诈手段在专利商标局取得的专利，可能违反了《谢尔曼法》第 2 条，❹ 或者违反了《联邦贸易委员会法》第 5 条。在专利商标局实施的不当行为，除非其为明知、故意的欺诈且《谢尔曼法》第 2 条其他要件均以成就，否则不适用该法的规定。为执行无效的知识产权而进行的客观上毫无根据的诉讼也可构成对《谢尔曼法》第 2 条的违反。❺

---

❶❷　In re: Ciprofloxacin Hydrochloride Antitrust Litigation, Docket Nos. 05 – 2851 – cv（L）, 05 – 2852-cv（CON）.

❸　Enforcement of invalid intellectual property rights，此处的"enforcement"（执行），包括向法院提起诉讼以主张权利的含义。

❹　Handgard, Inc. v. Ethicon, 743 F. 2d 1282（9th Cir. 1984）. 在此案中，Handgard 已证明：（1）Ethicon 申请专利时存在恶意；（2）Ethicon 具有垄断相关市场的意图；（3）存在达此意图的危险可能性。

❺　ANTITRUST-IP GUIDELINES § 6.

第11章
我国滥用知识产权垄断行为的执法标准

> 本章对我国现行法下所规定的知识产权滥用行为进行了概括，探讨了知识产权滥用的认定以及因滥用知识产权构成垄断的判定标准问题。此外，本章具体研究了几类知识产权行使的反垄断法规制问题，包括知识产权人拒绝许可、知识产权产品不公平定价、知识产权许可限制以及专利池涉及的标准等。

《反垄断法》第55条针对知识产权行使与《反垄断法》适用的交叉问题，明确当经营者滥用知识产权，排除、限制竞争时，则优先适用《反垄断法》的规定。由于此条规定非常原则，其适用给人民法院及反垄断执法机构带来很大的挑战。结合上文研究内容，本书认为，最高人民法院在制定相关司法解释，或者反垄断委员会制定《知识产权行使的反垄断指南》时，从实体规范的角度出发，应研究解决以下问题：（1）中国现行法律规范下知识产权滥用的界定问题；（2）滥用知识产权，排除、限制竞争行为的认定；（3）几类知识产权行使的限制行为反垄断法分析。本章依次研究上述问题。

一、我国现行法律规范下知识产权滥用的界定
（一）知识产权滥用行为的种类概括

本书第九章对中国现行主要法律规范（包括法律、司法解释及行政法规）

所规定的知识产权滥用行为进行了列举。上述滥用行为，可分为以下类型。

1. 排他性交易行为

排他性交易行为，是指限制当事人一方在合同标的技术基础上进行新的研究开发或者限制其使用所改进的技术的行为，以及限制受让人从其他来源获得与让与人提供的技术类似的技术或者与其竞争的技术的行为。此类限制为《技术合同司法解释》第 10 条第 1、2 项及《技术进出口管理条例》第 29 条规定第（4）项所规定。

2. 搭售或捆绑销售

搭售或捆绑销售，是指知识产权人要求受让者或被许可人接受并非实施该知识产权必不可少的附带条件。此类限制为《技术合同司法解释》第 10 条第 4 项、《反不正当竞争法》第 12 条及《技术进出口管理条例》第 29 条所规定。

3. 对知识产权效力不质疑

对知识产权效力不质疑，是指知识产权人限制受让人或被许可人对涉及的知识产权的效力不得提出质疑，或者附加条件。此类限制为《技术合同司法解释》第 10 条第 6 项及《对外贸易法》第 30 条所规定。

4. 强制一揽子许可

强制一揽子许可，是指知识产权人要求被许可人在一份协议或一系列协议中必须接受其多项知识产权的许可。此类限制为《对外贸易法》第 30 条规定所规定。

5. 不合理返授条款

不合理返授条款，是指协议条款要求一方将其自行改进的技术无偿提供给对方、非互惠性转让给对方、无偿独占或者共享该改进技术的知识产权，或者要求给予排他性返授，或者规定双方交换改进技术的条件不对等。此类限制为《技术合同司法解释》第 10 条第 3 项、《对外贸易法》第 30 条及《中外合资经营企业法实施条例》第 43 条所规定。

6. 超出专利权保护期收取使用费

超出专利权保护期收取许可使用费，是指许可人要求被许可人或受让人在专利权有效期限届满后或者对专利权被宣布无效的技术支付使用费。

此种限制为《技术进出口管理条例》第 29 条规定第（2）项所规定。

7. 其他不合理限制条款

其他不合理限制条款，包括阻碍当事人一方根据市场需求，按照合理方式充分实施合同标的技术，或者限制受让人或者被许可人出口其产品的地区、数量和价格。此类限制为《技术合同司法解释》第 10 条第 3 项以及《中外合资经营企业法实施条例》第 43 条规定。

（二）知识产权滥用的标准

我国现行法中的知识产权滥用行为，为不同层级的法律规范所规定。人民法院或执法机关在处理涉及知识产权滥用的案件时，对于有明确规定的知识产权滥用行为，应直接认定滥用行为或者对知识产权转让或许可所施加的限制无效。然而，现行法律规范对知识产权滥用行为的列举并非穷尽式的。对于判定未落入现行法律明确规定的知识产权滥用范围之内的行为是否构成滥用，人民法院或执法机关应按照如下标准进行判定：

（1）知识产权人行使权利的行为是否损害了国家的、社会的及他人的合法权益。

我国《宪法》《民法通则》等法律明确规定了权利应依法行使的基本原则，即权利的行使不得损害国家的、社会的及他人的合法权益。知识产权人滥用权利的行为削弱或阻碍了市场竞争，阻碍了创新及科技进步，损害了国家利益及社会的公共利益。

（2）知识产权人行使权利的行为是否超出了法律所明确赋予的特定知识产权的权利范围。

知识产权的客体是无形的，但是知识产权的权利范围是可以限定的，而大多知识产权的保护期也有明确的限制。如对于专利权，专利的权利要求书限定了其保护范围，专利法明确规定其保护期最长为 20 年。而专利权滥用行为，明显超出了该专利的保护范围或者有效期范围。例如，专利权人在专利权期限届满后仍收取许可使用费的，本身已超出了法律授权的时限；专利权人的搭售，超出了法律授予的排他权的范围。

（3）知识产权人行使权利的行为是否限制或者剥夺了法律所赋予的包括被许可人或受让人在内的社会公众所享有的权利。

例如，作为知识产权受让人或被许可人享有契约自由的权利，而排他性交易则对此种权利造成损害。再如，禁止许可人或受让人对涉及专利的效力提出质疑（如提出宣告无效请求），则限制了专利法所规定的任何人

均可对已授权专利提出无效宣告请求的权利。❶

二、滥用知识产权，排除、限制竞争行为的认定

（一）滥用知识产权与构成垄断之间的关系

滥用知识产权的行为，如《合同法》第 329 条所规定的非法垄断技术、妨碍技术进步的合同行为，在许多情况下不仅侵害了合同相对人的利益，更为重要的是对市场竞争造成了影响，损害了国家利益或社会公共利益。因此，滥用知识产权行为必将对市场竞争造成不利的影响，但其影响并非全部达到了构成违反反垄断法的程度。因此，知识产权滥用的范围比知识产权的行使而构成垄断的范围要广。权利人或许可方是否具有市场支配力量，不是判断知识产权是否滥用的要件，根据许可协议条文本身就可判定是否存在知识产权滥用。❷

（二）排除、限制竞争行为的认定

滥用知识产权的行为与行使知识产权排除、限制竞争的行为（垄断行为或垄断性滥用行为）对竞争的影响不同。滥用行为，只有达到排除、限制竞争效果的，方构成垄断。对于中国现行法所规定的知识产权滥用行为，在何种情形下构成垄断，《反垄断法》并未给出明确指引。本书将结合《反垄断法》的原则规定，借鉴欧美法律、竞争政策及实践，从知识产权协议中的限制竞争行为、知识产权人滥用市场支配地位的行为以及基于知识产权滥用目的的企业联合或合并三个层面进行探讨。

1. 知识产权协议中的限制竞争行为

知识产权协议，主要是指知识产权转让、许可协议。此种协议既可是具有竞争关系的经营者所达成的横向协议，如均为专利权人之间的交叉许可协议，也可为不具有竞争关系的经营者所达成的纵向协议，如专利权人与其专利产品的制造商所达成的专利许可协议。应该指出的是，中国现行法律所规范的知识产权滥用行为多为知识产权纵向协议。

由于经营者之间的关系不同，认定二者间协议是否为垄断协议的标准

---

❶　《专利法》第 45 条。

❷　In re Napster,Inc. Copyright Litigation,191 F. Suup. 2d 1087,1104（2002）.

也不相同。因此，为判定知识产权人通过协议的方式滥用知识产权是否构成垄断，人民法院或执法机构应首先对其与协议相对方之间的关系进行确定，即分析二者为横向关系、纵向关系或者二者兼具，然后依据《反垄断法》第 13 条、第 14 条的规定，判定该协议是否构成垄断协议，并进而判定该协议能否依据《反垄断法》第 15 条的规定予以豁免。

2. 知识产权人滥用市场支配地位的行为

中国现行法律规范所规定的知识产权滥用行为，在本质上属于权利人滥用市场支配地位或准市场支配地位的行为。在认定知识产权人行使权利的行为构成滥用之后，人民法院或执法机构应分析知识产权人是否具有市场支配地位，并进而结合《反垄断法》第 17 条的规定，判定其是否构成滥用市场支配地位行为。在此过程中，需解决如下几个问题。

（1）相关市场的界定。

市场支配地位的评估应在一定市场范围之内，即相关市场内进行。依据《相关市场界定的指南》，相关市场需要界定相关商品市场、相关地域市场及相关技术市场。而根据欧美相关实践经验，相关市场还可能包括创新市场。事实上，知识产权人滥用市场支配地位行为，对新产品、新技术的研发造成很大影响。因此，我国相关部门在反垄断执法过程中，也应合理界定相关创新市场，以评估滥用市场支配地位行为可能对其造成的影响。

（2）知识产权与市场支配地位。

欧美竞争政策及司法实践均认为，拥有知识产权并不推定具有市场支配地位。受知识产权保护的产品、方法或者服务往往在市场上可以找到替代品。因此，本书认为，中国应采取类似的竞争政策，❶ 并依据《反垄断法》第 18 条规定的因素，在个案中认定知识产权人在相关市场内是否具有支配地位。对于符合《反垄断法》第 19 条规定情形的，应推定知识产权人具有市场支配地位。

（3）认定滥用市场支配地位的分析方法。

从欧盟的竞争政策及实践来看，对于知识产权行使可能导致垄断的行为，其规定了少量的"核心限制"条款。该条款的存在将导致相关行为不能获得整体豁免，并导致整个协议的无效。美国法对知识产权行使相关的

---

❶ 我国反垄断执法机构在起草制定相关反垄断政策时，持相似立场。如《工商行政管理机关禁止滥用知识产权排除、限制竞争行为的规定（征求意见稿）》第 6 条第 2 款规定："经营者拥有知识产权可以构成认定其市场支配地位的一个因素，但是经营者不仅仅因为拥有知识产权而直接被推定为在相关市场上具有市场支配地位。"国家工商总局于 2014 年 6 月 10 日在其门户网站（www.saic.gov.cn）公开了此征求意见稿。

反托拉斯行为，除个别明显将对市场竞争产生不利影响而直接适用本身违法规则的，对大多数行为均适用合理规则进行分析。我国《反垄断法》第17 条的立法用语表明，在认定经营者是否构成滥用市场支配地位行为方面，需判定其实施某一行为时有无"正当理由"，即所采用的是不是合理规则。知识产权人行使知识产权，排除、限制竞争的行为，在分析方法上与一般的垄断行为并无差异。因此，也应适用合理规则进行分析。在适用合理规则时，应判定某行为所带来的效率提高的利益是否足以抵消其所带来的反竞争的效果。

对于经营者滥用市场支配地位的行为，我国《反垄断法》似乎并无"核心限制"条款，个别行为应直接适用"本身违法"规则的规定。此种做法虽显得对经营者较为"宽容"，但不利其对相关行为所产生的竞争效果作出合理预期，也未体现《反垄断法》及竞争政策对某些赤裸的限制竞争行为所给出的、直接的否定性评价，因此，本书认为这是种值得商榷的立法方法。

3. 基于知识产权滥用目的的企业联合或合并

基于知识产权滥用目的的企业联合或者合并，从表现形式上主要为企业间的知识产权转让、许可（包括交叉许可、组合专利许可）、集体制定相关标准及建立专利池等。对于上述行为，执法机构要从其对竞争所产生的影响、市场的结构状况、效率和正当理由等方面综合权衡。尤其是当此种联合或合并行为，对市场尤其是对创新市场带来重大影响时，执法机构应依照经营者集中的规则进行审查。当然，这不仅会涉及集中的问题，也会涉及经营者达成垄断协议或者滥用市场支配地位的复杂问题。例如，在美国微软公司收购芬兰诺基亚公司设备和服务业务案的经营者集中反垄断审查案中，❶ 商务部按照《反垄断法》及配套规定，分析了微软的移动智能终端操作系统、移动智能终端相关专利和诺基亚的智能手机业务之间存在的纵向关联，考察了集中后诺基亚持有的移动通信标准必要专利可能引发的专利滥用问题对中国智能手机市场的影响，对此项经营者集中进行了审查，并做出了附加限制性条件批准此项经营者集中的决定。

三、几类知识产权行使的行为反垄断法分析

知识产权行使的垄断行为，由于知识产权要素的存在，使其在反垄断

---

❶ 《关于附加限制性条件批准微软收购诺基亚设备和服务业务案经营者集中反垄断审查决定的公告》（商务部公告 2014 年第 24 号）。

法分析方面具有一定的特色，也带来了一定的难度。本书将结合欧美立法例、竞争政策及实践，对几类我国理论及实务界较为关注的知识产权行使行为进行反垄断法分析。

（一）知识产权人拒绝许可问题

我国《反垄断法》第 17 条第 3 项规定，具有市场支配地位的经营者无正当理由，拒绝与交易相对人进行交易的，属于滥用市场支配地位的行为。知识产权人拒绝许可行为是否违法该项规定，是一值得讨论的问题。

从我国知识产权法律的规定及实践情况来看，除非在个别例外情形下，❶ 知识产权人有权拒绝许可他人实施自身享有的知识产权。从我国对知识产权滥用行为的规范及实践上看，知识产权人拒绝许可并未被规定为滥用行为。尤其是在承认知识产权的拥有并不等于具有市场支配地位的前提下，知识产权人拒绝许可行为，一般不会产生反垄断法的问题。美国及欧盟的竞争政策及实践对中国在此问题上具有某些启发。

依据美国的法律及实践，知识产权人单方无条件拒绝许可行为，一般不会引起反托拉斯法上的关注。也就是说，当知识产权所有者对拒绝许可附加一些条件时，仍旧有可能引发反托拉斯法上的争议。欧盟在此问题上已形成了较为完善的规则。欧盟将相关市场细分为初级市场及次级市场，或者说上游市场及下游市场。知识产权人在初级市场的拒绝许可行为，不会引发反垄断法上的争议。但在特定条件下，即知识产权人拒绝许可下游市场竞争者客观上需要的产品或服务，可能导致消除下游市场的有效竞争并可能导致消费者损害的，反垄断执法机构将认定在初级市场上具有支配地位的知识产权所有者构成滥用，并承担反垄断法上的责任。

本书认为，美国及欧盟的做法值得中国借鉴。在具有市场支配地位的知识产权人有条件地单方拒绝许可的情形下，可能对交易条件相同的交易相对人构成差别待遇，从而违反了《反垄断法》第 17 条的规定。在上游市场具有市场支配地位的知识产权人，若其知识产权构成下游市场经营者的必要设施，其对下游市场竞争者拒绝许可将消除下游市场的竞争，并损害消费者利益，因对整个市场竞争及消费者带来了不利影响，也应被认定为违法。我国反垄断执法机构显然已注意到此问题，并在拟定的竞争政策

---

❶ 此种例外情形提在了中国专利法所规定的强制许可情形，见现行《专利法》第六章的相关规定。

中纳入制止此类垄断行为的条款。❶

（二）知识产权产品的不公平定价问题

具有市场支配地位的知识产权人对其知识产权产品的定价享有很大的自由权。因为知识产权的研发需要很大的人力、物力投入，有时成本难以准确界定。因此，其他法域如欧盟对知识产权产品的定价很少进行干预。然而，如果在质量上及开发成本投入上具有可比性的相同的知识产权产品在同样具有可比性的市场环境中定价差异极大，则应引起反垄断执法机构的关注。此外，对于标准必要专利的许可，若专利权利人对标准实施者的许可费标准差异较大，将可能构成对 FRAND 规则的违反，从而承担反垄断法规定的责任。❷

（三）知识产权许可限制条件的反垄断法分析

根据我国的立法及实践，在知识产权转让或许可合同中的不质疑条款、超出专利有效期收取许可使用费、搭售或捆绑销售、独占性交易、强制一揽子许可等，均为知识产权滥用行为。参照欧美法律、竞争政策及实践，以及我国《反垄断法》的相关规定，判定此类行为是否构成垄断需要判断知识产权人是否具有市场支配地位。在其具有市场支配地位的情形下，则需依照合理规则进行分析，而不应认定上述滥用行为一概构成垄断。同样对于实践中出现的新的许可类型，如美国实践中出现的所谓"通达许可"协议，或者"反向专利和解"，也应按类似思路处理，或者结合经营者集中的相关规定进行分析。

（四）滥用知识产权制度的反垄断法分析

滥用知识产权制度主要包括以下两种情形：一为知识产权申请者明知自己意图获得的某些知识产权根本不符合法律所规定的授权条件，仍向相关知识产权主管部门申请，甚至采取了欺诈等不当手段，并在获得授权后指控他人侵权；二为明知自身知识产权当属无效，或他人行为不构成侵

---

❶　如《工商行政管理机关禁止滥用知识产权排除、限制竞争行为的规定（征求意见稿）》第 7 条第 1 款规定："具有市场支配地位的经营者没有正当理由，不得在其知识产权构成生产经营活动必需设施的情况下，拒绝许可其他经营者以合理条件使用该知识产权。"

❷　关于此问题，详见本书第 12 章。

权，仍向人民法院或行政执法部门起诉或投诉别人侵权。在中国司法实践中已出现过类似的案例。如北京明日电器设备有限责任公司诉被告维纳尔（北京）电气系统有限公司（以下简称"维纳尔公司"）损害赔偿纠纷案中，原告认为，被告利用我国专利授权制度中对外观设计专利申请不进行实质审查的规定，在明知涉案专利不符合授权条件的情况下，提起诉讼并申请法院冻结了原告的银行账户，影响了原告的生产经营，原告还为此支付了律师费用。被告的行为具有恶意，给原告造成了经济损失，故诉至法院。受诉法院认为，鉴于被告在提起侵犯专利权诉讼时依据的是经国家知识产权局合法授权的、有效的外观设计专利，在四项外观设计专利最终被宣告为无效时，被告也及时申请撤回起诉，故原告主张被告明知涉案专利不符合授权条件而提起侵犯专利权的诉讼并以此方式恶意侵害原告的相关权利，依据不足，故不予支持。❶ 再如，本田公司与双环公司汽车外观设计专利侵权纠纷案中，2003 年 10 月，双环公司向石家庄市中级人民法院提起诉讼，请求法院依法确认双环公司的"来宝"S-RV 产品不侵犯本田CR-V 外观专利。石家庄市中级人民法院于 2009 年 7 月作出（2003）石民五初字第 00131 号一审判决，认为本田"在其涉案专利被宣告无效后，仍然坚持对双环公司的侵权请求，具有明显的过错和恶意性质"。法院判决除确认双环不侵犯本田专利权外，还判决本田公司赔偿双环公司因停产、推迟涉案产品上市时间等造成的损失2 579万元。本田公司不服判决上诉至河北省高院。❷ 于 2011 年 4 月 1 日起施行的、修改后的《民事案件案由规定》增加了"因恶意提起知识产权诉讼损害责任纠纷"的诉由。

以上两种情形应采取相同的反垄断分析方法。在诉讼过程中或者在诉讼终结之后，作为受到侵害的被告可以针对原知识产权所有者提起不正当竞争诉讼。本书认为，此种行为完全符合了不正当竞争行为的构成要件。至于此种行为是否违反了反垄断法，则要分析知识产权人在相关市场上是否占有支配地位，及其行为对市场竞争所造成的损害。如果能够认定其在相关市场上具有支配地位，且已指控多个经营者行为侵权，对市场竞争产生了不利影响，则其行为违反了反垄断法。

---

❶ 北京市第二中级人民法院民事判决书（2007）二中民初字第 15445 号。
❷ 因最高人民法院经再审作出（2010）行提字第 3 号行政判决，撤销了北京市高院（2007）高行终字第 274 号行政判决、北京市一中院（2006）一中行字第 779 号行政判决，以及国家知识产权局专利复审委员会第 8105 号无效宣告请求审查决定。河北省高院作出民事裁定，裁定撤销河北省石家庄市中院（2003）石民五初字第 00131 号民事判决，将此案发回石家庄市中院重审。

（五）专利池及涉及专利的标准制定中的反垄断分析

从欧美的竞争政策及实践来看，专利池有利于降低专利授权的成本，解决"专利丛林"及授权的效率问题。但是，专利池也会带来反垄断法的问题，如专利池参与者的共谋、限制价格或产量、抑制创新等。专利池对创新的损害或对竞争的影响的评估应依据合理规则，在个案基础上进行审查：纳入专利池的专利是否为有效专利；纳入专利池的专利是互补性的专利还是替代性专利；专利池的参与者是否保留将其专利单独许可的权利；返授条款的范围是否适当等。

数个或多个经营者集体确定的标准涉及的专利问题同样也会引起反垄断法上的问题，例如，标准组织成员的欺诈行为，隐瞒了已被纳入标准的技术已申请专利或已获得授权的事实，即实施"专利伏击"行为，或者对标准的许可条件没有采取 FRAND 许可条款或免费许可，从而造成对交易相对方的歧视性对待。在专利被纳入标准的情况下，标准的制定者及权利人应在公平合理条件下向所有的市场进入者开放技术。因此，对于涉及专利或其他知识产权标准的反垄断分析，也应按照合理规则，在个案中认定。

国家标准的制定亦涉及知识产权问题，并产生了若干纠纷。例如，在广西南宁邕江药业有限公司（以下简称"邕江公司"）诉河南省天工药业有限公司（以下简称"天工公司"）侵犯发明专利权纠纷案中，焦点问题是天工公司按照国家药品标准生产"贝智高"复方赖氨酸颗粒是否侵犯邕江公司"一种治疗颅脑外伤及其综合症的药物组合物"发明专利权。受诉法院认为，邕江公司的发明专利技术转化成国家药品标准后，他人按照国家药品标准生产药品属于实施专利技术的行为，仍应取得专利权人的许可；天工公司虽然是按照国家药品标准生产药品，但这种实施专利的行为没有经得邕江公司许可，已经构成侵犯专利权。❶

我国国家标准、行业标准的制定越来越多地涉及知识产权。如何通过合理的披露制度，保护标准采用者的利益是我国迫切需要解决的问题。最高人民法院对相关案件的披露指出，❷ 鉴于目前我国标准制定机关尚未建立有关标准中专利信息的公开披露及使用制度的实际情况，专利权人参与了标准的制定或者经其同意，将专利纳入国家、行业或者地方标准的，视为专利权人许可他人在实施标准的同时实施该专利，他人的有关实施行为

---

❶ 见广西壮族自治区高级人民法院民事判决。

❷ 见最高人民法院《关于朝阳兴诺公司按照建设部颁发的行业标准〈复合载体夯扩桩设计规程〉设计、施工而实施标准中专利的行为是否构成侵犯专利权问题的函》，(2008) 民三他字第 4 号。

不属于《专利法》第 11 条所规定的侵犯专利权的行为。对于专利权人不进行信息披露的，纠纷应如何处理，以及上述药品专利案件中涉及的实施国家标准问题，行为人是否构成侵权，均是需要研究解决的问题。本书认为，标准涉及知识产权的，应要求标准的制定者履行充分披露的义务。知识产权人参与标准的制定并将受到专利保护的技术纳入标准的，应承诺采用 RAND 条件许可使用；隐瞒标准中包含自己享有的知识产权的，应视为其权利人已放弃其权利，或者默示许可该标准的采用者无偿使用该知识产权。

相对于其他知识产权而言，标准与专利的关系更为密切。为解决标准涉及的专利问题，促进国家标准合理采用新技术，保护社会公众和专利权人及相关权利人的合法权益，国家标准化管理委员会、国家知识产权局于 2013 年 12 月 19 日发布了《国家标准涉及专利的管理规定（暂行）》，自 2014 年 1 月 1 日起施行。此管理规定对专利信息的披露、专利实施许可等进行了明确。虽然此项管理规定仅属部门规章，但其为我国反垄断执法部门、人民法院的执法或司法工作提供了参考。

我国《反垄断法》第 55 条从立法层面上规定了知识产权法与反垄断法的交叉问题。然而，由于该条规定较为原则，无法为人民法院及反垄断执法机构提供明晰的指引，故该条的适用问题成为法学理论界及实务界研究讨论的重点。本章结合中国现行法律规范有关知识产权滥用行为的规定，比较研究了欧美等反垄断及知识产权执法较为成熟的法域的立法、竞争政策及实践，提出了我国《反垄断法》第 55 条的适用建议。

本书认为，中国现行法律法规下的知识产权滥用，与知识产权行使构成的垄断，在对竞争造成的不良影响上存在程度上的差异。知识产权滥用行为构成垄断的，不是单独的垄断行为类型，应分别将其归类与垄断协议、滥用市场支配地位及经营者集中进行审查。在判定知识产权滥用是否构成垄断协议方面，应首先判定经营者之间的关系，然后按照横向关系、纵向关系并结合豁免规则进行判定。对于滥用市场支配地位，本书认为知识产权的拥有不等同于占有市场支配地位。知识产权人行使权利的行为，应在相关市场范围内，主要适用合理规则进行判断。知识产权的许可、转让、纳入标准、专利池等也会对市场竞争造成影响，一方面应依照垄断协议、滥用市场支配地位的规定进行审查，在有些情形下，也应适用有关经营者集中的标准进行审查。本书对几类常见的知识产权行使行为进行了反垄断法分析，包括知识产权所有者拒绝许可、知识产权产品的不公平定价、将知识产权纳入标准、专利池等，提出了应以个案事实为准、适用合理规则进行分析的建议。

第12章
新进展：FRAND 规则及反垄断规制的中国实践

标准必要专利的 FRAND 规则是知识产权滥用反垄断法规制的前沿问题。标准必要专利的"公平、合理、无歧视"规则（"FRAND 规则"）设计的目的是为了消除专利纳入标准所带来的挟持效应，并使专利持有人获得充分回报。由于 FRAND 含义的模糊性，有关 FRAND 许可的诉讼在各主要法域均有发生。华为公司诉数字交互集团案（"华为案"），作为世界上首例通过判决确定 FRAND 许可费率及专利持有人因违反 FRAND 规则而承担反垄断法责任的案件，在国内外产生了重大影响。本章通过对华为案的介绍，并结合美、日、欧等法域的相关最新判例，研究了 FRAND 规则含义、价值、FRAND 许可费率的确定及其反垄断规制等重要问题，并就 FRAND 规则及违反该规则的损害赔偿数额的计算等提出了完善建议。

华为公司诉交互数字集团标准必要专利许可费及滥用市场支配地位纠纷案，因涉及标准必要专利的"公平、合理、无歧视（Fair, Reasonable and Non-discriminatory）"规则（以下简称"FRAND 规则"❶）的适用及

---

❶ 此规则在某些法域如美国，也称"合理与无歧视规则"（Reasonable and Non-discriminatory），简称"RAND 规则"。

反垄断法规制问题，被称为"中国标准专利第一案"。❶ 其中标准必要专利许可费纠纷，是世界上首例通过判决确定标准必要专利具体的 FRAND 许可费率的案件，❷ 入选 2013 年度中国十大知识产权案件；❸ 而滥用市场支配地位纠纷，也为世界上首例标准必要专利持有人（以下简称"专利持有人"）因违反 FRAND 规则，承担反垄断法民事责任的案件。❹ 因此，两案（以下简称"华为案"）备受国内外学术界及业界的关注。❺

因标准必要专利 FRAND 许可引发的纠纷在其他法域也有出现，主要涉及 FRAND 条件或许可费率的确定，FRAND 条件与标准必要专利的效力、侵权认定的关系，以及侵犯标准必要专利的禁令适用等问题。❻ 由于法律规定、实践之差异，不同法域对上述问题的答案会有所不同。❼ 然而，由于专利持有人一般对标准实施者❽负有 FRAND 许可义务，某一法域对特定标准必要专利作出的 FRAND 许可条件的判决将对该标准必要专利在其

---

❶ 虽被称为"第一案"，但双方之间的纠纷实由两起案件处理。一起案件的诉由为标准必要专利使用费纠纷，原告华为技术有限公司，被告为交互数字通信有限公司、交互数字技术公司、交互数字专利控股公司以及 IPR 许可公司一审案号为（2011）深中法知民初字第 857 号，二审案号为（2013）粤高法民三终字第 305 号。另一起案件的诉由为滥用市场支配纠纷，原告华为技术公司，被告为交互数字技术公司、交互数字通信有限公司、交互数字公司，此案一审案号为（2011）深中法知民初字第 858 号，二审案号为（2013）粤高法民三终字第 306 号。本章为写作之方便，统称上述两案中的原告华为公司为"原告"，上述两案中的各被告为"被告"。

❷ Leon B. Greenfield, Hartmut Schneider, Joseph J. Mueller. SEP Enforcement Disputes Beyond the Water's Edge: A Survey of Recent Non-U. S. Decisions [J]. Antitrust, 2013(27): 50, 53.

❸ 袁定波. 最高法公布 2013 年中国法院十大知识产权案件 [J]. 法制日报. 2014-04-21.

❹ 截至本书付梓之日，本书作者未查阅到美、欧、日、韩等法域标准专利持有人因违反 FRAND 规则承担反垄断责任的判例。

❺ 孔祥俊. 知识产权保护的新思维：知识产权司法前沿问题 [M]. 北京：中国法制出版社，2013: 360. 在此案诉讼期间，美国联邦巡回上诉法院首席法官雷德（Rader）表示，他在美国高度关注此案，十分期待对此案的证据分析、论证说理有更深入的了解，参见 2013 年 8 月 14 日《中国知识产权报》报道。

❻ 例如，在英国，参见 Vringo Infrastructure, Inc. v. ZTE (UK) Limited 案，高等法院认为，在解决 FRAND 争议之前，应先审理所涉专利的效力及侵权问题；在美国，参见 Microsoft v. Motorola 案，华盛顿西区联邦地区法院作出里程碑式的判决，首次明确了确定 FRAND 许可费率的基本原则；在法国，参见 Ericsson v. TCT Mobile 案，巴黎大审法院对原告提出的标准必要专利的临时禁令申请作出驳回裁决；在荷兰，参见 Samsung v. Apple 案，海牙地方法院作出驳回临时禁令申请的中间判决；在德国，联邦最高法院对"橘书标准"（Orange Book Standard）案作出判决，明确 FRAND 抗辩的三要件。

❼ 以临时禁令为例，法国、荷兰等国法院对专利持有人提起的诉前禁令申请不予支持，而在德国，依据最高法院在"橘书标准"案的判决，禁令申请则在一定情形下应予支持。

❽ 标准实施者，是指实施整个或部分标准的个人或实体。参见：Microsoft Corp. v. Motorola, Inc., 2013 U. S. Dist. LEXIS 60233.

他法域的 FRAND 许可条件产生实质性的影响。❶ 因此，中国法院对此案的判决对于其他法域也具有重要的参考价值。

　　本章以华为案为研究背景，探讨标准必要专利 FRAND 规则在中国的适用及反垄断法的规制问题。本章第一部分简要介绍此案背景、法院的裁决及此案的影响，第二~四部分分别探讨此案涉及的重要问题，即标准必要专利 FRAND 许可规则及其属性争议，标准必要专利 FRAND 许可条件确认途径、标准及完善建议，专利持有人构成滥用市场支配地位的判定及其应承担的民事责任等。本章认为，根据中国法律的规定，专利持有人向标准确定组织（"标准组织"）作出的承诺虽不构成合同，但负有将必要专利以 FRAND 条件向标准实施者许可的义务。在专利持有人与标准实施者迟迟难以达成 FRAND 许可协议的情形下，双方当事人均有权向法院提起诉讼，请求确认 FRAND 许可条件，包括 FRAND 许可费或者许可费率（"许可费率"）。因具有不可替代性，专利持有人的每一项专利所保护的技术均构成单独的相关市场，且其持有人在该市场中具有支配地位。专利持有人提出的许可条件不符合 FRAND 规则，违背了 FRAND 义务的，属于滥用市场支配地位行为，应承担停止侵害、赔偿损失的民事责任。关于损害赔偿数额的计算，应根据不同的情形采用不同的确定方法，包括根据案件的具体情节，由法官对赔偿数额予以酌定。

一、华为案件背景、裁决及影响

（一）案 件 背 景❷

　　原告是全球主要的电信设备提供商。被告拥有无线通信技术领域中 2G、3G、4G 标准下的大量必要专利和专利申请，包括在美国的专利权和专利申请权，以及在中国的相应同族专利权和专利申请权。被告 2009 年 9 月加入欧洲电信标准化协会（ETSI），承诺给予标准实施人以公平、合理、无歧视条件的授权许可。被告认可，其在中国现行的无线通信技术标准（WCDMA、CDMA2000、TD-SCDMA 标准）中均拥有"标准必要专利"。

---

❶　LEON B. GREENFIELD, HARTMUT SCHNEIDER, JOSEPH J. MUELLER. SEP Enforcement Disputes Beyond the Water's Edge: A Survey of Recent Non-U. S. Decisions [J]. Antitrust, 2013 (27): 50.

❷　此案案件背景参见：广东省高级人民法院（2013）粤高法民三终字第 305 号、306 号民事判决书；叶若思，祝建军，陈文全. 标准必要专利权人滥用市场支配地位构成垄断的认定 [J]. 电子知识产权，2013（3）；祝建军. 标准必要专利权人滥用市场支配地位构成垄断的判定 [N]. 中国知识产权报，2013-12-05.

被告在 ETSI 声称的必要专利，对应中国电信领域的移动终端盒基础设施之技术标准，也是中国的标准必要专利。

2008 年 11 月开始，原告与被告就涉案专利许可费进行多次谈判。被告向原告多次发出要约。从要约内容来看，被告拟授权原告包括 2G、3G 和 4G 标准必要专利在内的其所有专利之全球性的、非排他性的、应支付许可费的许可，且要求原告将其所有专利给予被告免费许可。无论是按照以一次性支付专利许可费为标准，还是按照以专利许可费率为标准，被告拟授权给原告的许可费均远远高于其授权给苹果、三星等公司的许可费。

2011 年 7 月，被告将原告诉至美国特拉华州法院，并向美国国际贸易委员会（ITC）启动针对原告的 337 调查程序，称原告涉嫌侵犯被告在美国拥有的七项标准必要专利，请求禁止原告制造、销售 3G 产品等。原告认为，被告滥用市场支配地位构成垄断，故于 2011 年 12 月 6 日向深圳市中级人民法院起诉，请求判令被告立即停止针对 3G 标准必要专利的滥用市场支配地位行为，赔偿原告经济损失人民币 2 000 万元。同日，原告另行起诉被告，请求法院按照 FRAND 条件，判决确定被告就其中国标准必要专利（包括 2G、3G、4G 在内的中国标准必要专利及专利申请）许可原告的许可费率或费率范围。

（二）判　　决❶

深圳市中级人民法院认为，相关市场范围内，被告 3G 标准中的每一个必要专利均具有唯一性和不可替代性，即对每一个必要专利许可市场均拥有完全的份额，被告具有阻碍或影响其他经营者进入相关市场的能力。因此，被告在相关市场中具有市场支配地位。将被告授权给苹果公司、三星公司的专利许可条件，与被告向原告发出的要约条件进行比较，无论是按照一次性支付专利许可费为标准，还是按照专利许可费率为标准，被告拟授权给原告的专利许可费均远远高于苹果公司、三星公司。此案被告不仅要求原告支付高昂的许可费，还强迫原告及其连属公司给予其所有专利的免费许可，这表明被告存在过高定价和歧视性定价的行为。❷ 原告在与

---

❶ 本部分内容，参见：广东省高级人民法院民事判决书（2013）粤高法民三终字第 305 号、第 306 号；叶若思，祝建军，陈文全. 标准必要专利权人滥用市场支配地位构成垄断的认定 [J]. 电子知识产权，2013（3）；祝建军. 标准必要专利权人滥用市场支配地位构成垄断的判定 [N]. 中国知识产权报，2013-12-05.

❷ 叶若思，祝建军，陈文全. 标准必要专利权人滥用市场支配地位构成垄断的认定 [J]. 电子知识产权，2013（3）：60.

被告谈判时一直处于善意状态，被告在美国提起诉讼的目的，在于逼迫原告接受过高专利许可交易条件。被告利用其标准必要专利授权许可市场的支配地位，将必要专利与非必要专利搭售，属于滥用市场支配地位的行为。❶ 原告指控被告将 2G、3G 和 4G 标准必要专利、全球专利打包许可属于搭售行为，缺乏依据，不予采纳。❷ 法院判决被告立即停止过高定价和搭售的垄断民事侵权行为、赔偿原告经济损失人民币 2 000 万元、驳回原告其他诉讼请求。双方当事人均不服从一审判决，向广东省高级人民法院提起上诉。上诉法院经审理作出了驳回上诉、维持原判的终审判决。

关于原告应向被告支付的许可费率，深圳市中级人民法院认为，此案所要解决的是因原告实施中国通信标准，而必须实施的被告中国专利的授权许可问题。原告生产、销售通信产品必须保证其符合中国通信标准，这意味着原告不可避免要实施被告的中国标准必要专利。根据中国法律，被告亦应将其标准必要专利以 FRAND 原则授权给原告使用，被告负担的此项义务贯穿于标准必要专利授权许可谈判、签订、履行的整个过程。在通常情况下，就标准必要专利许可费问题而言，若双方达成专利许可协议，则无须司法机关介入。而此案双方自 2008 年年底开始谈判以来，与被告给予苹果、三星等公司的标准必要专利许可费相比，被告向原告的要约存在过高定价的歧视性待遇，由此可见，被告违背其承诺的 FRAND 义务。原告若不寻求司法救济，除被迫接受被告单方面所提出的条件外，其无任何谈判余地。根据中国法律，依据双方在此案中提交的证据，综合考虑被告标准必要专利数量、质量、价值，业内相关许可情况以及被告中国标准必要专利在被告全部标准必要专利中所占份额等因素，根据《民法通则》第 4 条、《合同法》第 5 条、第 6 条的规定，判决被告中国标准必要专利对原告许可费率以相关产品实际销售价格计算，以不超过 0.019% 为宜。被告不服从一审判决，提起上诉。二审法院经审理作出驳回上诉、维持原判的终审判决。

（三）影　响

此案判决对双方当事人利益产生了重要影响。受此案结果的鼓励，原告于 2014 年 1 月再次将被告起诉至深圳市中级人民法院，指控对方滥用市

---

❶❷　叶若思，祝建军，陈文全. 标准必要专利权人滥用市场支配地位构成垄断的认定 [J]. 电子知识产权，2013（3）：48.

场支配地位，持续侵害其权益并给其造成重大损失，据此提出了9 600万元赔偿要求。❶ 2014 年 2 月，被告就中国反垄断执法机构的反垄断调查作出承诺，称对中国通信设备制造企业专利许可遵循公平、合理、无歧视的原则，不再收取歧视性的高额许可费；不再将 2G、3G、4G 无线移动标准专利进行捆绑许可，充分尊重中国企业的选择权。❷

此案判决对标准必要专利 FRAND 条件的认定，以及标准必要专利权行使的反垄断法规制产生了巨大影响，使得此案判决具有里程碑意义。此判决回答了以下问题，即专利持有人负有向标准实施者以 FRAND 条件许可其专利的义务；标准实施者在难以与专利持有人就许可条件，尤其是对 FRAND 许可费率达成一致的情形下，有权向中国法院提起诉讼，请求判决确定合理的许可费率；中国法院在确定标准必要专利的许可费率时，考量因素包括被告标准必要专利数量、质量、价值、业内相关许可情况以及被告中国标准必要专利在被告全部标准必要专利中所占份额等因素；每件标准必要专利均构成单独的相关市场，持有人在相关市场内具有支配地位；专利持有人在与标准实施者就许可费率谈判过程中，若滥用其市场支配地位，将依照中国反垄断法承担相应的法律责任，包括停止垄断行为、赔偿因垄断行为给标准实施者造成的损失。

二、标准必要专利 FRAND 许可规则及其属性争议
（一）标准及标准必要专利

标准，依据国际标准化组织（ISO）和国际电工委员会（IEC）的定义，为在一定的范围内获得最佳秩序，经协商一致制定并由公认机构批准，共同使用和重复使用的一种规范性文件。❸ 标准尤其是标准组织制定的"自愿共识标准"❹（Voluntary Consensus Standards）在经济生活中发挥

---

❶ 祝文明. 华为再诉 IDC 垄断侵权并索赔 9 600 万 [N]. 中国知识产权报，2014-01-29.

❷ 韩哲. 美公司称不再对中国企业收歧视性高额专利费 [N]. 北京商报，2014-02-20. 据悉，原告在 2014 年 1 月起诉被告的案件，双方已达成和解。

❸ ISO/IEC Guide 2:2004, definition 3.2.

❹ 自愿共识标准，一般是指从事标准开发的私营机构达成的、含有技术规格及其他标准的协议。参见：U. S. DEP'T OF JUSTICE & U. S. PATENT & TRADEMARK OFFICE, POLICY STATE-MENT ON REMEDIES FOR STANDARDS-ESSENTIAL PATENTS SUBJECT TO VOLUNTARY F/RAND COMMITMENTS 2 (Jan. 8, 2013) [EB/OL]. [2014-04-30]. http://www.justice.gov/atr/public/guidelines/290994.pdf.

着重要的作用。❶ 标准的制定在诸多方面服务于公共利益，例如，保护公共健康与安全，通过产品兼容的方式提高资源分配效率，❷ 进而提高消费者终端市场的竞争。❸ 正如美国联邦贸易委员会在一份报告中所说，标准使产品所具有的兼容性，对于开发、推出满足不同消费者需求的创新性产品而言是至关重要的。❹

　　将自身拥有的技术纳入标准，能给技术持有人带来巨大的、潜在的利益。❺ 纳入标准的许多技术不受专利保护，然而实施一项标准经常需要使用专利技术。❻ 纳入标准的专利，有些是实施该项标准必不可少的，而有些则不是。前者便属于标准必要专利，❼ 而后者则属于标准非必要专利。标准必要专利是实施标准过程中无法从技术上绕开的专利，包括专利申请。或者说标准必要专利是那些执行某一标准必然被实施，或者为专利持有人或标准组织所声称必然被实施的，且不能进行规避设计的专利。❽

（二）专利纳入标准引发的竞争法问题及标准必要专利 FRAND 规则之价值

1. 专利纳入标准引发的竞争法问题

　　专利被纳入标准后，从业者要参与该行业的竞争就必须实施标准必要专利；如果绕开标准必要专利，就无法满足标准，不满足标准的产品或服

---

　　❶❷　U. S. DEP'T OF JUSTICE & U. S. PATENT & TRADEMARK OFFICE, POLICY STATEMENT ON REMEDIES FOR STANDARDS-ESSENTIAL PATENTS SUBJECT TO VOLUNTARY F/RAND COMMITMENTS 3（Jan. 8, 2013）［EB/OL］.［2014 - 04 - 30］. http://www. justice. gov/atr/public/guidelines/290994. pdf.

　　❸　Broadcom Corp v Qualcomm Inc. ,501 F3d 297,308（3d Cir 2007）.

　　❹　FTC. The Evolving IP Marketplace:Aligning Patent Notice and Remedies with Competition［EB/OL］.［2014 - 04 - 30］. https://www. ftc. gov/sites/default/files/documents/reports/evolving - ip - marketplace-aligning-patent-notice-and-remedies-competition-report-federal-trade/110307patentreport. pdf.

　　❺　除了许可其持有的专利获得许可费的收益外，还包括一些非收益性的利益，如对技术持有人产品需求的增加，提升自己产品与采用标准的专卖产品（proprietary products）的兼容性等。参见：Microsoft Corp. v. Motorola,Inc. ,2013 U. S. Dist. LEXIS 60233.

　　❻　Microsoft Corp. v. Motorola,Inc. ,2013 U. S. Dist. LEXIS 60233.

　　❼　见国家标准化管理委员会、国家知识产权局发布的《国家标准涉及专利的管理规定（暂行）》（2014 年 1 月 1 日施行）第 4 条的规定。关于何谓标准必要专利，一些标准组织给出了与中国相应规定不同的定义，例如万维网联盟（W3C）的定义为，在任何法域中的任何专利或专利申请，只要实施该标准时将要构成对其权利要求的侵犯，则其便为标准必要专利。

　　❽　Case No COMP/M. 6381-GOOGLE/ MOTOROLA MOBILITY,European Commission decision of 12 February,2012,paragraph 51.

务就不会有市场。❶ 标准必要专利易对标准实施者产生"挟持"（Holdup）效应。所谓"挟持"效应，是指相较专利未被纳入标准的情形而言，在被纳入标准后其持有人能够攫取更高许可费（或对自己更为有利许可条件）的能力。❷ 对专利持有人更为有利的条件包括持有人要求标准实施者将其拥有的专利免费或者低价转让或者许可给持有人。❸ 在存在标准的情形下，标准实施者经常在与专利持有人达成许可协议前，为标准的采用进行投资。❹ 在实施某标准后，实施者若想采用其他技术或切换其他标准，将代价昂贵或困难重重。❺ 如此专利持有人便可获得市场力，并可能通过此种力量实施挟持行为，如通过主张专利权的方式将某一竞争者排挤出市场、索要更高的许可费等。❻ 此许可费或其他的许可条件所体现的并非该专利给标准实施者所带来的增益价值（或者说该专利的固有价值），而是该专利持有人在将其专利纳入标准以及标准实施者为采用标准进行沉没投资后，专利持有人所具有市场力的价值。❼

由于专利持有人具有市场力，其可能对条件相似的标准实施者给予不相似的许可条件，即进行歧视性许可。标准专利持有人的挟持行为同样可能损害采用某标准之产品的消费者利益，即挟持行为产生的不当高额许可费，将通过产品的过高定价的方式，最终转嫁给消费者。❽ 专利纳入标准后，还可能产生诸如"许可费堆积"风险，❾ 在某一标准纳入大量必要专利的情势下，所有专利许可费的叠加将使标准实施者不堪重负，进而使得生产符合标准的产品无利可图。❿ "许可费堆积"问题的最终受害者仍为相

---

❶ 叶若思，祝建军，陈文全，叶艳. 关于标准必要专利中反垄断及 FRAND 原则司法适用的调研 ［G］//黄武双. 知识产权法研究（第 11 卷）. 北京：知识产权出版社，2013：7.

❷ MICHAEL A. LINDSAY, ROBERT A. SKITOL. New Dimensions to the Patent Holdup Saga ［J］. Antitrust, 2013(27):34,34.

❸ 在华为案中，被告在与原告进行许可谈判时便提出过此种要求。

❹ EKIANA CARCÉS TOIÓN. Licensing Of Standard Essential Patents: Antitrust Intervention Is Not Big Enough A Fix ［J］. Competition Pol'y Int'l, 2013(9):90,92.

❺❻❼ U. S. DEP'T OF JUSTICE & U. S. PATENT & TRADEMARK OFFICE, POLICY STATE-MENT ON REMEDIES FOR STANDARDS-ESSENTIAL PATENTS SUBJECT TO VOLUNTARY F/RAND COMMITMENTS 2 (Jan. 8, 2013) ［EB/OL］. ［2014-04-30］. http://www. justice. gov/atr/public/guidelines/290994. pdf.

❽ U. S. DEP'T OF JUSTICE & FED. TRADE COMM'N. ANTITRUST ENFORCEMENT AND INTELLECTUAL PROPERTY RIGHTS: PROMOTING INNOVATION AND COMPETITION (2007) ［EB/OL］. ［2014-04-29］. http://www. justice. gov/atr/public/hearings/ip/222655. htm.

❾ 例如，在 Microsoft v. Motorola 一案中便涉及"许可费堆积"的问题，法院将此问题作为确定单一专利 FRAND 许可费率的应考量的因素。参见：Microsoft v. Motorola, 2013 WL 2111217 (W. D. Wash., Apr. 25, 2013).

❿ LEON B. GREENFIELD, HARTMUT SCHNEIDER, JOSEPH J. MUELLER. SEP Enforcement Disputes Beyond the Water's Edge: A Survey of Recent Non-U. S. Decisions ［J］. Antitrust, 2013(27):50,51.

关产品的消费者。

2. 标准必要专利 FRAND 规则之价值

正因为专利纳入标准之后极有可能产生专利"挟持"及"许可费堆积"等问题，标准组织在其知识产权政策中往往要求专利权持有人向标准组织作出承诺，对该标准的实施者给予公平、合理、无歧视的许可。例如，欧洲电信标准化协会（ETSI）知识产权政策第 6.1 条规定：当与某特定标准或技术规范有关的基本知识产权引起 ETSI 的注意时，ETSI 总干事应当立即要求知识产权所有者在 3 个月内以书面形式给予不可撤回的承诺，该承诺须说明知识产权所有者将准备根据该知识产权政策所规定的 FRAND 条件来授予不可撤销的许可。❶ 在华为案中，被告于 2009 年 9 月加入 ETSI 时，承诺对其标准必要专利给予标准实施者 FRAND 许可。

在产业确定某标准后，FRAND 规则禁止包括专利持有人在内的知识产权人拒绝许可，索取不公平、不合理或者歧视性的许可费，以扫除实施标准的障碍。❷ 申言之，依据 FRAND 规则，专利持有人负有如下义务：（1）向任何对该专利感兴趣的第三方进行许可；（2）对不同的被许可人一视同仁，不歧视对待；（3）以公平合理的条件许可该专利。❸

FRAND 规则具有如下两个基本目的：（1）在标准实施者愿意向专利持有人支付合理使用费的情形下，该规则可确保其产品不被阻却在市场之外，并依此推广该标准的采用；（2）对纳入标准的、技术研发的投资者给予合理的回报。❹ 在 Microsoft v. Motorola 一案中，Robart 法官对 FRAND 条件的含义及价值作出了更为清晰的阐述，即 FRAND 条件的目的不仅是为吸引专利持有人加入标准的制定，而且是为了促使技术的传播。❺ 因此，FRAND 规

---

❶ *ETSI Intellectual Property Rights Policy* Art. 6.1：When an ESSENTIAL IPR relating to a particular STANDARD or TECHNICAL SPECIFICATION is brought to the attention of ETSI, the Director-General of ETSI shall immediately request the owner to give within three months an irrevocable undertaking in writing that it is prepared to grant irrevocable licences on fair, reasonable and non-discriminatory ("FRAND") terms and conditions under such IPR to at least the following extent … . [EB/OL]. [2014-04-20]. http://www.etsi.org/images/etsi_ipr-policy.pdf.

❷ Case No COMP/M.6381-GOOGLE/ MOTOROLA MOBILITY, European Commission decision of 12 February, 2012, paragraph 105.

❸ Case No COMP/M.6381-GOOGLE/ MOTOROLA MOBILITY, European Commission decision of 12 February, 2012, paragraph 55.

❹ U.S. DEP'T OF JUSTICE & U.S. PATENT & TRADEMARK OFFICE, POLICY STATEMENT ON REMEDIES FOR STANDARDS-ESSENTIAL PATENTS SUBJECT TO VOLUNTARY F/RAND COMMITMENTS 5（Jan. 8, 2013）[EB/OL]. [2014-04-30]. http://www.justice.gov/atr/public/guidelines/290994.pdf.

❺ Microsoft v. Motorola, 2013 WL 2111217（W.D. Wash., Apr. 25, 2013）.

则不仅体现了对标准实施者的保护，也体现对专利持有人利益的维护。

（三）FRAND 是否构成合同的争议

FRAND 具有多重含义。第一，FRAND 是专利持有人向标准组织做出的承诺；第二，FRAND 是专利持有人与标准组织之间的合同内容；第三，FRAND 是专利持有人向所有的标准实施者所负有的一种义务；第四，FRAND 是专利持有人向标准实施者许可其专利的条件，尤其是判定专利许可费率是否公平合理的尺度；第五，在涉嫌侵犯标准必要专利的诉讼中，FRAND 是被告方常用的抗辩事由。对于 FRAND 的上述含义，在中国及其他法域极少存在争议。❶ 然而，专利持有人作出的 FRAND 承诺，能否视为其与标准实施者之间已经达成的合同，则存在争议。如果将其视为专利持有人与标准实施者之间已达成的合同，则在双方并未对专利许可费率达成协议且标准实施者已经实施相关标准的情形下，实施者的行为不构成侵权，持有人更无权要求实施者停止相关行为。❷ 否则，实施者的行为将可能构成侵权，持有人甚至可能向法院寻求禁令救济。

对此问题的看法在不同法域存在分歧。在 Microsoft v. Motorola 案中，❸ 美国法院认定专利持有人向标准确定组织做出的 FRAND 声明，构成标准实施者作为受益第三人可以要求其履行的合同。❹ 标准实施者作为推定的被许可人，对专利持有人违反承诺的行为有权提起诉讼。❺

德国法院认为，专利持有人向标准组织作出的知识产权声明或是许可声明，并不构成其和潜在被许可人之间的许可合同，也不属于第三人为受益人的合同，也不应视为针对不特定的、甚至专利持有人不认识的多数第三人作出的、仅需要第三人接受即可具有约束力的要约，而仅仅是请求寻

---

❶ 另外，目前看到的中外学者、法官的文章，均在上述含义中适用 FRAND 的表述。中方的著述，参见：叶若思，祝建军，陈文全，叶艳. 关于标准必要专利中反垄断及 FRAND 原则司法适用的调研［G］//黄武双. 知识产权法研究（第 11 卷）. 北京：知识产权出版社，2013；外方著述，参见：MARK A. LEMLEY, CARL SHAPIRO. A Simple Approach to Setting Reasonable Royalties for Standard-Essential Patents［J］. Berkeley Technology Law Journal, 2013, 1135(28):1135.

❷ 根据专利法的规定，专利侵权行为是指未经专利权人许可，实施专利的行为。例如，中国《专利法》第 11 条、《美国专利法》第 271 条的规定。在将 FRAND 承诺视为双方之间合同的情形下，则可认定标准实施者实施专利的行为已获得专利持有人的许可，故其行为不构成侵权。

❸ 696 F. 3d 872, 884（9th Cir. 2012）.

❹ Microsoft Corp. v. Motorola, Inc., 864 F. Supp. 2d 1023, 1030-33（W. D. Wash. 2012）; Microsoft Corp. v. Motorola, Inc., 854 F. Supp. 2d 993, 999-1001（W. D. Wash. 2012）.

❺ MARK A. LEMLEY, CARL SHAPIRO. A Simple Approach to Setting Reasonable Royalties for Standard-Essential Patents［J］. Berkeley Technology Law Journal, 2013, 1135(28):1141.

求符合 FRAND 条款的要约邀请；许可准备声明仅仅包含一项将反垄断法的效力具体化的意愿，但并不包含缔约的强制，它包含将会按照 FRAND 条款给予第三方许可的承诺，但仅仅是设定了一项请求权的基础，即使寻求许可方为满足其要求能够提出一项实际的请求权的基础。❶ 此观点实际为欧盟国家的主流观点。❷

在华为案中，原告亦提出被告作出的 FRAND 承诺构成合同的主张。对此，受诉法院认为 FRAND 承诺不构成专利持有人与标准实施者之间的合同。法院认为，根据中国合同法规定，当事人订立合同，采取"要约""承诺"方式；在专利持有人与标准实施者启动专利实施许可谈判之前，专利持有人根本没有提出要约，标准实施者遵循相关标准并因此实施标准必要专利，此行为也不是承诺；只有双方进入谈判阶段，专利持有人针对许可对象提出具体许可费率及条件，才可以称之为要约，也只有针对专利持有人的要约，标准实施者予以承诺，方谈得上合同成立。❸ 审理此案的一审法官进而认为，专利持有人加入标准组织，同意将其专利纳入标准，并作出 FRAND 授权承诺，不宜理解为专利持有人与标准实施者之间已经成立合同关系，而应理解为专利持有人对标准实施者以及潜在的实施者负有以符合 FRAND 条件许可的义务，该义务与供水、供电、供气等垄断企业所担负强制缔约义务相似。❹ 有人对此持不同观点，认为虽然标准必要专利许可并非以双方订立书面许可合同的形式进行，并不能据此认为在我国 FRAND 许可不具有合同性质。❺ 专利持有人作出的许可声明构成合同法上的"要约"，其内容是明确的，即任何人按照标准生产产品时，可以实施标准必要专利，此为授权要约，且在专利有效期内不能撤销。❻ 他人基于"授权要约"实施标准必要专利的行为，构成双方形成合同关系的承诺。❼ FRAND 规则表明标准专利持有人已授权标准实施者实施其专利，双方已形成事实上的专利实施许可合同关系，关于许可费率等细节问题则是合同履行过程中协商确定的问题。不能达成补充协议的，应按照合同有关

---

❶　德国曼海姆地区法院 2012 年 5 月 2 日就摩托罗拉公司诉微软公司有关标准必要专利的侵权诉讼判决。参见：广东省高级人民法院民事判决书（2013）粤高法民三终字第 305 号。

❷　在三星诉苹果案中，荷兰法院认为，专利持有人作出的一般性的 FRAND 声明，并非如苹果所称构成合同。参见：EPLAW PATENT BLOG. FRAND [EB/OL]. [2014-04-20]. http://www.eplawpatentblog.com/eplaw/frand/.

❸❹　叶若思，祝建军，陈文全. 标准必要专利使用费纠纷中 FRAND 规则的司法适用 [J]. 电子知识产权，2013（4）：60.

❺　邵伟，迟少杰. 从华为诉 IDG 技术公司等案看标准必要专利许可 [J]. 中国专利与商标，2014（1）：99.

❻❼　邵伟，迟少杰. 从华为诉 IDG 技术公司等案看标准必要专利许可 [J]. 中国专利与商标，2014（1）：100.

条款或者交易习惯确定。❶

　　本章赞同法院在华为案中的观点。标准必要专利持有人与普通专利权人享有相同的权利，其不享有强迫标准实施者达成许可协议的权利。❷ 对于持有人声称的标准必要专利，标准实施者可以对其是否为必要专利以及该专利的效力提出质疑，也可以主张其产品并未落入标准必要专利的保护范围。❸ 此外，根据我国《合同法》第 14 条的规定，要约是希望和他人订立合同的意思表示，该意思表示应具备的条件之一为"内容具体确定"，即其内容必须具备足以使合同成立的主要条件。❹ 专利持有人作出的FRAND 承诺，仅表明其负有以 FRAND 条件许可其专利的义务，并未涉及被许可专利的具体情况❺、数量、地域范围及许可费等主要内容，因此不符合要约的构成要件。

三、标准必要专利 FRAND 许可条件确认途径、标准及完善建议

（一）标准必要专利 FRAND 许可条件确认途径

　　专利持有人负有以 FRAND 条件将其专利许可给标准实施者的义务。FRAND 规则长期以来因含义的模糊性而受到批评，标准组织很难具体澄清何为 FRAND 条件，❻ 因此，标准必要专利 FRAND 许可条件由当事人协商

---

　　❶ 史少华. 标准必要专利诉讼引发的思考 [J]. 电子知识产权，2014（1）. 另参见：叶若思，祝建军，陈文全，叶艳. 关于标准必要专利中反垄断及 FRAND 原则司法适用的调研 [G] // 黄武双. 知识产权法研究（第 11 卷）. 北京：知识产权出版社，2013：21.

　　❷ Vringo Infrastructure, Inc. v, ZTE（UK）Limited [2013] EWHC 1591（Pat）.

　　❸ 这是根据中国专利法能够直接得出的结论。在其他法域也存在类似的观点及做法。例如，欧洲委员会在其关于反垄断的初裁意见提及，标准专利的被许可人应能够对涉及专利的效力、其对标准而言的必要性以及是否侵犯了标准必要专利权等事项提出质疑。参见：FOSS PATENTS. German Court Unlikely to Approve Google's 2.25% SEP Royalty Demand from Apple as FRAND Rate [EB/OL]. [2014-04-17]. http://www.fosspatents.com/2013/06/german-court-unlikely-to-approve.html.

　　❹ 全国人大常委会法制工作委员会. 中华人民共和国合同法释义（第 14 条）[EB/OL]. [2014-05-01]. http://www.npc.gov.cn/npc/flsyywd/minshang/2000-11/25/content_8364.htm.

　　❺ 专利的具体情况，包括专利的名称、专利号、授予专利权的国家或地区等信息。

　　❻ 因 FRAND 含义的模糊性而引发的诉讼时有发生，故有学者建议，标准确定组织本身需要一标准确定组织的帮助，以帮助其制定标准确定规则。参见：HUGH HANSEN. US Intellectual Property Law and Policy [M]. Edward Elgar, 2013：677.

确定。❶ 基于自身商业利益的考量，当事人在协商时经常会面临重大分歧，尤其在许可费率方面。在协商不成或双方迟迟难以达成一致的情形下，当事人可以请求法院或仲裁机构确定 FRAND 许可费率。

在华为案中，作为标准实施者的原告向法院提出了确认 FRAND 许可费率的诉讼。受诉法院认为此种诉讼完全满足中国民事诉讼法所规定的条件，并依据中国法律作出了裁决。同样，专利持有人也可以向法院提起诉讼，要求确认其向标准实施者提出的许可条件符合 FRAND 规则。❷ 确认之诉的目的借鉴中国诉讼制度中关于确认不侵权之诉的规定，是为了使当事人之间不确定的法律关系尽快确定下来，避免对生产经营活动造成不利影响。❸

FRAND 许可条件的纠纷在中国也可通过仲裁予以解释解决。根据中国《仲裁法》第 4 条的规定，争议能够提交仲裁的前提是当事人之间自愿达成仲裁协议，包括在纠纷发生之前已经签署或在事后达成仲裁协议。亦有美国学者提出通过具有约束力的仲裁方式确定标准必要专利的 FRAND 许可条件的建议。❹

有些标准组织在其政策中明确规定了通过仲裁方式解决 FRAND 争端。例如，国际贸易协会（VITA）在其政策中规定，若标准确定工作组成员认为其他成员违反了 FRAND 承诺，可提请相应工作组负责人进行解决；若该负责人在 15 日内无法通过非正式的方式予以解决，则将启动由三人组成的仲裁程序，此三人小组将在 55 日内向 VITA 执行会长就争议的解决提交一份建议；后者将听取 VITA 委员会的意见，并在 15 日内就该争议作出决定。任何成员可要求委员会进行复议，而在 30 日内，委员会将就争议作出最终决定。所有成员应尊重委员会作出的决定，包括经复议作出的最终决定。❺

FRAND 许可条件争议通过仲裁解决具有许多的优势，例如效率高，不

---

❶ 中国《国家标准涉及专利的管理规定（暂行）》对此作出了明确规定（第 17 条）。此规定的生效日期为 2014 年 1 月 1 日。

❷ 在德国便存在此种案件，在摩托罗拉与苹果之间就标准必要专利发生纠纷后，作为专利持有人的摩托罗拉便向曼海姆地区法院提起诉讼，要求宣告其要求的许可费是合理的。参见：FOSS PATENTS. German Court Unlikely to Approve Google's 2. 25% SEP Royalty Demand From Apple as FRAND Rate [EB/OL]. [2014 - 04 - 17]. http://www. fosspatents. com/2013/06/german - court - unlikely-to-approve. html.

❸ 张广良. 确认不侵权之诉及其完善 [J]. 人民司法·应用，2008（11）.

❹ MARK A. LEMLEY, CARL SHAPIRO. A Simple Approach to Setting Reasonable Royalties for Standard-Essential Patents [J]. Berkeley Technology Law Journal, 2013, 1135(28):1138.

❺ VSO Policies and Procedures, § 10. 5. [EB/OL]. [2014 - 10 - 14]. http://www. vita. com/home/VSO/vso-pp-r2d6. pdf.

像通过诉讼需要数年的时间方可结案；❶ 也无须支付昂贵的律师费等。更为重要的是，双方当事人可以选本行业内的专家担任仲裁员，由于其对本行业的技术、经营情况及竞争态势更为熟悉，更容易判断或确定何为FRAND许可条件。❷

（二）标准必要专利 FRAND 条件确定原则

1. FRAND 许可的含义

没有任何一家标准组织对 FRAND 进行过定义。❸ 故对标准组织及其成员而言，FRAND 的含义具有先天的模糊性。❹ 由于"合理性"的含义及何为 FRAND 规则准许的许可条件具有不确定性，二者是大多数有关标准必要专利诉讼所要解决的问题。❺

广义上讲，FRAND 应具有如下含义：所谓"公平"，是指许可条件不应是不公平或者剥削性的，如不应通过排除性的许可行为排除、限制竞争。❻ 合理性的判定应考虑所有的情节，包括专利被无效的情节。❼ "不歧视"，对此普遍接受的解释是境况相似的公司不应受到差异性的对待，❽ 且所有的标准实施者均应得到许可。

---

❶ 例如华为案于 2011 年 12 月 6 日受理，至 2013 年 10 月 21 日终审结案，审理周期为 22.5 个月。美国华盛顿西区地方法院审理的 Microsoft Corp. v. Motorola, Inc. 案（2013 U. S. Dist. LEXIS 60233）于 2010 年 11 月受理，2013 年 4 月 25 日审结，一审审理周期为约 30 个月。

❷ 例如，在法院对 FRAND 进行实质确定阶段，法官将根据自身的技术知识及其对该行业竞争态势的理解，有时在专家的辅助下，来判断标准必要专利的内在价值（intrinsic value），而非其"挟持价值"（hold-up value），并以此确定公平合理的许可费率。参见：FOSS PATENTS. German Court Unlikely to Approve Google's 2. 25% SEP Royalty Demand From Apple as FRAND Rate [EB/OL]. [2014-04-17]. http://www. fosspatents. com/2013/06/german-court-unlikely-to-approve. html. 在技术知识、行业竞争态势以及涉及的专利技术的内在价值判断等方面，作为仲裁员的行业内专家显然更有优势。

❸ EKIANA CARCÉS TOlÓN. Licensing Of Standard Essential Patents：Antitrust Intervention Is Not Big Enough A Fix [J]. Competition Pol'y Int'l, 2013(9)：90, 95.

❹ RENATA HESSE, DEPUTY ASSISTANT ATT'Y GEN., ANTITRUST DIV., U. S. DEP'T. OF JUSTICE. Six "Small" Proposals for SSOs Before Lunch, Remarks as Prepared for the ITU-T Patent Roundtable (Oct. 10, 2012), at 6 [EB/OL]. [2014-04-27]. http://www. justice. gov/atr/public/speeches/287855. pdf.

❺❻ EKIANA CARCÉS TOlÓN. Licensing Of Standard Essential Patents：Antitrust Intervention Is Not Big Enough A Fix [J]. Competition Pol'y Int'l, 2013(9)：90.

❼ HUGH HANSEN. US Intellectual Property Law and Policy [M]. Edward Elgar, 2013：681.

❽ HUGH HANSEN. US Intellectual Property Law and Policy [M]. Edward Elgar, 2013：683.

2. 中国法院确定 FRAND 许可费率的考量因素及法律依据

在华为案，受诉法院认为，FRAND 许可费率的合理确定，至少应考虑两个原则：一是专利许可费不应超过产品利润一定比例范围，对许可费应进行总量控制；二是专利持有人不能因为专利被纳入标准而获得额外的利益。❶ 就此案来说，法院认为判定原告应支付给被告的许可费率应考虑以下因素：（1）无线通信行业的大致获利水平，以确定特定无线通信产品中应支付的标准必要专利许可费的比例；（2）被告在无线通信领域所声明的标准必要专利的数量情况、质量情况、被告在业内的地位、研发投入等，以保障被告获得与其在无线通信技术领域贡献相适应的回报；（3）参考被告之前已达成协议并收取的可量化的使用费率标准，比如参考被告已授权给苹果、三星等公司的许可费率；（4）原告只要求获得被告在中国的标准必要专利的授权许可，而不是被告在全球范围的标准必要专利的授权许可。基于对上述因素的考量，法院最终确定了此案的 FRAND 许可费率，即以被告相关产品实际销售价格计算，以不超过 0.019% 为宜。❷

在华为案中，受诉法院认为，FRAND 原则既是 ETSI、TIA 的知识产权政策，也是标准组织普遍适用的一项知识产权政策，是作为标准组织成员的专利持有人应普遍遵循的一项义务；且该原则与《民法通则》第 4 条规定的"民事活动应当遵循自愿、公平、等价有偿、诚实信用的原则"以及《合同法》第 5 条规定的"当事人应当遵循公平原则确定各方的权利和义务"、第 6 条规定的"当事人行使权利、履行义务应当遵循诚实信用原则"相符。由此，可以看出受诉法院是从中国民法通则及合同法的基本原则，对 FRAND 规则进行解释。

被告对此不予认可，其在二审中认为，中国法律里并不存在与"FRAND"义务相对等概念，原审法院简单套用中国法律原则来解释"FRAND"义务，属于适用法律错误；从字面看民法通则与合同法中的"公平、等价有偿、诚实信用"可以找到 FRAND 义务中的"公平"（Fairness）、"合理"（Reasonableness）的含义，却无法找到"无歧视"（Non-discrimina-

---

❶　叶若思，祝建军，陈文全. 标准必要专利使用费纠纷中 FRAND 规则的司法适用 [J]. 电子知识产权，2013（4）：61.

❷　广东省高级人民法院民事判决书（2013）粤高法民三终字第 305 号。在 Microsoft Corp. v. Motorola, Inc. 一案中，美国法院给出了计算 FRAND 许可费应遵循的四个原则：（1）FRAND 许可费应有助于该标准的推广；（2）决定 FRAND 许可费的方法应尽量减少阻止该标准推广的风险，即"专利挟持"风险，还要考虑到今后可能出现的其他标准必要专利的专利费用累加问题；（3）FRAND 许可费应保证专利权人在其知识产权方面的投资获得合理回报；（4）FRAND 许可费应当限制在基于该专利技术经济价值的合理许可费，而不应考虑该专利被纳入标准后的经济增值部分。参见：Microsoft Corp. v. Motorola, Inc., 2013 U. S. Dist. LEXIS 60233.

tion）的含义。❶

本章认为，FRAND 规则来源于标准组织的知识产权政策，是纳入标准的知识产权的许可规则，故无论是在中国还是在其他法域，均不可能存在对应的法律概念，然而，这并不构成法院对此问题予以裁决的障碍。在中国，标准必要专利的许可，和普通专利的许可相比，虽有一定的特殊性，但在本质上仍属于民事行为，应受到中国民法通则及合同法的基本原则的拘束。此外，FRAND 作为标准组织普遍适用的一项知识产权政策，可视为一项国际惯例。根据中国民法通则的相关规定，❷ 中国法院可以适用国际惯例来解决纠纷。具体到此案而言，受诉法院可以适用 FRAND 规则来确定被告应向原告支付的标准必要专利许可费率。在确定可适用 FRAND 规则后，受诉法院依据中国民法通则及合同法上的公平原则及诚实信用原则来确定具体的许可费率，符合法律适用的内在逻辑。

（三）完善 FRAND 规则的建议

FRAND 规则具有模糊性，不利于专利持有人与标准实施者就许可费率达成协议。本章对 FRAND 规则提出如下完善建议。

1. 关于 FRAND 许可费率的确定

FRAND 规则的关键在于许可费率的合理，而许可费率的合理包括许可费本身的合理，以及许可费率相比较的合理。❸ 依据 FRAND 规则确定的标准必要专利的许可费率，应该是对该专利本身对技术领域所做贡献的价值体现，而不应是其被纳入标准的价值体现。❹ 即此专利被纳入标准后不应给其带来附加的价值。易言之，此许可费率所反映的是标准必要专利内在价值，而非其纳入标准后所产生的挟持价值。❺ 在确定 FRAND 许可费率时，法院或仲裁机构评估的应是该专利的事前价值（ex-ante value），即在其被纳入标准之前的价值。❻ 美国联邦地区法院 Robart 法官在 Microsoft v.

---

❶ 广东省高级人民法院民事判决书（2013）粤高法民三终字第 305 号。

❷ 《民法通则》第 142 条第 2 款规定："中华人民共和国法律和中华人民共和国缔结或者参加的国际条约没有规定的，可以适用国际惯例。"

❸ 广东省高级人民法院民事判决书（2013）粤高法民三终字第 305 号。

❹❺ FOSS PATENTS. German Court Unlikely to Approve Google's 2.25% SEP Royalty Demand From Apple as FRAND Rate [EB/OL]. [2014-04-17]. http://www.fosspatents.com/2013/06/german-court-unlikely-to-approve.html.

❻ EKIANA CARCÉS TOlÓN. Licensing Of Standard Essential Patents：Antitrust Intervention Is Not Big Enough A Fix [J]. Competition Pol'y Int'l, 2013(9)：90,94.

Motorola 一案中便持此种观点，并坚持将 FRAND 与该专利纳入标准前的价值相联系的原则，并将假定专利未纳入标准其持有人通过协商能够获取的许可费，作为确定 FRAND 许可费率的基础。❶

当法院或仲裁机关依据 FRAND 规则确定许可费时，除了参照专利持有人与其他标准实施者达成的许可条件外，如中国法院在华为案中的做法，尚可借鉴其他法域如英国的做法，即假定专利持有人与标准实施者在自愿进行许可谈判时，所应考虑的因素及可能达成的许可费率。❷ 通过此种方法所确定的许可费率是该专利纳入标准前市场价值的体现。

许可费率确定的另一核心问题是费率计价基础。在华为案中，受诉法院以相关产品（以整机）实际销售价格计算许可费率。对此，有人提出应以"最小可销售单元"作为计价基础，例如，对于智能手机应以芯片而非整部手机来计价。❸ 许多标准必要专利潜在的被许可人亦主张，基于 FRAND 规则本身以及专利侵权损害赔偿的原则，许可费率应按"再现"（read on）❹ 标准必要专利的部件而非整个产品确定，如对智能手机中的基带芯片，因其与其他部件经常购买于第三方，故其价格可单独确定。❺ 2013 年 9 月，在 In re Innovatio IP Ventures, LLC 案中，美国伊利诺伊北区联邦地方法院 Holderman 法官将实施专利的最小销售单元作为 FRAND 许可费率的计价基础。❻

本章认为，对于某些产业标准而言，其涉及的必要专利常数以千计。若专利持有人或者标准实施者能够确定一项或多项专利在标准实施者产品的一个或数个部件中再现，且这些部件的价格可单独计算或评估，则无疑以部件的价格作为确定 FRAND 费率计价基础无疑最为公平合理。然而，由于产品经常包含许多部件、涉及诸多专利，以部件作为确定许可费率的基础一般较为困难。专利持有人在进行许可时常常以产品而非以部件作为计价基础。例如，在华为案中，受诉法院便参照了被告以产品为计价基础许可苹果公司的许可费率，确定了原告应支付的费率。因此，以产品作为

❶ Microsoft Corp. v. Motorola, Inc., 2013 U. S. Dist. LEXIS 60233.

❷ Vringo Infrastructure, Inc. v, ZTE (UK) Limited [2013] EWHC 1591 (Pat).

❸ 史少华. 标准必要专利诉讼引发的思考 [J]. 电子知识产权, 2014 (1). 另参见：叶若思, 祝建军, 陈文全, 叶艳. 关于标准必要专利中反垄断及 FRAND 原则司法适用的调研 [G] // 黄武双. 知识产权法研究 (第 11 卷). 北京：知识产权出版社, 2013：78.

❹ "再现"，是专利侵权判定中的一个术语，意指被控侵权的产品或者方法使用了专利中的某一个或某个权利要求所保护的技术方案。在此情形下，侵权一般成立。

❺ Uniloc USA, Inc. v. Microsoft Corp., 632 F. 3d 1292, 1318 - 20 (Fed. Cir. 2011); Laser Dynamics. Inc. v. Quanta Computer. Inc. . 694 F. 3d 51. 67-68 (Fed. Cir. 2012).

❻ In re Innovatio IP Ventures, LLC, 2013 U. S. Dist. LEXIS 144061.

计价基础有其操作的合理性。

2. 关于标准组织的知识产权政策

标准组织的知识产权政策尤其是 FRAND 含义的模糊性，是导致标准必要专利纠纷多发的根源之一。❶ 不过，许多标准组织缺少明晰 FRAND 含义的动力。有些标准组织在其会议上禁止讨论许可费率及其他许可条件问题，导致标准组织成员在此方面难以达成任何共识。❷

标准组织严格或宽松的知识产权政策，将对专利持有人及标准实施者的利益产生重大的影响。严格的知识产权政策可以保证标准实施的稳定性和透明度，对标准实施者是最有利的，但是会影响专利持有人发明创新的收益；而宽松或模糊的知识产权政策对专利持有人约束较小，容易引发其滥用行为。❸

出于消减专利纳入标准后产生的"挟持"效应以利于标准的推广与应用，国际贸易协会（VITA）、美国电气和电子工程师协会（Institute of Electrical and Electronics Engineers，IEEE）等标准组织意图采用更为严格的知识产权政策。例如，VITA 要求专利持有人在标准确定过程中披露在其专利被纳入标准后，将收取的最高许可费率及其他最为严格的许可条件。❹ 作为美国最大及最有影响力的标准组织，IEEE 准许（而不是要求）专利持有人事先公布最高许可费率及其他最为严格的许可条件。❺ 对于由此可能引发的垄断争议，美国反托拉斯执法机构认为：标准组织参与者事先考虑许可条件是促进竞争的；标准组织参与者事前联合考虑许可条件也不构成本身违法；准许标准的潜在被许可人与知识产权持有人协商许可条件，以减缓"挟持"压力；对于此种联合行动，反托拉斯执法机构通常采用合理规则进行评估；知识产权所有者单方宣布许可条件不违反《谢尔曼法》

---

❶ 事实上，并无标准组织对 FRAND 的含义进行过界定，而许多标准组织拒绝承担界定、解释或判断 FRAND 许可条件合理性的责任。参见：Inst. of Elecs. Eng'rs, Inc., IEEE-SA Standards Board Bylaw § 6. 2（2012）[EB/OL].[2014-04-27]. http://standards. ieee. org/develop/policies/by-laws/sb_bylaws. pdf.

❷ MARK A. LEMLEY. Intellectual Property Rights and Standard-Setting Organizations [J]. Cal L. Rev., 2002(90): 1889, 1965.

❸ 罗蓉蓉. 技术标准制定中的垄断行为的规制及对策研究 [J]. 法学杂志，2013（10）.

❹ Letter from Thomas O. Barnett, Assistant Att'y Gen., U. S. Dep't of Justice, to Robert A. Skitol, Drinker Biddle & Reath LLP（Oct. 30,2006）[EB/OL].[2014-04-27]. http://www. justice. gov/atr/public/busreview/219380. htm.

❺ Letter from Thomas O. Barnett, Assistant Att'y Gen., U. S. Dep't of Justice, to Michael A. Lindsay, Dorsey & Whitney LLP（Apr. 30,2007）[EB/OL].[2014-04-29]. http://www. justice. gov/atr/public/busreview/222978. pdf.

第 1 节，单方宣布许可价格不违反该法第 2 节。❶

除此之外，标准组织还可采取其他有效手段，以提高知识产权政策的清晰度，并减少诉讼的发生，如在其政策中可包含一般性声明，明确利用专利纳入标准获得的市场支配力属于非法行为等。❷ 本章认为，为了实现制定标准的目的，避免专利纳入标准后产生的"挟持"效果，减少 FRAND 许可费率纠纷，应鼓励标准组织制定更为公开、透明、严格而又不具有反竞争效果（anti-competitive）的知识产权政策。

3. 关于专利持有人的善意谈判义务

专利持有人作出的 FRAND 承诺应是善意的，其向潜在被许可人发放许可的意愿以及所进行的许可协商，应以达成许可协议为目的。❸ 为此，专利持有人负有善意谈判的义务。在商谈 FRAND 许可条件过程中，此种义务主要体现在专利持有人向标准实施者披露其已与其他的被许可人或标准实施者达成许可协议的内容，以推动 FRAND 许可协议的达成，并使许可条件满足"不歧视"原则的要求。❹

在华为案中，虽然被告已将其标准必要专利许可给了苹果、三星等公司，但其拒绝向原告披露相关的信息。虽然中国民法通则、合同法中并无善意谈判义务的明确规定，但此两部法律所规定的诚实信用原则已隐含了此种义务。据此，为使双方能够达成 FRAND 许可条件，标准专利持有人负有善意地披露相关信息的义务。❺

与专利持有人披露义务相关的是有关 FRAND 条件诉讼或仲裁结果公开的问题。如上文所述，FRAND 许可条件可通过仲裁或诉讼解决。一个法域内法院的判决或者仲裁机构的裁决结果，对同一标准必要专利在其他法

---

❶ U.S. DEP'T OF JUSTICE & FED. TRADE COMM'N. Antitrust Enforcement and Intellectual Property Right：Promoting Innovation and Competition 8（2007）[EB/OL].[2014-04-29]. http://www. justice. gov/atr/public/hearings/ip/222655. htm.

❷ EKIANA CARCÉS TOIÓN. Licensing Of Standard Essential Patents：Antitrust Intervention Is Not Big Enough A Fix [J]. Competition Pol'y Int'l,2013（9）:90,97.

❸ HUGH HANSEN. US Intellectual Property Law and Policy [M]. Edward Elgar,2013:683.

❹ MARK A. LEMLEY,CARL SHAPIRO. A Simple Approach to Setting Reasonable Royalties for Standard-Essential Patents [J]. Berkeley Technology Law Journal,2013,1135（28）:1141.

❺ 同样，《日本民法典》也没有规定合同当事人的此种义务。但在有些案件中，法院认定基于签署合同的目的，当事人在协商合同过程中负有向对方披露重要信息的善意义务。在三星与苹果专利纠纷案中，三星未向苹果披露任何其与其他公司达成的标准必要专利的许可信息，构成对此种义务的违反。参见：NAOKI OKUMURA,Decision of the Tokyo District Court in the FRAND Defense Case [EB/OL].[2014-04-18]. http://www. nakapat. gr. jp/english/legal/2013/10/decision_of_the_tokyo_district_1. html.

域中 FRAND 许可条件的判定将产生实质性影响。❶ 专利持有人就标准必要专利与其他实施者就合理许可费率达成的交易当然构成其他仲裁或诉讼的相关证据，且基于持有人无歧视的承诺，上述交易对其他实施者而言亦具有拘束力。❷ 虽然在有些情形下，专利持有人及标准实施者倾向于将判决或仲裁结果保密，但这将影响 FRAND 机制的效率，故法院不应准许。❸

四、专利持有人违反 FRAND 许可规则的反垄断法规制❹
(一) 专利持有人行使权利与反垄断法之间的关系

专利持有人许可标准实施者使用其专利并就 FRAND 条件商谈的行为属于行使权利的行为。反垄断执法很少干预专利持有人行使权利的行为。❺ 中国反垄断法对行使知识产权与反垄断之间的关系进行了规定，即经营者依法行使知识产权的行为，不适用反垄断法；但是经营者滥用知识产权，排除、限制竞争的行为，将受到反垄断法的规制。❻ 中国反垄断法所规定的垄断行为包括经营者达成垄断协议、经营者滥用市场支配地位以及具有或者可能具有排除、限制竞争的效果的经营者集中三种。❼ 专利持有人若行使权利不当，包括违背 FRAND 承诺索要高额许可费的行为，将可能构

---

❶ LEON B. GREENFIELD,HARTMUT SCHNEIDER,JOSEPH J. MUELLER. SEP Enforcement Disputes Beyond the Water's Edge:A Survey of Recent Non-U. S. Decisions [J]. Antitrust,2013(27):50,53.

❷ Mark A. Lemley,Carl Shapiro. A Simple Approach to Setting Reasonable Royalties for Standard-Essential Patents [J]. Berkeley Technology Law Journal,2013,1135(28):1149.

❸ MARK A. LEMLEY,CARL SHAPIRO. A Simple Approach to Setting Reasonable Royalties for Standard-Essential Patents [J]. Berkeley Technology Law Journal,2013,1135(28):1145.

❹ 在中国、美国及欧盟，标准专利持有人违反 FRAND 规则的行为可以通过反垄断法予以规制。而在日本，则可通过禁止权利滥用制度规制。例如，在三星诉苹果公司专利侵权案中，东京地方法院于 2013 年 2 月 28 日，驳回了三星指控苹果侵权并寻求禁令的诉讼请求，理由如下：对其宣布纳入 UMTS 无线通信标准并承诺给予 FRAND 许可的必要专利，三星不可在当地寻求禁令救济；三星未能基于善意进行 FRAND 许可谈判，包括拒绝向苹果提供必要信息，以使后者判断三星的授权要约是否符合 FRAND 规则等，三星的行为已违反了《日本民法典》第 1 条，构成"权利滥用"，故该院拒绝对其主张的专利侵权行为给予救济。参见：LEON B. GREENFIELD,HARTMUT SCHNEIDER,JOSEPH J. MUELLER. SEP Enforcement Disputes Beyond the Water's Edge:A Survey of Recent Non-U. S. Decisions [J]. Antitrust,2013(27):50,53-54.

❺ EKIANA CARCÉS TOIÓN. Licensing Of Standard Essential Patents:Antitrust Intervention Is Not Big Enough A Fix [J]. Competition Pol'y Int'l,2013(9):90,91.

❻ 《反垄断法》(2007) 第 55 条。

❼ 《反垄断法》(2007) 第 3 条。

成滥用市场支配地位的垄断行为。❶ 在华为案中，原告也是以被告滥用市场支配地位为由提起了反垄断民事诉讼。在认定专利持有人是否构成此种垄断行为时，首先应界定相关市场以及专利持有人在该市场中是否具有支配地位；其次，认定该专利持有人是否实施了滥用市场支配地位行为；最后，在认定该专利持有人实施垄断行为的情形下，依法确定其应承担的法律责任。

（二）相关市场的界定及市场支配地位的认定

中国反垄断法规定，相关市场是指经营者在一定时期内就特定商品或者服务进行竞争的商品范围和地域范围。❷ 相关市场包括相关商品市场及相关地域市场。在技术贸易、许可协议等涉及知识产权的反垄断执法工作中，可能尚需界定相关技术市场。❸

在标准必要专利 FRAND 许可中，标准实施者试图从专利持有人获得许可的每一项必要专利，实质上是一种技术。由于这些技术受专利保护，且对标准的实施而言必不可少且不可替代，故标准中每项必要专利所保护的技术构成一个独立的相关市场。❹ 在华为案中，受诉法院认定中国 3G 无线通信标准中的每一项必要专利许可市场均是唯一和不可替代的。同时，从相关地域市场的角度看，由于专利权具有地域性，被告在中国和美国拥有 3G 标准必要专利许可的地域市场，且其为两个独立的地域市场。

关于专利持有人是否具有市场支配地位，应结合中国反垄断法认定。市场支配地位，"是指经营者在相关市场内具有能够控制商品价格、数量或者其他交易条件，或者能够阻碍、影响其他经营者进入相关市场能力的市场地位"。❺ 认定经营者是否具有市场支配地位时，应当考虑该经营者在

---

❶　标准必要专利的一个或多个持有人若采取某种协同行为，也可能构成垄断协议行为。在美国，若专利持有人向已对所涉技术进行投资的标准实施者索要高额许可费，也可能构成滥用市场支配地位的垄断行为。EKIANA CARCÉS TOIÓN. Licensing Of Standard Essential Patents：Antitrust Intervention Is Not Big Enough A Fix［J］. Competition Pol'y Int'l,2013（9）：90,92.

❷　《反垄断法》（2007）第 12 条第 2 款。

❸　《国务院反垄断委员会关于相关市场界定的指南》（2009 年 5 月 24 日发布）第 3 条。

❹　因每项专利实质保护的是一项技术方案，故此处所说的相关市场，实质上是相关技术市场。欧洲委员会也持同样的观点，认为标准必要专利的特异性在于为了符合标准，其必须被实施，其无法对其进行规避设计，故每一标准必要专利均构成独立的相关技术市场。Case No COMP/ M. 6381–GOOGLE/ MOTOROLA MOBILITY,*supra* note 27,paragraph 54.

❺　《反垄断法》（2007）第 17 条第 2 款。

相关市场的市场份额，以及相关市场的竞争状况等因素。❶ 标准中每一项必要专利所形成的技术市场，由于该专利技术的唯一性及无可替代性，该专利的持有人在该市场中占有 100% 的市场份额，故该专利的持有人在该市场中具有支配地位。❷

在华为案中，法院认定被告拥有全球（包括中国和美国）3G 无线通信领域 WCDMA、CDMA2000、TD-SCDMA 标准中的必要专利，基于 3G 标准中每一个必要专利的唯一性和不可替代性，被告在 3G 标准中的每一个必要专利许可市场均拥有完全的份额，被告在相关市场内具有阻碍或影响其他经营者进入相关市场的能力。此外，由于被告不进行任何实质性生产，仅以专利许可作为其经营模式，原告无法通过标准必要专利的交叉许可来制约被告。故就此案来说，被告在与原告进行 3G 标准必要专利许可谈判时，具备控制原告使用其 3G 标准必要专利的价格、数量及其他交易条件的能力。从以上因素出发，法院认定被告在相关市场中具有市场支配地位。❸ 受诉法院的认定完全符合中国反垄断法的规定。

（三）专利持有人滥用市场支配地位的行为的认定

中国反垄断法对滥用市场支配地位行为进行了列举。❹ 专利持有人滥用市场支配地位可能实施以下行为：以不公平的高价销售商品；无正当理由，拒绝交易；无正当理由，搭售商品，或者在交易时附加不合理的交易条件；无正当理由，对条件相同的交易相对人在交易条件上实行差别待遇等。

在华为案中，原告指控被告违反 FRAND 原则、滥用市场支配地位的行为包括过高定价、差别交易、搭售及附加其他不合理的交易条件、拒绝交易。❺ 被告是否滥用其市场支配地位的关键，在于其与原告协商过程中向原告提出的许可条件是否符合 FRAND 规则。

在华为案中，法院认定被告实施了定价过高的滥用市场支配地位行

---

❶ 《反垄断法》（2007）第 18 条第 1 款。

❷ 欧洲委员会意识到纳入标准技术可能获得的市场支配地位，故在《平行合作指南》中明确要求对此种市场支配地位予以限制，要求标准组织的知识产权政策应对技术提供者的技术"所有权"进行限制，即对所有标准实施者给予 FRAND 许可。参见：Case No COMP/M.6381-GOOGLE/ MOTOROLA MOBILITY, *supra* note 27, paragraph 57.

❸ 广东省高级人民法院民事判决书（2013）粤高法民三终字第 306 号。

❹ 《反垄断法》（2007）第 17 条第 1 款。

❺ 叶若思，祝建军，陈文全，叶艳. 关于标准必要专利中反垄断及 FRAND 原则司法适用的调研 [G] //黄武双. 知识产权法研究（第 11 卷）. 北京：知识产权出版社，2013：14.

为。被告向原告要求过高的必要专利许可费主要体现在两个方面：（1）将被告授权给苹果公司、三星公司、RIM 公司、HTC 公司的专利许可条件与被告向原告发出的要约条件进行比较，其向后者索要的许可费率是前者的 7~100 倍；同时，在苹果公司、三星公司一直是全球排前几名的手机生产商，而原告尚未列入该排名的情形下，被告仍向原告提出远远高于苹果公司和三星公司的必要专利许可使用价格；（2）被告在要约中要求原告及其连属公司将其专利在全球范围内、非排他性的、免费许可给被告，而原告专利的市场和技术价值远远超越被告。❶ 因此，被告不仅要求原告支付高昂的许可费，还强迫原告及其连属公司给予其所有专利的免费许可，使之可以获得额外的利益，这进一步加剧被告收取过高的专利许可使用费。❷法院还指出，在双方还处于谈判阶段时，在被告自身于缔约阶段违反 FRAND 义务的情形下，被告向美国国际贸易委员会和美国特拉华州地方法院，对原告提出标准必要专利的禁令之诉，要求禁止原告使用其标准必要专利。由于原告在与被告的谈判中一直处于善意状态，被告在美国提起诉讼的目的，在于逼迫原告接受过高专利许可交易条件，专利持有人不能禁止善意的谈判对方使用其必要专利，被告的行为属于滥用市场支配地位的行为。被告行为在本质上亦属于过高定价的行为，而非原告所主张的拒绝交易行为。❸也有学者指出，专利持有人通过向潜在的被许可人提起诉讼，并寻求禁令救济，承受压力的该被许可人将可能被迫接受更高的许可费，故专利持有人寻求禁令救济的行为可解释为滥用市场支配地位的表现。❹

在华为案中，法院认定被告实施了搭售行为。被告利用其必要专利授权许可市场条件下的支配地位，将必要专利与非必要专利搭售，属于滥用市场支配地位的行为。❺在无线通信市场领域，必要专利权人将各个国家或地区的必要专利（包括 2G、3G、4G）打包进行全球许可，是市场上常见且广泛采用的交易模式。鉴于此，原告认为被告在要约中提出必要专利（包括 3G 和 4G 捆绑）全球许可，属于滥用市场支配地位从而构成垄断的观点，未得到法院的支持。❻

专利持有人滥用市场支配地位行为方式多样。如欧洲委员会将拒绝给予 FRAND 许可，坚持非 FRAND 许可条件如拒绝接受"纯付现许可"

---

❶❷❸❺　叶若思，祝建军，陈文全，叶艳. 关于标准必要专利中反垄断及 FRAND 原则司法适用的调研［G］//黄武双. 知识产权法研究（第 11 卷）. 北京：知识产权出版社，2013：15.

❹　EKIANA CARCÉS TOIÓN. Licensing Of Standard Essential Patents：Antitrust Intervention Is Not Big Enough A Fix［J］. Competition Pol'y Int'l，2013（9）：90，93.

❻　叶若思，祝建军，陈文全. 标准必要专利权人滥用市场支配地位构成垄断的认定［J］. 电子知识产权，2013（3）：52.

（cash - only option），以及提出非 FRAND 许可要约等，均认定为滥用 FRAND 规则，或者说滥用市场支配地位的行为。❶ 在华为案中，被告不仅要求被告承担高的许可费，而且要求原告免费将其专利许可被告使用，属于拒绝接受"纯付现许可"，同样属于滥用市场支配地位行为。

（四）SEP 滥用市场支配地位行为的反垄断法责任

中国《反垄断法》第 50 条规定，经营者实施垄断行为，给他人造成损失的，依法承担民事责任。❷ 民事责任包括停止侵害责任及赔偿损害责任，原告为调查、制止垄断行为所支付的合理开支计入损失赔偿范围。❸ 中国法律所规定的停止侵害的民事责任，相当于英美法中的永久性禁令，即法院认定被告行为构成垄断的，责令其停止垄断行为的命令。损害赔偿，是经营者违反中国反垄断法承担的主要民事责任方式。原告应对损害赔偿的数额承担举证责任。损害赔偿数额的确定方式，根据中国司法实践，可以按照原告因被告的侵权行为受到的实际损失，或者以被告因实施侵权行为获得非法所得计算。在实际损失或者非法所得难以准确计算的情形下，法院可对赔偿数额进行酌定。

在华为案中，法院认为由于原告与被告均未提供证明"因被告侵权致原告受损或被告因侵权获利数额"的确切证据，故其酌定被告承担的赔偿金额为 2 000 万元人民币（约 320 万美元），即全额支持了原告索赔的诉讼请求。在此案中，法院明确了酌定此案赔偿额的如下因素，即：（1）为制止被告垄断行为，原告所支付的合理开支，包括原告在中国及美国支付的律师费、因公证取证而产生公证费；（2）竞争利益受损等损失；（3）其他酌定因素，如被告侵权行为的性质、主观过错程度，以及给原告造成损害的严重性等。

专利持有人违背 FRAND 承诺，实施滥用市场支配地位行为给标准实施者造成损失数额的计算是一难题。关于损失数额的确定方法，除了在华为案中，法院适用的酌定方法外，本书认为，在此类案件中尚可针对不同

---

❶　FOSS PATENT. European Commission Defines FRAND Abuse More Broadly Than German Courts Do [EB/OL]. [2014 - 10 - 14]. http://www.fosspatents.com/2012/03/european - commission - defines - frand - abuse.html, last visit on April 18, 2014.

❷　除民事责任外，经营者违反《反垄断法》规定的，尚有可能承担行政责任。如对于滥用市场支配地位的行为，反垄断执法机构将没收非法所得，并处以上一年度销售额 1% 以上 10% 以下的罚款。但是，经营者对其垄断行为不承担刑事责任。

❸　参见《最高人民法院关于审理因垄断行为引发的民事纠纷案件应用法律若干问题的规定》（法释〔2012〕5 号）第 14 条规定。

情形采用如下不同的计算方式。

（1）假定专利持有人已与标准实施者达成了许可协议，但事后标准实施者发现二者达成的许可条件并非符合 FRAND 规则，标准实施者可在法定期间内提起诉讼并请求法院撤销二者达成的协议，重新确定 FRAND 许可费率。以法院确定的许可费率为基准，专利持有人多收取的许可费便是其实施垄断行为获得的非法利益或者是标准实施者受到的实际损失，专利持有人应进行赔偿。

（2）若专利持有人滥用市场支配地位，提出了非 FRAND 的许可条件，导致与标准实施者迟迟难以达成协议，致使后者无法实施该标准，从而使其产品无法进入相关市场的，可依法院最终确定 FRAND 许可费率，计算出标准实施者产品进入相关市场的利润率，并依此确定标准实施者因未能及时进入相关市场而受到的实际利润损失。

（3）若专利持有人滥用市场支配地位，提出了非 FRAND 的许可条件，导致与标准实施者迟迟难以达成协议，但标准实施者已经实施了相关标准，后来通过诉讼由法院确定 FRAND 许可费率的，在此情形下应以此许可费率计算出标准实施者产品进入相关市场的利润率，并结合专利持有人延缓标准实施者进入相关市场的时间，确定垄断行为给标准实施者造成的损失。

五、小　　结

受益于公众，是专利制度宗旨之一或者最终宗旨，[1] 而标准的制定及推广同样是为了社会福祉。[2] 标准必要专利使专利与标准产生了交集，并带来专利"挟持"效应及"许可费堆积"等问题。为解决这些问题，FRAND 规则应运而生。不过由于 FRAND 含义的模糊性，导致相关诉讼时有发生。作为首起通过判决确定 FRAND 许可费率的案件，中国法院在华为案中进行有益的探索。为了提高 FRAND 规则的清晰度，减少诉讼的发生，应鼓励标准组织制定更为严格、透明的知识产权政策。专利持有人与

---

[1]　例如，中国《专利法》的立法宗旨除了保护专利权人的合法权益外，还包括"鼓励发明创造，推动发明创造的应用，提高创新能力，促进科学技术进步和经济社会发展"等，参见中国《专利法》第 1 条；而美国专利法通过向发明人及发明的支持者提供专利权激励的方式，实现公众受益（public benefit）的最终宗旨。参见：AMY L. LANDERS. Understanding Patent Law [M]. 2nd ed. LexisNexis, 2012: 13.

[2]　参见本章"二（一）"节的论述。

标准实施者对 FRAND 条件负有善意协商的义务。反垄断执法为 FRAND 规则的执行提供了法律制约机制。华为案作为中国标准必要专利 FRAND 许可条件及反垄断诉讼的"第一案"，将不会是"最后一案"。随着审判经验的积累，包括中国法院在内的各国司法机关，将为 FRAND 许可纠纷的解决提供更加"公平、合理"（Fairand Reasonable）的解决之道。

第 13 章
滥用知识产权垄断行为的救济

> 对于滥用知识产权垄断行为，利害关系人可以通过提起民事诉讼，或者通过向反垄断执法机构举报及后续的行政诉讼来寻求救济。对于反垄断民事诉讼，本章研究了原告资格、案件管辖、法院对垄断行为的认定以及垄断行为实施者应承担的民事责任等问题。对于反垄断行政诉讼，本章探讨了此类诉讼的原告资格、被告、案件的管辖以及反垄断具体行政行为的认定等问题。

法律的生命在于实施，在于向利益受损方提供充分而有效的救济。反垄断法的实施依据实施主体之不同，分为公力实施和私力实施。公力实施，是指作为政府部门的反垄断执法机构依据反垄断法，对垄断行为进行的查处；私力实施，是指作为民事主体的公民、法人和其他组织等受垄断行为侵害者，通过提起民事诉讼的方式请求损害赔偿，从而实施反垄断法的行为。私力实施是以民事诉讼的方式进行的，而公力实施也可能导致诉讼的发生，如行政诉讼或者刑事诉讼。

从世界范围看，反垄断诉讼可能涉及民事诉讼、行政诉讼或者刑事诉讼。反垄断刑事诉讼，是指通过追究垄断行为人刑事责任的形式，打击、制裁垄断行为。在我国反垄断法审议过程中，有人建议增加追究垄断行为人刑事责任的规定，主要理由是将严重的垄断行为规定为犯罪并处以刑罚是许多国家的通例，加重对严重的垄断行为的制裁在国际上已成为一种趋势。但立法者考虑到追究垄断行为人的刑事责任是重大而复杂的问题，不

能求全、求快，毕竟我国反垄断法制刚刚建立，还有许多问题要解决，因此，追究垄断行为人刑事责任的建议未被采纳。❶

依据我国反垄断法的规定，滥用知识产权垄断行为的受害者可通过提起民事诉讼的方式，或者通过向反垄断执法部门举报及后续的行政诉讼方式来维护自身合法权益，并获得相应救济。因反垄断民事诉讼及行政诉讼在我国刚刚兴起，当事人、律师甚至法官经验不足，诉讼涉及的许多基本问题需要研究。从本书上文所言，滥用知识产权的垄断行为与《反垄断法》所规定的其他垄断行为并无本质区别，本章从反垄断民事诉讼及行政诉讼两个层面，研究探讨此两种诉讼中涉及的主要问题及滥用知识产权垄断行为的利益受损方能够获得的救济。

一、反垄断民事诉讼

反垄断民事诉讼，又称反垄断私人诉讼，是指公民、法人和其他组织等垄断行为利害关系人依据反垄断法直接向法院提起诉讼，以追究垄断行为人的民事责任尤其是损害赔偿责任的诉讼。❷ 我国《反垄断法》第 50 条规定，"经营者实施垄断行为，给他人造成损失的，依法承担民事责任，"即我国法律明确规定了民事诉讼为反垄断法的实施方式。我国民众对反垄断法的民事诉讼寄予厚望，在反垄断实施之日，便有数起案件诉诸法院。如，律师刘方荣以重庆保险行业协会涉嫌垄断保险费市场价格、限制自由竞争为由将其诉诸法院，重庆保险业协会由此成为反垄断法出台后保险业第一个被告。❸ 同日，律师李方平以北京网通公司违反了《反垄断法》第 17 条为由将其告上北京市朝阳区人民法院，要求确认网通公司实行差别待遇的格式合同条款和业务公告违法，并请求法院判令网通公司赔偿一元等。❹

与大众高涨的诉讼热情相比，理论界及实务界对反垄断民事诉讼的思考要冷静得多，认为此类诉讼目前主要存在以下值得研究的问题：民事诉讼的原告资格、民事案件的管辖、垄断行为的司法认定、垄断行为的民事救济以及民事诉讼与行政执法程序的衔接等。

---

❶ 吴高盛. 中华人民共和国反垄断法释义 [M]. 北京：中国法制出版社，2007：141. 但对于垄断行为也存在有可能被追究刑事责任的情形，如"串通投标"的垄断行为，可能被依照《刑法》第 223 条追究刑事责任。

❷ 史际春. 反垄断法理解与适用 [M]. 北京：中国法制出版社，2007：305.

❸ 袁定波. 反垄断民事官司面临众多"说不清" [N]. 法制日报，2008-10-28（6）.

❹ 袁京. 反垄断第一案移送二中院 [N]. 北京日报，2008-11-05.

（一）反垄断民事诉讼的原告资格

反垄断民事案件的审理已引起了最高人民法院的重视。在该院下发的相关通知中明确要求：当事人因垄断行为提起民事诉讼的，只要符合《民事诉讼法》第 119 条和反垄断法规定的受理条件，人民法院应当依法受理，并依法审判。❶ 依据我国《民事诉讼法》第 119 条规定，起诉必须符合以下条件：（1）原告是与此案具有直接利害关系的公民、法人和其他组织；（2）有明确的被告；（3）有具体的诉讼请求和事实、理由；（4）属于人民法院受理民事诉讼的范围和受诉人民法院管辖。在上述四个要件中，原告诉讼资格的认定是首先应解决的问题。

根据民事诉讼法的规定，原告必须是与案件有直接利害关系的公民、法人和其他组织。结合我国《反垄断法》第 50 条规定，提起反垄断民事诉讼的原告必须是与垄断行为具有直接利害关系者，即垄断行为的受损失者。在我国反垄断民事诉讼的起步阶段，垄断行为的受损者范围，即原告范围，应由人民法院合理确定。原告范围过宽，将会引发过度诉讼，加大法院负担；而过窄则不利于私人提起反垄断诉讼，并可能使真正受害人得不到赔偿。❷ 从反垄断民事诉讼非常发达的美国的判例来看，虽然《克莱顿法》第 4 条明确规定，任何因反托拉斯法所禁止的事项而遭受财产或营业损害的人，可在地区法院提起三倍赔偿诉讼，但在实践中法院一直在限制能够提起此种诉讼的原告范围。❸ 私人诉讼中，原告资格只应赋予那些受到反垄断损害（antitrust injury）——因某行为的反竞争后果受到损害的当事人。❹ 私人取得原告的资格必须符合直接受损、可预见的损害、在被告的目标范围（target area）内以及在反垄断法所设计的保护"利益领域"内等要求。❺

我国反垄断民事诉讼原告资格的认定主要涉及以下问题：（1）消费者的诉讼资格；（2）竞争者的诉讼资格；（3）消费者组织、行业组织、地方政府的诉讼资格；（4）群体性受害者的救济问题等。下面分别予以论述。

---

❶ 《最高人民法院关于认真学习和贯彻〈中华人民共和国发垄断法〉的通知》（2008 年 7 月 28 日）。

❷ 时建中.反垄断法：法典释评与学理探源［M］.北京：中国人民大学出版社，2008：474.

❸ PHOLLIP AREEDA, LOUIS KAPLOW. Antitrust Analysis, Problems, Text, and Cases［M］. 北京：中信出版社，2003：76.

❹ Brunswick v. Pubelo Bowl-O-Mat, 429 U. S. 577 (1977).

❺ 刘宁元.中外反垄断法实施体制研究［M］.北京：北京大学出版社，2005：94.

1. 消费者的诉讼资格问题

消费者是否具有诉讼资格，是和反垄断法的立法目的相关联的问题。整体而言，世界各国反垄断立法的目的是基本一致的，其直接目的是反对垄断和保护竞争，其最终目的是提高经济效益和维护消费者的利益。❶ 正如欧共体法院在其 1988 年 Hoechst 诉欧共体委员会一案的判决中所言，竞争法的实体法和程序法的目的均为"出于公共利益、企业利益和消费者的利益而保护竞争不受扭曲"。❷ 我国反垄断法具有类似的立法目的。该法第 1 条明确规定其立法目的为"预防和制止垄断行为，保护市场公平竞争，提高经济运行效率，维护消费者利益和社会公共利益，促进社会主义市场经济健康发展"。❸

各国立法对消费者是否具有反垄断诉讼的原告资格之规定不尽相同。美国法院在考虑消费者的诉讼资格时考虑损害的直接性（directness of damages）。美国最高法院认定，产品的中间销售商因产品制造商的托拉斯违法行为而支付高价格的损失，不因向消费者进行了转移而认定其未受到损失，故中间销售商有资格提起三倍损害赔偿诉讼；❹ 这一原则对最终消费者提起三倍赔偿诉讼的资格具有影响。消费者对直接供货商的反垄断违法行为有权提起三倍赔偿诉讼的权利。❺ 但是，如果直接供货商行为并无不法，则消费者对该产品制造商与其竞争对手的共谋提价行为无权提起三倍损害赔偿诉讼；❻ 虽然，这并不意味着限制间接购买者如消费者获得衡平上救济的权利。❼ 在某些国家如日本，则充分肯定消费者具有反垄断法损害赔偿请求权。❽ 日本东京高等法院在鹤冈灯油案中，认可消费者是《禁止私人垄断及确保公平交易法》第 25 条所规定的损害赔偿请求权者。❾

本书认为，在限定消费者诉讼资格方面，美国的做法并不适合我国。美国法院限定消费者起诉资格的理由是，如果不加以限制将可能出现多重赔偿（duplicate recovery）、加大赔偿额计算及分配的难度及不确定性从而

---

❶ 王晓晔. 我国反垄断立法的宗旨 [J]. 华东政法大学学报，2008（2）.

❷ Hoechst AG v. Commission of the European Community [EB/OL]. [2014-10-14]. http://www. ena. lu/judgment_court_justice_hoechst_commission_joined_cases_46-87_227-88_september_1989-020006980. html.

❸ 《反垄断法》第 1 条。

❹ Hanover Shoe v. United Shoe Mach. Corp.,392 U. S. 481,499（1968）.

❺ Reiter v. Sonotone Corp.,442 U. S 330（1979）.

❻ Illinois Brick Co. v. Illinois,431 U. S. 720（1977）.

❼ Mid-West Paper Prods. Co. v. Continental Group,596 F. 2d 573,590（3d Cir. 1979）.

❽ 王立军，王海涛. 反垄断法中的消费者权益研究 [J]. 法学杂志，2007（3）.

❾ 时建中. 反垄断法：法典释评与学理探源 [M]. 北京：中国人民大学出版社，2008：472.

加大了法院的负担、增加了诉讼成本、因更多原告加入诉讼而分散了诉讼利益从而降了三倍赔偿诉讼在制止违法行为方面的有效性等。❶ 上述理由完全是出于司法政策上的考虑。我国民事损害赔偿的基本原则是填平原则。如果权利人能够证明其因垄断违法行为受到了损失，违法者应予赔偿，不存在多重赔偿的问题。在我国反垄断法施行初期，诉讼成本的增大、法院负担的增加尚不能成为限制消费者诉讼资格的理由。因此，我们应采取与日本国相同的政策，对私人提起反垄断民事诉讼采取肯定、支持的态度。

我国《反垄断法》第 50 条仅规定经营者实施垄断行为给"他人"造成损失的，依法承担民事责任。此处的"他人"，有学者认为，"既包括企业，也包括广大的消费者"，❷ 也有学者持类似观点，认为消费者在整个交易过程中，是所有垄断行为后果的最后承担者，故从法律规定上讲，消费者应具有诉权。❸

本书认为，消费者利益是反垄断法保护的利益之一，垄断行为从根本上讲损害了消费者的利益，故消费者具有原告资格的可能性。然而，我们同样应认识到，虽然反垄断法并不排除对消费者的直接和具体的保护，但与消费者权益保护法相比，反垄断法侧重于通过维护市场竞争机制提高经济效益，使消费者整体获益。❹ 此外，鉴于垄断行为多种多样，消费者群体非常庞大，故并非所有的消费者对所有的垄断行为均能符合我国民事诉讼法所规定的"具有直接利害关系"或因垄断行为受到损失的要件，所以消费者是否具有民事诉讼资格仍应结合个案认定。❺

从滥用市场支配地位的经营者处购买产品，并因该行为的反竞争后果而支付高价的消费者，具有原告资格。❻ 从垄断协议的当事方，如各种卡

---

❶ PHOLLIP AREEDA, LOUIS KAPLOW. Antitrust Analysis, Problems, Text, and Cases [M]. 北京：中信出版社, 2003:79.

❷ 吴高盛. 中华人民共和国反垄断法释义 [M]. 北京：中国法制出版社, 2007: 141.

❸ 袁定波. 反垄断民事官司面临众多"说不清"[N]. 法制日报, 2008-10-28 (6).

❹ 法律出版社社法规中心. 中华人民共和国反垄断法（注释本）[M]. 北京：法律出版社, 2008: 2.

❺ 《最高人民法院关于审理因垄断行为引发的民事纠纷案件应用法律若干问题的规定》（法释〔2012〕5 号）第 1 条对反垄断民事诉讼作出了界定，从中可以看出原告的诉讼资格，即自然人、法人或者其他组织，只要有证据证明因垄断行为受到损失，或者因合同内容、行业协会的章程等违反反垄断法而发生争议，均可以提起诉讼，要求垄断行为人承担民事责任。

❻ MARK WHITENER. Perspectives on Antitrust Litigation [C]. 最高人民法院知识产权庭. 反垄断民事诉讼问题研讨会会议材料，天津：2008 年 10 月.

特尔的当事方处购买产品的消费者也应具有原告资格。❶ 价格卡特尔中被
固定的价格一般大大超过有效竞争条件下的价格水平，严重损害了消费者
的利益；同样，地域卡特尔进行了市场的分割，参加卡特尔的企业各自在
其销售地域内均具有垄断地位，一方面使消费者失去了选择商品的权利，
另一方面使市场失去了优胜劣汰的机制，严重损害企业的竞争力，使社会
资源不能得到优化配置，❷ 因此，消费者也应具有原告资格。数量卡特尔
对消费造成的损失也是显而易见的。但对于经营者不当集中的垄断行为，
消费者只有初步证明其与该行为"具有直接利害关系"或因该行为受到损
失后，方应具备原告资格。

2. 竞争者的诉讼资格

反垄断法是反对经济特权的法律。反垄断领域有一句名言：反垄断法
保护的是竞争，而不是竞争者。反垄断法作为一部竞争法，其目的是维护
市场竞争机制，保护社会公共利益，而不是保护特定竞争者的利益。❸ 反
垄断法与同为竞争法的反不正当竞争法有所区别，前者保护的是自由竞
争，不以保护特定竞争者为直接的立法目的；而后者保护的是公平竞争，
以保护经营者（竞争者）的合法权益作为直接的立法目的之一。❹ 然而，
当垄断行为给竞争者造成损失时，竞争者当然也具有寻求救济的权利。在
判定某经营者是否具有诉讼资格时，根据我国民事诉讼法及反垄断法的规
定，判定的标准同样是其是否与垄断行为具有直接的利害关系，垄断行为
是否给其造成了损失。然而，此种损失是否属于某些国家法上所称的"反
垄断损害"，则是值得探讨的问题。

在美国反垄断私人诉讼中，最高法院在 Brunswick Corp. v. Puebo
Bowl-O-Mat 一案中❺，要求原告不仅证明其受到的损失与被告不法行为之
间的因果关系，还需证明其受到的是"反托拉斯损害"（Antirust Injury），
即反托拉斯法意图防止的且使被告的行为构成非法的损害。在此案中，原
告是保龄球中心的经营者，与被告并购的保龄球中心进行竞争；若没有被
告的并购行为，被并购的保龄球中心将破产，这样原告面临的竞争激烈程
度将降低，利润将增加。下级法院以将来可能对保龄球零售市场造成损害

---

❶ 反垄断法把生产同类产品的企业限制竞争性的协议称为"卡特尔"，如价格卡特尔、数量
卡特尔、地域卡特尔等。

❷ 姚芃. 权威人士披露反垄断法执法准备内幕 [N]. 法制日报，2008-08-01 (8).

❸ 法律出版社法规中心. 中华人民共和国反垄断法（注释本）[M]. 北京：法律出版社，
2008：2.

❹ 《反不正当竞争法》第1条。

❺ 429 U.S. 477,489 (1977).

为由，认定并购行为违法。最高法院法官则一致认为，原告的损害来源于
被并购保龄球中心的合法竞争，此种损害并非反垄断法欲防止或赔偿的损
害。在美国的三倍赔偿私人诉讼中，作为原告必须证明：（1）受到了损
害，或潜在性损害（threatened injury）；（2）此种损害是由被告的不法行
为实际造成的；（3）此种损害是反垄断法意图防止的损害；虽然前两个要
件在"反垄断损害"的表述被首次使用之前，法院便明确要求原告必须要
证明，但该表述现在被越来越多地用来指代上述三个要件。❶虽然，美国
法律对竞争者三倍赔偿诉讼主体资格提出了相对严格的要求，但在竞争者
未能证明"反垄断损害"的情形下，法院并未完全排除竞争者的诉讼资
格，并指出在有些情况下，如其竞争对手合并可导致掠夺性定价的严重危
险时，竞争者可以获得禁令救济。❷

　　本书认为，在我国反垄断民事诉讼中，在考虑竞争者的诉讼资格时无
借鉴美国法上"反垄断损害"标准的必要。美国 Brunswick Corp 一案表明：
竞争者受到的损害是否为"反垄断损害"在很大程度上和被告行为的违法
性有关，即若被告的行为是合法的竞争行为，则原告即使受到了损害，此
种损害也非"反垄断损害"；即使竞争者证明不了其受到了"反垄断损
害"，则其仍具备提起反垄断诉讼、要求衡平法上的救济如禁令救济的资
格。而我国《反垄断法》第 50 条已经将提起民事诉讼的主体限定为垄断
行为给其造成损失者，已经隐含了被告行为违法且此种违法行为已经给原
告造成了损失两项要求。此外，我国法上并不存在法律上的救济及衡平法
上救济的区分，只要竞争者认为被告的行为构成侵权，便应有权提起诉
讼，要求被告停止侵权行为并赔偿损失。

　　根据我国民事侵权案件的立案审查标准，竞争者在提起反垄断民事诉
讼时应向法院提交初始证据，证明其起诉符合《民事诉讼法》第 119 条的
规定。在审查起诉人是否与此案具有直接利害关系时，受诉法院只应对起
诉资料进行形式上的审查，以决定起诉人是否提交了证明被告的行为构成
垄断，以及该垄断行为是否给起诉人造成损失的初始证据。如上述资料齐
全，则法院应当认定起诉人具有原告资格。至于被告行为是否真的构成了
违法行为、起诉人是否因该违法行为受到了损失，则是案件实体审理时解
决的问题。因此，在立案审查阶段对经营者的资格进行限制也是难以操作
的。在实体审理阶段，只要原告能够证明被告的行为构成了垄断，即使其
证明不了因该行为受到了损失，仍有要求法院判令被告停止违法行为的权

　　❶　PHOLLIP AREEDA, LOUIS KAPLOW. Antitrust Analysis, Problems, Text, and Cases ［M］. 北
京：中信出版社，2003：85.
　　❷　Cargill v. Monfort，479 U. S. 104，115-117（1986）.

利。因此，在反垄断民事诉讼中，只要被告的行为能够认定为构成垄断，则很难限定竞争者的诉讼资格。如此可能出现的一种情形是，当经营者实施某一可能构成垄断的行为时可能引起众多竞争者的"愤慨"，从而引发一系列的诉讼。不过，这也并非反垄断民事诉讼特有的现象，在反不正当竞争案件中也出现过因某一行为引发众多竞争者起诉的案件。❶ 对于此类案件如何更为高效地审理，应是群体性救济所应讨论的问题。

3. 消费者组织、行业组织、地方政府的诉讼资格等问题

反垄断违法行为造成的损害，尤其是给消费者造成的损害，往往具有分散性及单一数额较小的特点，导致所有受害者的损害总额巨大。❷ 同样，在有些情况下，垄断行为可能会侵害某一行业众多经营者的利益或某一地区内经营者的利益。如何高效、公正救济这些众多的受害者，同时减轻司法机关的负担，涉及群体性救济的问题。具体包括消费者组织、行业组织甚至地方政府是否具有诉讼资格的问题。此三者所提起的诉讼，可称为代表诉讼。所谓代表诉讼，是指由代表特定利益集团的行业协会、消费者协会等团体，代表其会员或其保护对象的利益提起诉讼。❸

（1）消费者组织是否具有诉讼资格。

消费者组织的起诉资格，在有些法域得到了确认。例如，欧洲消费者组织（BEUC）在 1992 年要求欧共体委员会调查欧洲的汽车销售商达成的共同抵制销售日本汽车的反竞争协议，认为该协议虽有利于欧洲的汽车生产商，却不利于欧洲的消费者。欧共体委员会认为 BEUC 的请求不符合欧盟的利益，从而不予调查，后者向欧共体法院提出了申诉，欧共体初审法院指出，BEUC 的请求有利于维护消费者的利益、符合欧洲的整体利益，欧共体委员会应当展开调查。❹ 我国 2013 年修订的《消费者权益保护法》赋予了消费者协会代表消费者进行诉讼的资格。该法第 47 条规定，"对侵害众多消费者合法权益的行为，中国消费者协会以及在省、自治区、直辖市设立的消费者协会可以向人民法院提起诉讼"。据此，虽然我国现行消费者权益保护法赋予了消费者协会起诉的权利，但也施加了两点限制，一是仅可对侵害众多消费者权益的行为起诉，二是只有中国消费者协会及省级消费者协会具有提起诉讼的资格。

---

❶ 见"北京柏安公司诉北京智慧名堂商贸有限责任公司不正当竞争纠纷案"判决书。在此案被告作了一则广告"现在买电脑马上后悔"，原告及其他 15 家电脑销售商认为被告的行为构成不正当竞争，一审法院支持了原告的请求，二审中此 16 件案件均调解结案。

❷❸ 兰磊. 反垄断法民事诉权的落实有赖于关联制度的完善 [EB/OL]. [2014-10-14]. www.competitionlaw.cn.

❹ Cases T-37/92 *BEUC et al. V. Commission* (1994), ECR I-285.

（2）行业组织是否具有诉讼资格。

某些国家法律规定，行业组织具有反垄断民事诉讼的原告资格。例如，《德国反对限制竞争法》规定，❶ 停止侵害的请求权，也可由具有权利能力的工商利益促进协会主张，若这些促进协会具有数量众多的在相同市场上从事相关或关联商品或服务的会员企业，具有使其能够行使追求商业或独立行业利益等法定职能所需的人力、物力和财力资源，且垄断侵权行为损害了其会员的利益。我国法律没有赋予相应的行业组织此类权利。

（3）受垄断行为影响的地方政府是否具有诉讼资格。

对于某些垄断行为，如地方政府通过设置关卡、采用歧视性待遇等手段封锁本地市场，或者采用其他方式排挤外地产品公平竞争，在此情况下，有学者主张，被排挤经营者所在地的地方政府作为当地人民的代表，应当可以代表本地利益提起民事诉讼，❷ 并以黑龙江省饶河县四排赫哲族乡人民政府诉郭颂、中央电视台、北辰购物中心等侵犯著作权纠纷案（以下简称"郭颂案"）来证明自己的观点。❸ 在此案中，受诉法院认为：原告作为赫哲族部分群体的政治代表，也是赫哲族部分群体公共利益的代表，在赫哲族民间文学艺术可能受到侵害时，为维护本区域内的赫哲族公众的权益，在体现我国宪法和特别法律关于民族区域自治法律制度的原则，且不违反法律禁止性规定的前提下，可以以自己的名义提起诉讼。在郭颂案中，受到侵犯的公共利益是一种民族精神文化利益，主要是非经济利益，且在法律对民间文学艺术作品保护无明确规定的情形下，当地政府的介入有其必要性及积极意义。社会公共利益，是我国反垄断法所保护的利益之一。区域封锁的垄断行为无疑损害了公共利益，但此种受损的利益主要是经济利益，且有着更为直接的受害者，即被排挤的经营者，他们与垄断行为有着更为直接的利害关系，因此，宜以这些经营者的名义提起诉讼。因此，本书认为，地方政府以保护公共利益为由介入经济利益纠纷应持非常谨慎的态度。

与此相关联的一个问题是就反垄断民事案件能否提起民事公诉。民事公诉，是指由一定的政府机构或国家机关代表国家就民事案件提起诉讼的制度。❹ 美国是唯一明确建立国家反垄断民事诉讼机制的国家，美国司法部反托拉斯司能够根据《谢尔曼法》第 7 条 A 款及《克莱顿法》第 4 条 A 款和第 7 条规定，提起民事诉讼，向被告追索自己遭受的实际损失和诉讼费。

---

❶ 《德国反对限制竞争法》（2005）第 33 条第 2 款。
❷❹　史际春. 反垄断法理解与适用［M］. 北京：中国法制出版社，2007：310.
❸ 北京市第二中级人民法院民事判决书（2001）二中知处字第 223 号。

主张在反垄断领域应该允许提起民事公诉的学者认为，依照我国宪法第 129 条规定，人民检察院是国家的法律监督机关，由它提起民事公诉是法定的、当然的，而且在司法实践中，已有检察机关在国有资产保护、❶ 环境污染领域❷进行民事诉讼的先例。我国现行《民事诉讼法》第 55 条规定，"对污染环境、侵害众多消费者合法权益等损害社会公共利益的行为，法律规定的机关和有关组织可以向人民法院提起诉讼"。能否将"人民检察院"解释为"法律规定的机关和有关组织"是一值得探讨的问题。本书认为，在反垄断领域，垄断行为虽会侵害公共利益，但该行为往往存在更为明确的被害人如消费者或经营者，且我国反垄断法中已经规定反垄断执法机构、消费者协会可以提起民事诉讼的情形下，我国不宜轻易借鉴美国式的民事公诉制度。此外，人民检察院在我国属于法律监督机关，依据《民事诉讼法》第 208 条规定，其对法院生效的判决裁定具有提起抗诉的权力。假如赋予了人民检察院提起民事公诉的权力，同时其对法院的判决又具有抗诉的权力，将导致其职权上的冲突及逻辑上的矛盾。

（二）反垄断民事案件的管辖

对于反垄断民事案件的管辖，本章主要研究以下两个问题：（1）法院对反垄断民事案件的管辖是否须经行政前置程序；（2）法院对此类民事案件的级别管辖问题。

1. 法院对反垄断民事案件的管辖是否须经行政前置程序

依据我国《民事诉讼法》第 119 条规定，起诉能够为法院受理的条件之一是该起诉"属于人民法院受理民事诉讼的范围和受诉人民法院管辖"。对于依照法律的规定由其他机关处理的争议，应当告知原告向有关机关申请解决，即法院对此类案件应不予受理。❸ 对于反垄断民事案件而言，值得探讨的问题是对于民事案件的受理是否须经行政前置程序。

对我国《反垄断法》第 50 条规定，理论界存在不同的解读。有观点认为，我国《反垄断法》第 50 条虽未禁止利害关系人直接向法院提起民事诉讼，但是其立法意图是行政前置，即只有在反垄断执法机构对垄断行为进行审查、作出决定后，当事人才能根据反垄断执法机构的结论对垄断

---

❶ 史际春. 反垄断法理解与适用 [M]. 北京：中国法制出版社，2007：310.

❷ 郑红. 检察机关应当积极探索提起公益诉讼 [EB/OL]. [2014 - 10 - 24]. http://news. sina. com. cn/o/2014-12-05/062031248447. shtml.

❸ 《民事诉讼法》第 124 条。

行为人提起民事诉讼，或者要在针对反垄断执法机构的具体行为提起行政诉讼后，再根据行政复议或行政诉讼的结果提起民事诉讼。如此考虑是顾及了反垄断法的专业性、政策性要求，专业性问题由专业机构首先处理，以图避免反垄断法实施中可能出现的盲目和混乱。❶ 不同观点则主张应允许利害关系人直接提起民事诉讼。如此做法的理由可概括为：（1）是法治国家实行民主司法的要求；（2）反垄断执法机构本身具有局限性；（3）垄断行为引起的未必都是大要案，由利害关系人直接起诉更为合理、有效；（4）行政前置不符合国际惯例；（5）有利于推动反垄断法的有效实施，受害人身处相同行业，对垄断行为比反垄断机构更敏感、更熟悉，民事诉讼能够弥补政府执法不足，节约行政成本。❷

　　在反垄断民事诉讼是否需要行政前置程序方面，世界上主要有三种做法。一种是美国做法，无须行政前置程序。依据美国法律规定，任何因反托拉斯法所禁止的事项而遭受财产或营业损害的人，可在被告居住的、被发现或有代理机构的区向美国区法院提起诉讼，不论损害大小，一律给予其损害额的三倍赔偿及诉讼费和合理的律师费。❸ 第二种为新加坡做法，在行政程序结束之前，私人不能提起诉讼；如果存在复议，则必须等到最终的复议结果；如果没有发现违法则不能提起民事诉讼。❹ 第三种为日本做法，任何受垄断行为侵害者，可以依据两种方式提起损害赔偿之诉：一是依据反垄断法的规定；二是依据民法的规定提起侵权之诉。❺ 当事人依据民法提起侵权诉讼，必须证明：（1）侵害人的主观故意或过失；（2）侵害人的行为和损失之间的合理联系；（3）损失的数额。如果当事人依据反垄断法的规定提起诉讼，可以不需要证明侵害人的故意或过失，但必须在相应的审决之后才能主张上述权利。❻

　　本书认为，我国《反垄断法》第 50 条并没有给出提起反垄断民事诉讼是否需要经过行政前置程序的明确答案。人民法院虽然已受理了若干反垄断民事案件，但这些案件类型基本上是针对经营者滥用市场支配地位的案件。有专家指出，鉴于反垄断法的特殊性，对于一些涉及国家宏观层面调查的垄断行为，是否均可直接诉至法院，民事司法途径与行政执法如何协调分工，值得认真研究。❼ 本书认为，对于经营者达成垄断协议、具有

<hr>

❶ 史际春.反垄断法理解与适用［M］.北京：中国法制出版社，2007：305.

❷ 史际春.反垄断法理解与适用［M］.北京：中国法制出版社，2007：305-306.

❸ 美国《谢尔曼法》第 7 条和《克莱顿法》第 4 条和第 4 条 C 款。

❹《新加坡竞争法》第 86 条。

❺❻ 刘宁元.中外反垄断法实施体制研究［M］.北京：北京大学出版社，2005：174.

❼ 采取审判组织保障措施 破解反垄断法律适用难题［EB/OL］.［2014-10-14］.www.chinaiprlaw.cn.

或者可能具有排除、限制竞争效果的经营者集中案件是否需要行政前置程序，应具体地予以分析。

我们可对行政前置程序的利弊予以分析。没有前置程序、私人可直接诉讼的做法，"特别适合于那些司法制度完备、司法力量强大而社会资源又十分丰富的国家"。❶ 但无前置程序，有可能导致滥诉、浪费司法资源等问题。行政前置程序有助于提高民事诉讼的针对性，提高民事诉讼的效率，节约司法资源及其他社会资源，但其弊端为在行政程序不能及时解决问题的情况下，将对民事主体的诉讼权利带来不利的影响。此外，是否需要行政前置程序，是和反垄断法的私力执行和公力执行的优劣有关。私力执行和公力执行各有优势，在某些领域由私力执行更为合适，在有些领域由公力执行效果更好，还有一些领域公力执行和私力执行可以重叠和交叉进行。❷ 从理论上讲，当执行可获得的收入大于执行成本时，案件由私人执行是有价值的；否则，此类案件由公力执行是极其有必要的。❸ 私力执行案件主要集中在对市场参与者有着显而易见的经济影响，且容易调查的案件；在反竞争案件中，搭售、排他交易和拒绝交易比较符合这一标准。❹

基于以上分析，本书主张在提起反垄断民事诉讼是否需要行政前置程序的问题上，我国应采取"二分法"，即，针对某些被控垄断行为无须行政前置程序，当事人可直接提起民事诉讼，这些垄断行为包括经营者达成垄断协议以及经营者滥用市场支配地位；但对于具有或者可能具有排除、限制竞争效果的经营者集中，则应经过行政前置程序，即，当事人认为经营者的非法集中行为使自己受到损失的，只有经行政机关处理后才能提起民事诉讼，当事人无权要求法院直接禁止经营者集中。主要理由如下。

经营者集中的审查涉及的因素复杂，专业性强，认定经营者集中是否损害竞争对专业性的要求更高；反垄断执法机构需要准确地把握实质性地减少竞争的标准和豁免的合理性原则，同时要界定相关市场、分析市场份额和市场集中度，评估集中对竞争秩序的影响，以及竞争政策与产业政策和当前政经政策的平衡，在处理中需要较多的专业知识、较强的业务技能和较高的政策水平。❺ 此外，对于经营者集中涉及国家安全审查和产业政

---

❶ 刘宁元. 中外反垄断法实施体制研究 [M]. 北京：北京大学出版社，2005：23.

❷ 王健，朱宏文. 构建公私协调的反垄断法执行体制：中国的问题及出路 [J]. 安徽大学法律评论，2008（1）.

❸❹ MICHAEL TEBILCOCK, RALPH A. WINTER, PAUL COLLINS, EDWARD M. IACOBUCCI. the Law and Economics of Canadian Competition Policy [M]. Toronto: University of Toronto Press, 2002: 739. 转引自：王健，朱宏文. 构建公私协调的反垄断法执行体制：中国的问题及出路 [J]. 安徽大学法律评论，2008（1）.

❺ 史际春. 反垄断法理解与适用 [M]. 北京：中国法制出版社，2007：313.

策审查。某些经营者集中，如《反垄断法》第 31 条规定，对于外资并购境内企业或者以其他方式参与经营者集中，涉及国家安全的，除依照本法规定进行经营者集中审查外，还应按照国家有关规定进行国家安全审查。鉴于目前尚无任何一部法律对"国家安全"的含义、影响国家安全的因素和领域、国家安全审查程序、国家安全审查的机构等重要内容进行规定，❶人民法院显然不具有此方面的专业知识及职责进行此方面的审查。而对于某些经营者集中则涉及产业政策审查，因为规模过于庞大的企业可能产生垄断的市场结构，进而限制市场的创造力。❷法院显然不具备把握产业政策的专业素养及知识。

此外，从法律适用的层面上讲，虽然反垄断法的条文是明确的，但在很多情况下需要用经济学的理论解释法律的规定，垄断行为的事实认定需要经济学分析。❸市场范围的界定和市场份额的认定需要专业人士，因此，在经营者集中的反垄断审查方面，经过行政程序，显然可以解决许多法院难以应对的问题。

经营者达成垄断协议或者滥用市场支配地位案件相对于经营者集中案件而言，对国家宏观政策的了解与把握的要求相对较低，当事人举证相对容易，且人民法院过去已审理过若干合同案件或者不正当竞争案件（实质上为反垄断案件)❹，积累了一定经验。因此，应准许当事人直接提起民事诉讼。

是否需要行政前置程序也决定了反垄断民事案件法院的管辖范围。根据各国实践，反垄断民事诉讼受案范围一般包括三类：基于反竞争协议请求损害赔偿，基于滥用市场支配地位行为提起的诉讼；受反垄断法保护的其他诉求。❺因此，在我国准许受害者对垄断协议、滥用市场支配等垄断行为直接提起民事诉讼，而要求涉嫌构成垄断的经营者集中行为只有经过行政前置程序后才能提起民事诉讼的做法，也是和国家的实践相一致的。

值得注意的是，《最高人民法院关于审理因垄断行为引发的民事纠纷

---

❶　时建中. 反垄断法：法典释评与学理探源 [M]. 北京：中国人民大学出版社，2008：474，7.

❷　刘继峰，阿英. 十年一剑　反垄断法的"反"与"正"[N]. 人民法院报，2008-08-03 (5).

❸　吴汉洪. 经济学在反垄断民事诉讼中的作用 [C]. 最高人民法院知识产权庭. 反垄断民事诉讼问题研讨会会议材料，天津：2008 年 10 月。

❹　北京市第一中级人民法院民事判决书（2003）一中民初字第 2876 号：原告赛恩（天津）新技术有限公司诉被告中国华北电力集团公司北京供电公司不正当竞争纠纷案。

❺　王晓晔. 反垄断民事诉讼几个问题 [C]. 最高人民法院知识产权庭. 反垄断民事诉讼问题研讨会会议材料，天津：2008 年 10 月。

案件应用法律若干问题的规定》❶ 第 2 条规定，原告既可以直接向人民法院提起民事诉讼，也可以在反垄断执法机构认定构成垄断行为的处理决定发生法律效力后向人民法院提起民事诉讼。只要符合法律规定的受理条件，人民法院均应当受理。也就是说，反垄断民事诉讼不需要以行政执法程序前置为条件。此种规定的优点在于规则明确，缺点在于若直接对因经营者集中引起的反垄断案件提起诉讼，将给法院的审理带来一定的困难。

2. 法院对反垄断民事案件的管辖问题

反垄断民事案件的管辖涉及两个问题，即地域管辖及级别管辖。

（1）反垄断民事案件的地域管辖。

地域管辖的确定与反垄断民事案件之诉由紧密相关。最普遍的反垄断民事诉讼之诉由可以确定为损害赔偿，即垄断行为受害者寻求司法上的金钱救济。根据当事人之间的法律关系，诉由可进一步细分为合同纠纷或者侵权纠纷。

垄断行为本身可能是通过合同实施的，因此，案件的诉由可确定为合同纠纷。如我国《合同法》第 329 条规定："非法垄断技术、妨碍技术进步或者侵害他人技术成果的技术合同无效。"2004 年 12 月《最高人民法院关于审理技术合同纠纷案件适用法律若干问题的解释》第 10 条对此作出了具体解释。若原告主张与己方具有合同关系的对方当事人的行为违反了上述规定，是一种垄断行为，则案件的诉由可定为合同纠纷。在此情况下，此类案件应根据我国民事诉讼法第 23 条的规定来确定管辖法院，即由被告住所地或者合同履行地人民法院管辖。当事人依据民事诉讼法第 34 条的规定，约定管辖法院的，在该约定不违反法律规定的前提下，应依其约定确定管辖法院。

垄断行为本身是一种侵权行为，因此，应根据侵权案件地域管辖的一般原则来确定管辖法院，即由侵权行为地或者被告住所地法院管辖。❷ 侵权行为地包括侵权行为实施地及侵权结果发生地。❸ 在反垄断民事案件中，如何认定侵权结果发生地，如经营者共谋固定产品销售价格的，该产品的销售地应为侵权行为地，但在善意中间商购得产品后进行分销的，则分销地或者该产品的使用行为地是否为侵权结果发生地，需要在实践中进一步研究。

---

❶ 法释〔2012〕5 号。

❷ 《民事诉讼法》第 28 条。

❸ 《最高人民法院关于适用〈中华人民共和国民事诉讼法〉若干问题的意见》第 28 条。

（2）反垄断民事案件的级别管辖。

关于级别管辖的法院，多数国家不为反垄断案件的审理设置专门法院，但也有例外，如加拿大、波兰、德国等国家为审理反垄断案件设置了专门法院或者法庭。❶ 反垄断民事案件涉及的法律问题、事实问题往往比较复杂，而且影响较大，因此，应由级别较高的法院管辖。例如，在美国，根据《埃金斯法》（*Elkins Act*）（1903 年 2 月 19 日）规定，以政府为原告的一切有关垄断的案件，都可以直接向美国最高法院起诉。反垄断民事案件作为比较复杂的案件，根据我国民事诉讼法第 18 条、第 19 条的规定，应由中级人民法院或高级人民法院一审。目前，个别地方已经制定了涉及反垄断民事案件管辖问题的规定，明确此类案件的级别管辖。例如，北京市高级人民法院 2008 年 6 月 3 日下发的《关于北京市各级人民法院审理第一审知识产权民事纠纷案件级别管辖的规定》第 2 条第 2 款第 3 项的规定，涉及垄断的知识产权民事纠纷应由中级人民法院管辖。在上文提及的律师李方平诉北京网通公司垄断纠纷一案，北京市朝阳区法院依据《民事诉讼法》和北京市高级人民法院的上述规定已将此案移送北京市第二中级人民法院审理。❷

关于级别管辖，有学者认为，在反垄断民事诉讼中，法院面对着强大的经济集团，所以级别管辖应以偏高为好；也有学者主张，此类案件类型比较新，技术含量及诉讼成本比较高，在初期沿用过去专利纠纷案件的指定管辖比较好，如此便于案件经验的总结、减少诉讼成本。❸ 也有美国学者持类似观点，认为在反垄断案件的审理中，良好的法律、经济分析至关重要，因此，将案件由适合的法院集中管辖，以使这些法院在对争议的处理中获得经验。❹ 本书赞同上述观点，在我国反垄断民事诉讼的初期，由于案件数量不大，可集中审理，为符合中国国情的反垄断执法机制的完善积累经验。但同时，指定审理此类案件的中级人民法院也不能太少，否则将为当事人的诉讼带来不便。最高人民法院显然认识到管辖问题对反垄断民事案件的审理至关重要，并在其司法解释中对此作出了规定，即第一审垄断民事纠纷案件，由省、自治区、直辖市人民政府所在地的市、计划单列市中级人民法院以及最高人民法院指定的中级人民法院管辖；经最高人

---

❶ 刘宁元. 中外反垄断法实施体制研究［M］. 北京：北京大学出版社，2005：27-28.

❷ 袁京. 反垄断第一案移送二中院［N］. 北京日报，2008-11-05.

❸ 袁定波. 反垄断民事官司面临众多"说不清"［N］. 法制日报，2008-10-28（6）.

❹ MARK WHITENER. Perspectives on Antirust Litigation［C］. 最高人民法院知识产权庭. 反垄断民事诉讼问题研讨会会议材料，天津：2008 年 10 月。

民法院批准，基层人民法院可以管辖第一审垄断民事纠纷案件。❶

（三）法院对垄断行为的认定

在民事诉讼中，法院对垄断行为的认定无疑为案件的核心之一。我国《反垄断法》第3条所规定的垄断行为包括经营者达成垄断协议，经营者滥用市场支配地位，以及具有或者可能具有排除、限制竞争效果的经营者集中，此外，该法第5章明确禁止滥用行政权力排除、限制竞争的行为，即行政垄断行为。从反垄断法的上述条款可以看出，其所禁止的垄断行为类型是法定性的。但对于垄断协议及经营者滥用市场支配地位两类垄断行为又可进一步细分为若干种具体的垄断行为。详言之，《反垄断法》第13条将垄断协议划分为固定或者变更商品价格、限制商品的生产数量或者销售数量等5种，外加一个授权性的兜底条款所规定的垄断协议，即"国务院反垄断执法机构认定的其他垄断协议"。《反垄断法》第17条关于"滥用市场支配地位"的规定，也有类似的立法安排。❷ 此种立法模式便产生了一个问题，即法院在审理涉及垄断协议或滥用市场支配地位的反垄断案件中，是否有权认定反垄断法无明文规定的行为构成垄断？或者说法院是否也具有与反垄断执法机构相同的职权来认定其他类型的垄断行为？

从《反垄断法》第13条和第17条的文字上看，立法者没有赋予法院此种权力。此两条的规定似乎证明了我国反垄断民事诉讼应以行政程序为前提的观点，即，什么样的行为构成垄断，应首先由反垄断执法机构来判断；只有在垄断行为被认定后，受害者才可提起民事诉讼。然而，正如某些学者所言，判定某些案件是否属于反垄断法所界定的违法行为，或者认定反垄断执法机构在执法中所采用的新原理是否与反垄断法的条文或立法目的相一致，应在司法权的范围之内。❸

本书赞同上述观点。如上文所述，对于垄断协议或滥用市场支配地位提起的垄断民事诉讼无须经过行政前置程序。最高人民法院下发的文件中，也没有民事诉讼须以行政程序为前提的要求，❹ 认可了法院具有直接

---

❶ 《最高人民法院关于审理因垄断行为引发的民事纠纷案件应用法律若干问题的规定》（法释〔2012〕5号）第3条。

❷ 《反垄断法》第17条第1款前6项规定了6种滥用市场支配地位的行为，然后第7项进一步规定了"国务院反垄断执法机构认定的其他滥用市场支配地位的行为亦为本法所禁止"。

❸ MARK WHITENER. Perspectives on Antitrust Litigation [C]. 最高人民法院知识产权庭. 反垄断民事诉讼问题研讨会会议材料，天津：2008年10月。

❹ 《最高人民法院关于认真学习和贯彻〈中华人民共和国反垄断法〉的通知》（2008年7月28日）。

对垄断行为进行处理的权力。在此情况下，若法院仅有认定法有明文规定的垄断行为的权力，而无认定其他垄断行为的自由裁量权，显然是机械的，也不符合市场竞争的现实，不利于反垄断法立法目的的实现。在同属竞争法的反不正当竞争法领域，虽然法律明确规定了十余种不正当竞争行为，但人民法院仍具有认定其他行为构成不正当竞争的自由裁量权。人民法院作出认定的法律依据是《反不正当竞争法》第 2 条第 1 款之原则规定以及该条第 2 款关于不正当竞争行为的定义。❶ 然而，在反垄断法中并无类似的原则条款。在法院认定法无明文规定的垄断行为时则存在法律依据的问题，即法院依据何种法律认定被告的行为构成垄断？本书认为，在此情况下，法院只能从我国民事基本法律即《民法通则》中寻求依据。我国《民法通则》第 4 条所规定的公平原则以及诚实信用原则，以及第 7 条所规定的民事活动不得损害社会公共利益、扰乱社会经济秩序原则，可以作为认定被告行为构成垄断行为的依据。在反不正当竞争的司法实践中，人民法院对于法无明文规定的不正当竞争行为的认定，其法律依据除了《反不正当竞争法》第 2 条之外，往往还包括《民法通则》第 4 条的诚实信用原则，故在反垄断领域，同样可以援引第 4 条及第 7 条的规定来制止垄断行为。这也从另一个方面说明我国《反垄断法》第 13 条、第 17 条在立法技巧上存在问题，在此两条中的授权性或兜底性条款的适用主体，不应限定为"国务院反垄断执法机构"，应赋予人民法院同样的权力，在今后反垄断法的修改中对此应予以仔细研究。

（四）　垄断行为的民事救济

垄断行为的民事救济体现在违法行为人对受害者承担的民事责任上。民事责任，是行为人不履行民事法律义务所应承担的法律后果，其具有以下特点：一是以财产责任为主；二是以等价、补偿为主；三是向特定的权利人或受害人承担的责任。❷ 民事责任包括广义上的民事责任及狭义上的民事责任。

在反垄断法领域，广义上的民事责任包括民事损害赔偿责任以及确认垄断协议、企业合并协议和各种滥用行为无效，判令停止垄断行为，判令

---

❶ 《反不正当竞争法》第 2 条第 1~2 款规定："经营者在市场交易中，应当遵循自愿、平等、公平、诚实信用的原则，遵守公认的商业道德；本法所称的不正当竞争，是指经营者违反本法规定，损害其他经营者的合法权益，扰乱社会经济秩序的行为。"

❷ 法律出版社法规中心.中华人民共和国反垄断法（注释本）［M］.北京：法律出版社，2008：2.

垄断企业解散、分离和放弃合并企业、联营企业或子公司等多种措施。而狭义上的民事责任专指非法垄断者所要承担的对受害竞争者和消费者的民事损害赔偿责任。❶ 垄断行为人对他人损失应具体承担何种民事责任，应依据具体情况和有利于受害人的原则确定。❷ 依据我国《反垄断法》第50条的规定，垄断行为人应对受害者承担民事责任。此种民事责任是一种广义上的民事责任，既包括损害赔偿责任，也包括停止垄断行为的责任。❸

1. 赔偿责任

损害赔偿责任是一种非常重要的民事责任方式。垄断行为的受害者是否能够得到充分的赔偿，决定了反垄断私力实施是否能够实现其预期目的。反垄断民事赔偿责任主要涉及以下问题：损害赔偿构成要件、赔偿的原则、赔偿的计算方法以及赔偿的诉讼时效等问题。

（1）损害赔偿的构成要件。

垄断行为是一种侵权行为，故其损害赔偿的构成要件同民事侵权行为的构成要件一致。依据民法基本原理及我国司法实践，民事损害赔偿责任具备以下四个要件：（1）行为具有违法性；（2）他人因该行为受到了损害；（3）行为与损害之间具有因果关系；（4）行为人具有过错。在此四个构成要件中，垄断行为人应承担过错责任还是无过错责任，是值得探讨的问题。

垄断行为人承担何种责任方式，世界上主要存在两种做法。一种是要求行为人承担过错责任，即只有在违法者存在故意或过失的情况下才承担赔偿责任。例如，《德国反对限制竞争法》第33条规定，违法行为人有故意或过失的，负有赔偿因该违法行为给他人造成损害的义务。另一种是承担无过错责任，例如日本《禁止私人垄断及确定公平交易法》第25条规定，任何事业者并不能因证明自己并非故意或者存在过失而实施了垄断等违法行为，以免除法律规定的赔偿责任，即实行无过错责任。

我国有学者主张，由于垄断行为的违法性，加之对垄断行为人主观过错举证难度较大，因此，追究垄断行为的民事责任无须考虑行为人主观过错，而且我国《反垄断法》第50条规定也体现了无过错原则。❹

本书认为，过错责任原则在我国属于一般归责原则。无过错责任在我

---

❶ 刘宁元. 中外反垄断法实施体制研究［M］.北京：北京大学出版社，2005：94.

❷ 法律出版社法规中心. 中华人民共和国反垄断法（注释本）［M］.北京：法律出版社，2008：2.

❸ 《最高人民法院关于审理因垄断行为引发的民事纠纷案件应用法律若干问题的规定》（法释［2012］5号），第14条第1款。

❹ 时建中. 反垄断法：法典释评与学理探源［M］.北京：中国人民大学出版社，2008：472.

国是依法而产生的，仅适用一些例外情形。《民法通则》第 106 条第 3 款"没有过错，但法律规定应当承担民事责任的，应当承担民事责任"，是无过错责任的法律依据，主要适用在该法第 123 条所规定的某些高度危险责任❶及其他特殊侵权损害赔偿责任上。垄断行为不属于特殊侵权行为，因此，应适用一般归责原则，即过错责任原则。关于过错为行为人主观上的思想状态，垄断行为多为经营者内部决策或者秘密协议，受害者要证明行为人主观心理状态有一定困难，而且实施不法垄断行为的主体大多为经营者或经济管理机关，对自己的行为后果应当有清楚的认识，因此，应对行为人采取过错推定的归责原则，即受害人只要证明存在不法垄断行为、自己的损失以及二者之间的因果关系即可推定行为人有过错，但行为人能够证明自己主观上没有过错，完全出于合理的商业原因行事的，则可以不承担责任。❷ 过错推定责任仍是过错责任，但在举证责任方面可以减轻受害者的举证责任，即过错推定责任采用举证责任倒置的方法，即加害人对自己不具有过错负举证责任。❸ 过错推定责任有利于对垄断行为受害者的保护，应为我国所采用的归责原则。

如上文所言，反垄断民事诉讼的诉由既可能是侵权纠纷，也可能是合同纠纷。当垄断行为人通过合同实施垄断行为，而受害人提起合同之诉追究行为人的责任时，则依据合同法的规定及合同法一般原理，垄断行为人应当承担无过错责任。另外，需指出的是归责原则中的"责"是指赔偿之责，根据民法原理及我国民事司法实践已达成的共识，对于停止侵害的民事责任，无须考虑行为人是否具有过错，即只要其行为具有违法性，便应承担停止侵害的责任。

（2）赔偿的原则。

赔偿原则为法院在确定赔偿义务人具体赔偿范围所适用的原则。我国民事损害赔偿的基本原则为全部赔偿原则，指加害人对受害人造成的实际损害，应予全部赔偿的原则。❹ 全部赔偿原则，又称为实际赔偿原则，赔偿的范围既包括直接损失，也包括可得利益损失，❺ 即间接损失。

我国的全部赔偿原则为填平原则，是一种补偿性而非惩罚性的赔偿原则。在我国反垄断法立法过程中，有人建议引入惩罚性赔偿责任机制，理由之一为补偿性赔偿责任不能加大违法者的违法成本，无法遏制经营者违

---

❶ 王利明，杨立新. 侵权行为法 [M]. 北京：法律出版社，1996：40.
❷ 史际春. 反垄断法理解与适用 [M]. 北京：中国法制出版社，2007：323.
❸ 张广良. 知识产权侵权民事救济 [M]. 北京：法律出版社，2003：80.
❹ 张广良. 知识产权侵权民事救济 [M]. 北京：法律出版社，2003：152.
❺ 史际春. 反垄断法理解与适用 [M]. 北京：中国法制出版社，2007：322.

法实施垄断行为的动机；在我国刚刚引入反垄断法律制度时，适度加大违法垄断者的赔偿责任利大于弊。❶ 依据民法原理，界于需要一般民事救济和刑事救济之间的灰色地带行为，法院往往处以惩罚性赔偿。惩罚性赔偿的作用，一是建立制止违法行为的金钱激励机制；二是增强违法的成本及法律的威慑作用。我国民事赔偿的基本原则为填平原则，在法律有明确规定的情况下也存在适用惩罚性赔偿的可能。例如，在消费者权益保护案件中，如果经营者提供商品或服务有欺诈行为，应当按照消费者的要求增加赔偿其受到的损失，增加赔偿的金额为消费者购买商品的价款或者接受服务的费用的一倍。❷ 在知识产权领域，我国 2013 年修改的《商标法》第 63条规定，对恶意侵犯商标专用权、情节严重的侵权行为实施者，可适用惩罚性赔偿。我国《反垄断法》第 50 条仅仅规定了垄断行为人对受害者的赔偿责任，并没有惩罚性赔偿的规定，因此，对反垄断领域的损害并不适用惩罚性赔偿原则。

（3）赔偿的计算方法。

我国《反垄断法》第 50 条作出了对受害者损失予以赔偿的规定，但并未规定赔偿损失的计算方法。可以预见的是这将是我国反垄断民事诉讼的难点之一。从举证责任上讲，受害者对其受到的损失的范围、数额承担举证责任。为了增加对赔偿数额计算的科学性及准确性，有些国家的法律允许法院在民事案件中就损害赔偿的计算等问题征求反垄断执法机关的意见。如日本反垄断法规定，法院在受理反垄断损害赔偿之诉后，应从速向公正交易委员会就因违法行为而发生的损害额征求意见。❸ 关于损害赔偿的计算方法，在反不正当竞争领域中，在受害者的损失难以计算的情况下，加害人在侵权期间因侵权获得的利润也可作为赔偿数额的计算依据。❹但此种损害赔偿的计算方法并不适用于反垄断案件。理由为反垄断法保护的是竞争而非竞争者，在这一点上与反不正当竞争法存在区别。不正当竞争行为的实施者往往会挤占其竞争对手的市场份额，因此，存在将不正当竞争行为实施者的非法获利赔偿给受害者的法理基础。垄断行为是对市场竞争的损害，而非直接对竞争对手市场份额的侵害，而且垄断行为的受害者如上文所述具有群体性，因此，将垄断行为人的非法获利赔偿给某一或某些起诉的受害者显然会导致不当得利。

既然在垄断民事诉讼中，受害者对其损失数额承担举证责任。在其未

---

❶ 吴高盛. 中华人民共和国反垄断法释义［M］. 北京：中国法制出版社，2007：142.

❷ 《中华人民共和国消费者权益保护法》第 49 条。

❸ 《日本禁止私人垄断及确保公正交易法》第 84 条。

❹ 《反不正当竞争法》第 20 条。

能举证的情形下，法院可驳回其损害赔偿的诉讼请求。从美国的反垄断司法实践上看，在有些案件中法院可发布禁令，但不判令被告支付赔偿金，主要适用于以下情形：违法行为尚在初期，损害轻微；行为的违法性（如许多滥用市场支配地位的案件）只有经过审判中的分析或者适用一种新的违法理论才能被认知；损失是推断性的，难以计算。❶ 美国法院的做法对我国法院在是否给予赔偿时同样具有借鉴意义。

关于赔偿数额的计算方法，借鉴知识产权领域的做法，可依原告受到的实际损失、被告的非法获利予以计算。在原告的实际损失或被告的非法获利难以计算的情形下，受诉法院可对赔偿数额进行酌定。例如，在华为公司诉交互数字集团等滥用市场支配地位纠纷案中，因原告未提供证据证明华为公司因交互数字侵权所受到的实际损失，也未提供证据证明交互数字因侵权行为的实际获利，故受诉法院综合此案相关情况，考虑交互数字集团的侵权行为性质、主观过错程度、侵权持续时间和损害影响，并考虑华为公司因调查、制止垄断行为所支付的合理开支，酌定交互数字集团赔偿华为公司 2 000 万元。❷

（4）诉讼时效问题。

诉讼时效，也称消灭时效，是指在一定期间内不行使权利而将使其请求权消灭的法律事实。❸ 根据我国《民法通则》第 135 条及第 137 条规定，普通诉讼时效期间为 2 年，从知道或者应当知道权利被侵害时起算。垄断行为可能是一次性行为，也可能是持续性行为。对于持续性垄断行为诉讼时效期间的起算，我国现行法无明确的规定。对于持续垄断行为诉讼时效问题的解决，一方面应考虑到对受害者权益的保护；另一方面制度的设立应能够促使受害者尽快行使权利，防止其"眠于权利之上"。对于持续侵权行为诉讼时效期间的解决，在我国知识产权侵权案件中已经形成了比较成熟的做法，也得到理论界及实务界的认定。例如，根据最高人民法院相关司法解释的规定，专利侵权行为的诉讼时效为 2 年，如果权利人超过 2 年起诉的，若在起诉时侵权行为仍在继续，在该项专利权的有效期内，法院应当判决被告停止侵权行为，侵权损害赔偿数额应当自权利人向法院起诉之日向前推算 2 年计算。❹ 同样，对于持续的垄断行为，在权利人明知

---

❶　MARK WHITENER. Perspectives on Antirust Litigation[C]. 最高人民法院知识产权庭. 反垄断民事诉讼问题研讨会会议材料，天津：2008 年 10 月。

❷　广东省高级人民法院民事判决书（2013）粤高法民三终字第 306 号。关于滥用知识产权、排除限制竞争垄断行为人的损害赔偿责任的更为详细的讨论，参见本章的相关部分。

❸　王泽鉴. 民法总则［M］. 北京：中国政法大学出版社，2001：516.

❹　《最高人民法院关于审理专利纠纷案件适用法律问题的若干规定》（法释［2001］21 号）第 23 条。

或应知侵权行为发生之日起 2 年后起诉的，只要该行为仍在继续，则不存在诉讼时效的问题，但应对权利人获得赔偿的期间进行限制，具体而言，应参照专利案件的做法，自其起诉之日向前推算两年。❶ 另外，应说明的是，诉讼时效期间仅适用于损害赔偿请求，不适用于停止侵害请求。只要侵害行为存在，受害人就享有停止侵害请求权。最高人民法院在其颁布的反垄断民事诉讼的司法解释中，关于针对垄断行为的诉讼时效问题，完全借鉴了侵害专利权的诉讼时效的制度，作出了相同的规定。❷

2. 停止侵害

依据我国《反垄断法》第 46 条的规定，反垄断执法机构享有责令违法行为人停止违法行为的权力。该法第 50 条并未明确赋予法院上述权力。然而，根据国际惯例，法院也应享有通过判决或者裁定责令垄断行为人停止违法行为的权力。❸ 我国国内一些法官的著述也持类似观点，认为因垄断行为提出的民事诉讼请求，往往是承担损害赔偿责任，但也可能涉及承担停止侵权的民事责任。❹

停止侵权行为相当于英美法上的禁令，是违法行为人承担的行为责任。在反垄断民事诉讼中，停止侵害的目的是消除垄断行为对他人合法权益的侵害或者对竞争秩序及社会公共利益的影响，恢复正常的竞争状态。❺ 停止侵害行为民事责任的适用应当以垄断行为正在进行之中，或者虽已停止但仍有再次发生或者继续的可能为前提。

3. 其他民事责任方式

我国《民法通则》第 134 条第 1 款规定的承担民事责任的方式主要有停止侵害、赔偿损失、消除影响、恢复名誉、赔礼道歉等十种，且明确承担民事责任的方式，可以单独适用，也可以合并适用。关于垄断行为人应当承担的民事责任方式，我国有学者认为，垄断行为人承担民事责任是以

---

❶ 根据最高人民法院下发的已于 2008 年 4 月 1 日施行的《民事案由的规定》，垄断民事纠纷属于知识产权纠纷的案由之内，故应由各级法院的知识产权庭或知识产权合议庭进行审理。因知识产权持续侵权案件非常多见，而最高法院相关司法解释已对持续侵权诉讼时效作出了明确规定，相信知识产权庭或合议庭在处理持续垄断行为的诉讼时效问题时会采取类似做法。

❷ 《最高人民法院关于审理因垄断行为引发的民事纠纷案件应用法律若干问题的规定》（法释〔2012〕5 号），第 16 条。

❸ 史际春. 反垄断法理解与适用 [M]. 北京：中国法制出版社，2007：316.

❹ 曹建明. 最高人民法院民事案件案由规定理解与适用 [M]. 北京：人民法院出版社，2008：225.

❺ 史际春. 反垄断法理解与适用 [M]. 北京：中国法制出版社，2007：314.

给他人造成损失为要件，并将损害界定为侵害财产权所造成的后果，该财产损失是能够以金钱来计算和衡量的。❶ 也有学者主张，垄断行为人也可能会承担消除影响民事责任。❷ 更有学者主张，"在强买强卖等损害他人人格尊严等情况下，不妨要求不法垄断行为人赔礼道歉"。❸

本书认为，垄断行为人是否应承担赔偿损失、停止侵害之外的其他民事责任是和《反垄断法》第 50 条之用语密切相关的。该条规定，垄断行为给他人造成"损失"的，应当承担民事责任。而据学者的解释，依据我国《民法通则》第 117 条及第 121 条的规定，损失与损害是两个不同概念：损失是指侵害财产权所造成的后果，而损害是指侵害财产权和人身权造成的后果。❹ 对受害人造成财产损害即损失的，加害人应承担金钱损失赔偿责任，即财产责任；而对受害人既造成财产损害也造成人身损害的，则加害人不仅应承担财产责任，而且应承担赔礼道歉、消除影响等非财产责任。依据学者上述观点，我国《反垄断法》第 50 条使用的是"损失"一词，意味着财产上的损害，因此，垄断行为人承担的是一种财产责任。

垄断行为人承担何种民事责任方式是和垄断行为侵害的权利相关联的。根据上文分析，垄断行为除了损害社会公共利益之外，还可能侵害经营者的利益以及消费者的利益。垄断行为侵害了经营者自由竞争的权利，而垄断减轻了市场竞争的强度，最终将导致垄断商品或服务的价格，侵害消费者的选择权，即消费者选择商品和自主交易的权利。因此，不论是经营者所享有的自由竞争权，还是消费者享有的选择权等，均为财产权。对于财产权的侵害，加害人只应承担损失赔偿责任。

关于赔礼道歉、消除影响民事责任方式，有学者主张，通常仅是保护人格权及知识产权的方法。❺ 关于知识产权的权利属性，即其是否为由人身权及财产权组成的权利，过去曾存在争议，但现在除了著作权包含人身权及财产权，其他知识产权如专利权、商标权均为财产权已成为通说。❻ 在知识产权领域，赔礼道歉主要适用于著作权人身权受到侵害的情形。因此，在我国民法领域，赔礼道歉应适用于人身权受到侵害的情形。因垄断行为侵害的是经营者及消费者的财产权利，故在垄断案件中，受害者要求垄断行为人承担赔礼道歉责任的，不应得到法院的支持，除非其能够证明

---

❶ 时建中. 反垄断法：法典释评与学理探源 [M]. 北京：中国人民大学出版社，2008：472-473.

❷ 史际春. 反垄断法理解与适用 [M]. 北京：中国法制出版社，2007：225.

❸ 史际春. 反垄断法理解与适用 [M]. 北京：中国法制出版社，2007：335.

❹ 王利明，杨立新. 侵权行为法 [M]. 北京：法律出版社，1996：55.

❺ 王家福. 中国民法学·民法债权 [M]. 北京：法律出版社，1991：243.

❻ 张广良. 知识产权侵权民事救济 [M]. 北京：法律出版社，2003：211.

垄断行为使其人身权利受到了侵害。消除影响的民事责任方式亦然，即除非受害者证明垄断行为给其造成了不良影响及其范围，否则其请求也不应得到支持。

综合以上分析，本书认为，垄断行为人对受害者承担的主要是损害赔偿责任、停止侵害的责任，而赔礼道歉、消除影响仅适用于垄断行为给受害者造成了相应损害的例外情形。

4. 民事制裁

依照我国《反垄断法》第 46 条、第 47 条规定，反垄断执法机构对违法行为者享有给予没收违法所得、罚款的权力。在反垄断民事案件中，法院对违法行为者也享有给予民事制裁的权力。

民事制裁为我国《民法通则》第 134 条所规定，包括收缴非法所得、依照法律规定进行罚款等方式。民事制裁是在适用民事责任不足以制裁侵权行为人时所采取的措施，不同于民事责任，如从性质上看，民事制裁是国家对民事活动实行干预的形式，对于民事制裁的适用，不能由受害人放弃或双方和解的方式加以改变。❶ 另外，依照我国知识产权各部门法的规定及司法实践，法院对于不仅侵犯他人合法权益而且侵害社会公共利益的行为给予民事制裁。

在反垄断民事诉讼案件中，若受诉法院认为违法行为严重的，可以处以没收非法所得或者罚款等民事制裁。

（五）民事诉讼程序与行政执法程序的衔接

有学者指出，反垄断法是经济法，既有公法色彩，又有私法的属性；此两种属性导致垄断被视为违反管理的行为，具有行政违法性的特点，又被视为侵权行为，具有民事违法性的特点，法院和反垄断行政机构都可以直接受理反垄断案件。❷

我国反垄断法既规定了行政执法，也规定由受害者提起的民事诉讼，形成了反垄断执法和民事诉讼并行的双轨制。这样就出现了民事诉讼程序与行政执法程序的衔接问题。主要涉及如下问题。

1. 程序优先问题

对于当事人既向反垄断执法机构投诉，又向人民法院起诉的案件，哪

---

❶ 王利明，杨立新. 侵权行为法［M］. 北京：法律出版社，1996：55.
❷ 刘宁元. 中外反垄断法实施体制研究［M］. 北京：北京大学出版社，2005：101.

一程序应该优先呢？有学者指出，法院在民事诉讼中没有太多的选择性，只要符合立案条件的，就应该受理，法院没有理由停下来等待行政处理的结果；也有学者进一步指出，在此情形下，从节约资源的角度出发，既然当事人已经选择了司法救济，行政执法就应当停止。❶

依据本书作者在上文论及的在行政前置程序的问题上我国应采取"二分法"的主张，当事人指控的垄断行为是经营者达成垄断协议或经营者滥用市场支配地位的，则民事诉讼程序应该优先，行政执法程序应该停止或中止；若涉及的垄断行为是具有或者可能具有排除、限制竞争效果的经营者集中，则行政执法程序应优先，民事诉讼程序应停止或中止。

2. 生效行政裁决在民事诉讼中的证据效力

生效行政裁决在民事诉讼中的证据效力涉及的主要问题为该裁决认定的违反行为对民事诉讼的影响，即法院是否应受该裁决的约束，直接审理民事责任承担的问题。对此，各国规定并不完全相同。美国《克莱顿法》第 5 (a) 规定，政府执行反托拉斯法所产生的民事和刑事判决是后续私人诉讼中指控被告的初步证据。德国《反限制竞争法》第 33 (4) 明确规定，当原告根据《反限制竞争法》或《欧共体条约》第 81 条或 82 条的规定提起损害赔偿诉讼时，一个竞争主管机关在其决定中所认定的违法事实对于法院具有约束力。英国《2002 年企业法》第 47A 条规定，公平贸易办公室或竞争委员会对违法行为的认定对于竞争上诉法庭具有约束力。

对于我国反垄断执法机构作出的生效裁决在民事诉讼中的证据效力，取决于我国民事诉讼法及民事诉讼证据规则之规定。

反垄断执法机构作出的生效裁决包括两种情形：一种为该机构作出的裁决，当事人未提起行政诉讼而直接生效的情形；另一种为该机构作出的裁决经行政诉讼程序维持其效力的情形。对于后一种情形，依据我国民事诉讼法及民事诉讼证据规则之相关规定，❷ 该裁决所认定的事实包括当事人实施垄断行为的事实，对方当事人无须举证，但有相反证据推翻的除外。如果反垄断执法机构作出的裁决经行政诉讼程序已经确认其效力，人民法院在民事诉讼程序中应直接采信该证据的效力，认定当事人的行为构成垄断，从而直接审理垄断行为人应承担的民事责任问题。对于反垄断执法机构做出的决定直接发生法律效力的，其在民事诉讼中的效力问题，我国民事诉讼法及证据规定并无明确规定，但从法理上讲，其与经过法院行

---

❶ 袁定波. 反垄断民事官司面临众多"说不清"[J]. 法制日报，2008-10-28 (6).
❷ 《最高人民法院关于适用〈中华人民共和国民事诉讼法〉若干问题的意见》第 75 条；《最高人民法院关于民事诉讼证据的若干规定》第 9 条第 1 款第 4 项。

政诉讼确认后生效的裁决并无两样，因此，应参照民事诉讼法及证据规则的相关规定执行。本书认为，反垄断执法机构的生效裁决在民事诉讼中应具有约束力。当然，如果当事人在民事诉讼中证明该裁决中存在明显错误，且已申请通过其他法律程序予以纠正的，人民法院可中止民事案件的处理。

3. 民事诉讼程序与反垄断行政执法程序之配合

在反垄断案件中，事实认定非常复杂且耗费资源，因此，有专家建议如有可能，事实认定应只进行一次，应尽可能避免平行或者重复的程序。❶为此，民事诉讼程序应与反垄断行政执法程序进行协调与配合。为此，存在民事诉讼的后续执行与行政执法程序的后续执行问题。民事诉讼的后续执行，是指当事人借助于行政执法机构先前对垄断行为的调查和处理决定来指控被告的反垄断违法行为，以获得赔偿。反垄断主管机关的后续执行，指民事诉讼引发了后来的反垄断行政执行程序，即当私人提起反垄断民事诉讼后，反垄断行政执法机构受此影响，对其因各种原因未发现的严重的反垄断违法行为，认为有必要采取措施进一步采取处罚措施。❷在反垄断行政执法机关后续执行的情况下，涉及的法律问题为法院生效的民事判决能否作为行政处罚的依据。本书认为，已生效的民事判决所确定的事实包括违法事实，为"已经依法证明的事实"，在当事人没有相反证据证明的情况下，❸行政机关应该作为行政处罚的事实依据。

二、反垄断公力救济

反垄断执法机构依据反垄断法作出的具体行政行为，公民、法人或者其他组织不服提起行政诉讼的，应根据行政诉讼法和《反垄断法》第53条的规定，确定是否需要经过行政复议；对于应由人民法院受理的案件，只要符合行政诉讼法规定的起诉条件，人民法院应当依法受理，并依法审判。❹这就涉及反垄断行政诉讼的问题。在我国反垄断行政诉讼的初期，

❶ MARK WHITENER. Perspectives on Antirust Litigation[C]. 最高人民法院知识产权庭. 反垄断民事诉讼问题研讨会会议材料，天津：2008 年 10 月。

❷ 王健，朱宏文. 构建公私协调的反垄断法执行体制：中国的问题及出路 [J]. 安徽大学法律评论，2008（1）.

❸ 《最高人民法院关于行政诉讼证据若干问题的规定》第 68 条。

❹ 《最高人民法院关于认真学习和贯彻〈中华人民共和国发垄断法〉的通知》（2008 年 7 月 28 日）。

需要研究的问题主要涉及反垄断行政诉讼的受理条件、审理以及反垄断行政诉讼与民事诉讼的协调等问题。具体包括：（1）反垄断行政案件的原告资格；（2）反垄断行政诉讼的被告；（3）管辖法院的确定；（4）被诉的具体行政行为的认定；（5）反垄断行政诉讼的审理；（6）反垄断行政诉讼与民事诉讼之协调等。

（一）反垄断行政诉讼中的原告

依据我国行政诉讼法及最高人民法院的相关司法解释，行政诉讼的原告是主张行政机关和行政机关工作人员的具体行政行为侵犯其合法权益的公民、法人或者其他组织。❶

行政诉讼程序的当事人包括：原告（抗告人）以及任何因与案件有利害关系而被反垄断专门机构传唤或主动申请参加程序的人。❷ 在我国反垄断行政执法机构的执法过程中，启动公力执行程序的公民、法人或其他组织（通常被称为申请人或举报人），对行政决定不服的，有权提起行政诉讼。对此，外国法上亦有类似的规定。例如，德国反垄断法规定，在卡特尔当局进行程序的当事人，无论是申请人还是被处分的人，都有权利提起抗告。❸

此外，本书认为，虽未参与反垄断行政执法程序，但认为反垄断执法机构作出的行政行为与自己具有利害关系者也具有原告资格。此点的法律依据为最高人民法院的相关司法解释的规定，即对具体行政行为不服、且与该行政行为具有法律上利害关系的公民、法人或者其他组织，可以提起行政诉讼。❹ 在对经营者集中进行审查的案件中，如果经营者甚至消费者认为反垄断执法机构作出经营者集中不予禁止的决定与自身具有利害关系的，应有权依照上述规定提起行政诉讼。

（二）反垄断行政诉讼中的被告

我国《行政诉讼法》第 25 条规定，作出具体行政行为的行政机关为行政诉讼的被告。我国反垄断执法机构的设置为两个层次。第一个层次为国务院反垄断委员会。依据该委员会工作规则，其主要通过召开委员会全

---

❶ 《行政诉讼法》第 2 条。

❷ 刘宁元. 中外反垄断法实施体制研究 [M]. 北京：北京大学出版社，2005：36.

❸ 《德国反限制竞争法》第 63 条。

❹ 《最高人民法院关于执行〈中华人民共和国行政诉讼法〉若干问题的解释》第 12 条。

体会议、主任会议和专题会议来履行职责，不会代替具体反垄断执法部门作出具体行政行为，因此，不会成为被告。第二个层次为国务院规定的承担反垄断法执法职责的机构，目前主要为商务部、发展改革委员会和国家工商总局。上述三个部门可以根据工作需要，授权省级人民政府的相应机构负责反垄断执法工作。因此，对于第二层次的执法机构作出的具体行政行为，经营者或者利害关系人不服提起行政诉讼的，应以作出具体行政行为的第二层执法机构作为被告。

在我国现行的行政诉讼体系下，符合条件的公民、法人和其他组织除了可对具体的行政行为提起行政诉讼外，如果认为行政机关行政不作为，即民事主体申请行政机关履行保护人身权、财产权的法定职责而该机关拒绝履行或者不予答复的，亦可以提起行政诉讼。❶ 人民法院支持原告诉讼请求的，应当判令被告在一定期限内履行法定职责。❷ 本书认为，行政不作为诉讼，对处理我国的行政性垄断问题具有重要意义。行政性垄断，亦称行政性限制竞争行为，属于行政权力的不当使用。❸ 对于行政性垄断，根据我国《反垄断法》第51条规定，反垄断执法机构和司法机关无权对其进行处理，但反垄断机构应当积极展开调查，并依据调查结果向行政性垄断主体的上级机关提出处理建议。如果反垄断机构怠于行使权力，不进行调查或不向上级机关提出处理意见，或者上级机关在接到反垄断机构的建议后仍对行政性垄断行为不予处理，则受行政性垄断侵害或影响者应有权起诉反垄断机构或实施行政性垄断行为的上级机关，促使其行使权力。"上级机关"是个不确定的概念。有人认为，"上级机关"应作广义的理解，既包括权力机关也包括行政机关；有学者认为，在现行行政管理体制下，应作狭义理解，仅指行政机关。❹ 本书作者赞同应作狭义理解的观点。

（三）反垄断行政案件的管辖

行政诉讼案件的地域管辖，依据我国《行政诉讼法》第17条规定，一般由最初作出具体行政行为的行政机关所在地人民法院管辖；经过复议的案件，复议机关改变原具体行政行为的，也可由复议机关所在地人民法院管辖。反垄断行政诉讼同样遵循行政诉讼的这一原则。

---

❶ 《行政诉讼法》第11条第1款第5项。
❷ 《行政诉讼法》第54条第3项。
❸ 刘宁元.《中华人民共和国反垄断法》（注释本）[M].北京：法律出版社，2008：2，47.
❹ 时建中.反垄断法：法典释评与学理探源 [M].北京：中国人民大学出版社，2008：474，481.

关于反垄断行政诉讼的级别管辖，应以较高级别的法院享有专属管辖权为宜。例如，德国法规定，对卡特尔当局提起诉讼的案件，由该当局所在地的州高等法院对被告享有管辖权；❶ 日本法规定，对公平交易委员会作出决定不服的案件，由东京高等法院行使一审管辖权。❷

根据我国《行政诉讼法》第 14 条规定，中级人民法院管辖的一审行政案件为确认发明专利权的案件、海关处理的案件，对国务院各部门或者省级人民政府所作的具体行政行为提起诉讼的案件和本辖区内重大复杂的案件。依据最高人民法院相关司法解释，❸ "重大复杂案件" 之一为以县级以上人民政府为被告的案件。根据上文讨论的反垄断行政案件被告的情况，此类案件应由国务院反垄断执法机构，即商务部、国家工商总局、发展改革委员会所在地的中级人民法院，或者各省级政府相应机构所在地（目前基本上为省会城市）的中级法院管辖。考虑到此类案件的专业性、复杂性，以及国外某些国家的做法，对某些大要案，被告所在地的高级人民法院可直接作为一审法院。

（四）反垄断具体行政行为的认定

根据我国行政诉讼法的相关规定，公民、法人和其他组织仅能就具体的行政行为而非抽象行政行为提起行政诉讼。在行政诉讼中，要识别具体的行政行为与抽象的行政行为，其识别的标准一般有三点：该行为针对的对象是否特定；是否能反复适用；能否直接进入执行程序。❹ 行政机关文件的内容而不是名称决定了该文件的性质，可能一个文件中既有具体行政行为又有抽象的行政行为。❺ 在反垄断行政诉讼中，常见的具体行政行为是反垄断执法机构对涉嫌垄断的行为进行查处并作出决定的行为。

不过，在目前的司法实践中已经出现了民事主体起诉要求确认行政机关本身的行为构成行政性垄断的案件。对此类案件，人民法院是否应予受理，值得研究。

在 "北京兆信技术有限公司、东方惠科防伪技术有限责任公司、中社网盟信息技术有限公司、恒信数码科技有限公司等四家公司起诉国家质量检验检疫监督总局" 一案中，原告诉称，自 2005 年 4 月开始，被告不断推

---

❶　《德国反限制竞争法》第 63 条。

❷　《日本禁止私人垄断及确保公正交易法》第 85 条。

❸　《最高人民法院关于行政诉讼案件管辖若干问题的规定》第 1 条。

❹❺　刘岚.加强反垄断司法审查 依法保护公平竞争：就反垄断法适用问题访最高人民法院行政庭负责人 [N].人民法院报，2008-11-03（4）.

广电子监管网，单独或联合其他国家机关挂名，发布近百个文件，督促各地企业对产品赋码加入电子监管网，同时要求生产企业对所生产的产品赋码加入电子监管网，供消费者向该网站查询；2007 年 12 月，被告又发布了《关于贯彻〈国务院关于加强食品等产品安全监督管理的特别规定〉实施产品质量电子监管的通知》，要求自 2008 年 7 月 1 日起，食品、家用电器、人造板等 9 大类 69 种产品要加贴电子监管码才能生产销售。原告起诉请求确认被告的行政行为违法。❶ 此案被媒体称为反垄断第一案，而受诉法院以原告起诉超出诉讼时效为由不予受理。本书认为，此案提出的一个重要问题是行政性垄断是否能够通过行政诉讼解决。

有学者将行政性垄断分为抽象行政性垄断与具体行政性垄断，其分类的依据为具体行政行为与抽象行政行为的分类。❷ 抽象性行政垄断是指行政机关滥用行政权力，在其发布的具有约束力的规范性文件中指定含有排除、限制竞争内容的规定。❸ 我国《反垄断法》第 37 条明确禁止行政机关制定含有排除、限制竞争行为的规定，即明确反对抽象性行政垄断行为。然而，根据我国《反垄断法》第 51 条的规定，行政性垄断行为不具有可诉性。❹ 因此，若原告在起诉时援引反垄断法的规定，指控被告构成行政性垄断，则其起诉难以为法院所受理。不过，在实践中也有一些当事人针对涉嫌构成行政性垄断行为向法院提起了行政诉讼，法院业已经受理，案件进展值得关注。❺

(五) 反垄断行政诉讼的审理

反垄断行政诉讼的审理涉及如下重要问题：（1）反垄断行政诉讼中的举证责任；（2）反垄断行政诉讼中对具体行政行为的审查标准；（3）法院在反垄断行政诉讼中的裁决方式等。

---

❶ 李亮. 国家质检总局遭遇反垄断法第一案 [J]. 法制日报，2008-08-03（1）.

❷ 时建中. 反垄断法：法典释评与学理探源 [M]. 北京：中国人民大学出版社，2008：75.

❸ 刘宁元.《中华人民共和国反垄断法》（注释本）[M]. 北京：法律出版社，2008：36.

❹ 在兆信公司等诉国家质检总局一案中，法院是以时效已过，作处不予受理的理由，是否隐含了质检总局行为的可诉性？此依赖于对此案详细事实的进一步分析。

❺ 北京顺义法医院司法鉴定所诉北京市公安交通管理局等行政垄断案判决。2007 年 12 月 25 日，北京市公安交通管理局下发了《关于调整伤残评定工作的通知》，指出："目前，在我局备案的从事伤残评定工作的具备资格的鉴定机构是北京市红十字会急诊抢救中心司法鉴定中心和中天司法鉴定中心。" 2008 年 9 月 28 日，法医院司法鉴定所向北京市顺义区人民法院递交诉状，状告北京市公安局顺义分局行政垄断，法院予以受理。2008 年 10 月 13 日，追加北京市交管局为第二被告. [EB/OL].（2008-11-24）[2014-10-14]. http://www.sina.com.cn.

1. 反垄断行政诉讼中的举证责任

我国《行政诉讼法》第 32 条规定，被告对作出的具体行政行为负有举证责任，应当提供作出该具体行政行为的证据和所依据的规范性文件。在反垄断行政诉讼中，除非反垄断执法部门能够在法庭上证明自己的决定准确无误，否则行政决定将面临被法院推翻或者变更的可能。❶ 反垄断执法机构应当在收到起诉状副本之日起 10 日内，提供据以作出具体行政行为的全部证据和规范性文件；不提供或无正当理由逾期提供的，法院应当认定被诉具体行政行为无相应证据、依据。❷ 在反垄断行政诉讼中，虽然被告承担举证责任，但并不排除原告在特定情形下承担举证责任，如在起诉被告不作为的案件中，证明其提出申请的事实；在一并提起行政赔偿的诉讼中，证明因受被诉行为侵害而受到损失的事实。

2. 反垄断行政诉讼中对具体行政行为的审查标准

人民法院对具体行政行为的合法性进行审查，且进行全面审查，即不仅审查认定事实是否清楚、适用法律法规是否正确、是否遵守法定程序，而且对是否滥用职权、超越职权进行审查；不仅审查是否显失公正，而且审查是否履行法定职责；不仅依据合法性审查标准，而且依据合理性审查标准。❸ 行政自由裁量是现代行政法的核心，自由裁量的标准为合理性原则，反垄断行政执法中的自由裁量决定了司法审查中的自由裁量。

3. 法院在反垄断行政诉讼中的裁决方式等

我国《行政诉讼法》第 54 条具体规定了法院对行政诉讼案件的裁决方式。在反垄断行政诉讼中，司法审查的程度即司法审查的密度需进一步研究。对于概括性行政审批情形，法院不应作深层次判决；同样，对于涉及行政许可自由裁量权、有数量限制、关涉重大政策导向、涉及国家利益或者公共利益等事项，法院基于宪法对司法权和行政权的分工与界定，不得对之做出深度判决。❹ 对于行政处罚显失公正，人民法院可以作出变更判决。❺ 人民法院对被诉具体行政行为的合法性进行审查时，对于高度技术性、专业性问题应尊重行政机关首次判断权，并实行司法自限，法院不

---

❶ 刘宁元. 中外反垄断法实施体制研究［M］. 北京：北京大学出版社，2005：20.

❷《最高人民法院关于执行〈中华人民共和国行政诉讼法〉若干问题的解释》第 26 条第 2 款。

❸❹ 刘岚. 加强反垄断司法审查 依法保护公平竞争：就反垄断法适用问题访最高人民法院行政庭负责人［N］. 人民法院报，2008-11-03（4）.

❺《行政诉讼法》第 54 条第 4 项。

能以自己的判断代行行政机关的判断，不能以司法权代行行政权。●

（六）反垄断行政诉讼与民事诉讼之协调

有专家指出，反垄断行政诉讼可能会出现与民事诉讼同时进行的问题，并提出了在二者并存的情况下，有可能行政诉讼与民事诉讼并行不悖，同时进行；有可能两种诉讼进行中，涉及基础性前提，如果行政处理决定为基础性前提，则民事诉讼需中止，如果民事纠纷为前提，则行政诉讼需要中止。❷

对此，本书作者主张，在我国反垄断诉讼的制度设计上应避免反垄断民事诉讼与行政诉讼同时出现的局面。就经营者达成垄断协议或滥用市场支配地位的垄断行为而言，受害者可以通过反垄断执法机构来行使权利，要求制止垄断行为并对违法者予以处罚，并在行政决定生效后提起民事诉讼以获得赔偿；在行政执法部门已经认定不构成违法的情况下，只可以提起行政诉讼，而无权提起民事诉讼。受害者也可以不走行政程序而直接向法院提起民事诉讼来获得救济，在胜诉后同样可以请求反垄断行政执法部门对违法者予以处罚。选择行政救济途径还是民事救济途径，是法律赋予垄断行为受害者的权利。然而，垄断行为受害者无权同时启动者两种程序，即其不应既提起了民事诉讼程序，同时又要求行政执法机关予以处罚。若发生了此种情形，本书认为应该按本章第一部分之五"民事诉讼程序与行政执法程序的衔接"中"程序优先"的观点进行处理，以避免行政诉讼与民事诉讼同时出现的情形，避免行政资源及司法资源的浪费。

反垄断民事诉讼，作为我国反垄断法实施的重要方式，其重要性是不言而喻的。反垄断行政诉讼，作为维护公民、法人和其他组织合法权益，维护和监督反垄断执法机构依法行使职权的重要制度，在我国反垄断的实施中也将起到至关重要的作用。本章对反垄断诉讼中的一些基本问题进行了初步探讨，提出了制度设计方面的一些建议，将在我国的司法实践中得到检验与完善。

---

❶ 杨临萍．反垄断法与司法审查十大焦点［EB/OL］．［2014-10-14］. www. chinaiprlaw. cn.
❷ 刘岚．加强反垄断司法审查 依法保护公平竞争：就反垄断法适用问题访最高人民法院行政庭负责人［N］.人民法院报，2008-11-03（4）.

附件 1

商标抢注行为的反不正当竞争法规制❶

> 不正当竞争法在遏制商标抢注行为方面应该发挥其应有的作用。对于故意甚至是恶意抢注他人商标者，在相关的行政程序及司法审查程序终结后，在先权益享有者可以依照反不正当竞争法第 2 条之规定，提起不正当竞争诉讼，以追究抢注者的民事责任。

"抢注"，意为"抢先注册""商标抢注"，不是法律上的概念。在我国，注册商标专用权的取得采取先申请原则，❷ 即一般而言商标的在先申请者取得权利，故在商标注册中本不存在"抢注"问题。然而，在实践中存在大量的违反诚实信用、公平竞争的商标注册行为，行为人将他人已享有某种在先民事权益的、具有可注册性的标识，向商标局提出注册申请，业界称之为"抢注"。从理论上讲，我国现行商标法已对商标抢注行为设定了较为完备的救济形式，在先权益享有者可以通过商标异议、争议程序以及后续的司法审查程序来制止抢注行为，维护自身利益。不过，从实践上看，上述程序的操作效果难以令人满意：繁杂的程序、冗长的审查或审理周期、可预见性差的审查或审理结果，侵蚀着公众对此制度运行的信心，变相地激励抢注者抢注更多的商标，或更多的人加入商标抢注者的行列。对于商标抢注行为的规制，在依赖商标法确定的一套程序进行解决的同时，我们应

---

❶ 本文首次发表在《中国专利与商标》杂志 2008 年第 3 期。本书对此文原文收录，故文中提及的法律，如《商标法》《民事诉讼法》等均为当时生效的法律。

❷ 《商标法》第 29 条。

思考有无其他的措施来遏制此种行为。对此，本书作者认为，反不正当竞争法在遏止商标抢注方面能够也应该发挥其应有的作用。本文将研究反不正当竞争法规制商标抢注行为的必要性、可行性及应注意的一些问题。

一、反不正当竞争法规制商标抢注行为的必要性

虽然我国现行商标法所规定的一系列程序可以对商标抢注行为给予必要的规制，但从规范商标申请行为、维护正常市场竞争秩序的角度出发，通过反不正当竞争法对商标抢注行为予以规制仍具有极为重要的现实意义，这主要体现在以下几个方面。

（一）维护诚实信用、公平竞争的市场秩序的需要

依据我国商标法的规定，对于商标抢注行为，在先权益享有者可以根据该商标的法律状态，通过异议程序或者争议程序予以解决。然而，由于立法及现实的原因，❶ 我国商标异议及争议程序环节众多、效率低下。以在先权益享有者提出商标异议为例，将可能涉及的行政程序及诉讼程序包括异议程序、异议复审程序、一审行政诉讼程序、二审行政诉讼程序；个别争议大的案件，还可能涉及申诉程序。由于众所周知的原因，要走完上述程序，至少也需5~6年的时间。实践中甚至出现过审查审理了十余年仍尚未审结的案件。虽说那仅是个案，但也从一个侧面说明了相关程序的繁杂以及相关行政部门效能之低下。在此情形下，从微观上讲，在先权益享有者是直接的受害者。据统计，我国注册企业平均寿命只有4年，这就意味着有一些企业在等不到最终裁决时，已经"去世"。另外，我国品牌的生命力平均不足两年，❷ 也就是说，在最终裁决作出之时，许多品牌早已退出市场。而对于商标的抢注者而言，拖的时间越久越好。甚至在抢注与他人有一定影响的商标相近似的商标时，行政部门或司法部门会以被争议商标"已通过多年的使用，获得了显著性"，从而予以注册或维持注册。

---

❶ 立法上的原因是指我国商标法在2001年进行第三次修改时，为了符合TRIPS协定的要求，增加了对行政裁决进行司法审查的内容，但法修改之前的异议及复审程序仍旧保留，这就导致程序过于繁杂。现实上的原因是指我国商标申请量巨大，已连续6年位居世界第一，如2007年国家商标局共受理商标申请70.8万件，商标评审委员会共受理商标评审1.75万件，而两部门审查人员不足，案件积压严重。

❷ 《深圳商报》2006年6月12日报道。

从宏观上讲，这必将影响到民事主体进行品牌投入与经营的积极性，甚至影响到诚实信用、公平竞争的市场秩序的建立与维护。

（二）遏止商标抢注势头的需要

依据商标法所规定的程序，即使在先权益享有者最终异议或争议取得成功，被异议商标也只是予以驳回或者撤销而已，抢注者并不要承担任何行政责任，可以说是"零风险"。而在漫长的行政程序及司法程序过程中，有些在先权益享有者急于尽早收回本属于自己的权益，可能会与抢注者进行和解，后者说不定会得到一笔不菲的费用，可谓是"高产出"。商标抢注的"零风险""高产出"的现象，无疑对商标抢注起到了推波助澜的作用。

（三）弥补在先权益享有者因商标抢注行为受到损失的需要

在先权益享有者通过行政程序及后续的司法审查程序来维护自己的权益，要投入大量的时间，有时还需要投入高昂的律师费，在有些情况下还会受到其他方面的损失。❶ 在先权益享有者所支付的费用、受到的损失，是在上述程序中无法得以弥补的。

二、反不正当竞争法规制商标抢注行为的可行性

反不正当竞争法是维护市场竞争秩序，促使经营者从事体面、合法、正当竞争的基本法律。我国反不正当竞争法明确禁止一系列不正当竞争行为。除此之外，任何竞争行为，若违背了自愿、平等、公平、诚实信用原则，违背了公认商业道德，损害其他经营者的合法权益，扰乱了社会经济秩序，依照《反不正当竞争法》第 2 条的规定，均应构成不正当竞争行为。

纵观我国商标法，商标抢注行为可能违反了该法第 13 条、第 15 条、第 31 及第 41 条之规定。违反上述条款的行为，可能同时构成不正当竞争。

抢注者违反《商标法》第 31 条、第 41 条第 1 款之规定时，行为人性

---

❶　例如，有的商标被抢注成功后，商标权人立即起诉在先权益享有者侵权，从而对在先权益的生产经营造成损失。

质之不正当性是不言而喻的。如《商标法》第 31 条规定，"申请商标注册不得损害他人现有的在先权利，也不得以不正当手段抢先注册他人已经使用并有一定影响的商标。"在此条中，如果抢注者的商标注册行为最终被行政机关或司法机关认定为"以不正当手段抢先注册他人已经使用并有一定影响的商标"，则在先使用并有一定影响的商标所有人可以提起不正当竞争诉讼，指控抢注者以不正当手段抢注该商标的行为，构成不正当竞争。在抢注者不能提出相反证据或作出其他有利抗辩的情形下，受诉法院应该作出此种认定。

同理，《商标法》第 41 条规定，已经注册的商标，是以欺骗手段或其他不正当手段取得注册的，由商标局撤销该注册商标，其他单位或个人可以请求商标评审委员会裁定撤销该注册商标。依据此条规定，如果抢注者以不正当手段注册商标的行为，造成他人合法利益受损，其行为同样构成不正当竞争。

《商标法》第 15 条是有关代理人、代表人擅自注册被代理人或被代表人商标的规定，即代理人或代表人未经授权，以自己的名义将被代理人或者被代表人的商标进行注册的行为。在此条款所规定的情形下，代理人、代表人明知其注册的商标为其被代理人、被代表人所拥有，仍以自己的名义进行注册，明显违反了诚实信用原则，损害了被代理人、被代表人的利益，后者可依照反不正当竞争法之规定，追究其民事责任。

《商标法》第 13 条是有关驰名商标保护的条款。行为人若就相同或类似商品申请注册的商标是复制、模仿或者翻译他人未在中国注册的驰名商标，容易导致混淆的；或者就不相同或者不相类似商品申请注册商标是复制、模仿或者翻译他人在中国注册的驰名商标，误导公众，致使该驰名商标注册人的利益可能受到损害的，不予注册并禁止使用。在此条款规定的情形下，如果驰名商标所有人能够证明行为商标注册申请的行为是出于不正当竞争之目的，对自己的权益造成损害，则其可以提起不正当竞争诉讼。

概言之，申请商标注册应当遵守诚实信用原则，也不得基于进行不正当竞争、牟取非法利益的目的，恶意进行注册。[1] 如果商标注册人故意甚至恶意进行抢注，以进行不正当竞争，利益受损者有权寻求民事救济。

---

[1] 国家工商行政管理总局商标局、商标评审委员会 2005 年 12 月颁布的《商标审查及审理标准》，第 125 页。

三、反不正当竞争法规制商标抢注行为应注意的问题

在适用反不正当竞争法规制商标抢注行为时，有如下几个问题值得关注。

（一）规制的时间点

在发生商标抢注行为后，在先权益享有者应首先通过商标异议或者争议程序予以解决。在相关行政部门或司法部门对抢注行为作出有利于己方的裁决后，在先利益享有者有权另行提起不正当竞争诉讼，追究商标抢注者的民事责任。在发生商标抢注行为后，在先权益享有者不申请商标局、商标评审委员等行政机关通过异议、争议程序予以解决，或相关程序尚未终局，其便提起不正当竞争之诉的，人民法院应当依照《民事诉讼法》第 108 条、第 111 条第（三）项之规定，裁定驳回起诉。如此操作的目的，是为了维护我国商标确权制度的统一，避免商标确权程序裁决结果与不正当竞争民事诉讼裁决结果发生冲突，同时可以"过滤"一大批案件，即，只有在商标确权程序中获胜的在先权益享有者才具备提起不正当竞争诉讼的资格。

（二）关于规制的主体

我国《反不正当竞争法》第 2 条第 2 款开宗明义地对不正当竞争行为进行了界定，"是指经营者违反本法规定，损害其他经营者的合法权益，扰乱社会经济秩序的行为。"由此可见，反不正当竞争法所规范的市场主体为参与市场竞争者，即经营者。我国反不正当竞争法所称的经营者是指从事商品经营或营利性服务的法人、其他经济组织和个人。❶ 这就提出了个问题，即商标抢注者能否认定为经营者，从而成为反不正当竞争法的规范对象？

《商标法》第 4 条规定，自然人、法人或其他组织对其生产、制造、

---

❶ 北京市高级人民法院在 1998 年发布的《关于审理反不正当竞争案件几个问题的解答》（试行）中对经营者的概念作出进一步的解释："虽然不是专门从事商品经营或营利性服务，但向市场提供作品、技术等智力成果并取得利润的法人、其他组织和个人，也可以成为反不正当竞争的主体。"

加工、拣选或者经销的商品，或对其提供的服务项目，需要取得商标专用权的，应当向商标局申请商标注册。此条对商标的注册申请主体资格作出了明确规定。本书作者认为，商标是区分不同商品或服务来源的标志。商标注册的目的为应用于工商业生产。因此，作为商标注册人的自然人、法人或其他组织，应视为从事商品经营或营利性服务的经营者，尽管有的自然人现在或将来可能并不会从事生产经营活动。❶ 在商标注册申请人是经营者的情况下，这一群体中的特殊部分——商标抢注者当然亦为经营者，从而成为反不正当竞争法的规范对象。

（三）关于商标抢注行为是否构成不正当竞争行为的认定

商标抢注是否必然构成不正当竞争不能一概而论。商标抢注构成不正当竞争行为的要件之一应为抢注者主观上具有故意，甚至是恶意。抢注者若违反《商标法》第 15 条、第 31 条及第 41 条之规定，抢注他人注册商标的，其主观上的故意是显而易见的。若行为人违反《商标法》第 13 条的规定，复制、翻译或模仿他人的驰名商标，进行商标注册，其行为是否构成不正当竞争则需要具体分析。

在实践中，在后商标注册人申请注册与在先商标相同或近似商标（姑且称为"对驰名商标复制、翻译与模仿"）的出发点是不同的。有些是有意注册与在先商标尤其是在先驰名商标相同或近似的商标，有意"搭便车"，这是种恶意注册行为。有些注册人在进行注册时，由于商标检索不彻底或由于商标代理人、商标审查员的疏忽，注册了与他人在先商标相同或近似的商标，并将该商标用于商业活动，应该讲在后注册人并无复制、翻译或模仿他人驰名商标的故意。尤其是在由于商标局审查员的疏忽，将在后商标予以注册的情形，注册人亦不存在过失，在此情况下，则很难认定在后注册人存在不正当竞争的故意，进而认定其行为构成不正当竞争。因故意或恶意仅是一种主观状态，认定起来将非常困难，故应结合在后注册人的行为以及在先商标的知名度予以认定。对于在先商标为未注册驰名商标的，若该商标具有极高的知名度，使用该商标的商品占有很大的市场份额，而他人将该商标在相同或类似的商品或服务类别上注册了该商标，或者说申请注册者过去和未注册驰名商标所有者发生了业务上的往来，甚至本身就和该未注册商标的所有者从事相同或类似的经营，或者与该未注册商标所有者在相同或相邻的地域内进行经营，则可以认定注册者的行为具有故意或者恶意，从而构成不正当竞争。对于已注册的驰名商标，他人在不相同或类似的商品类别上进行了注册的，其是否具有故意则是个难以认定的问题。驰名商标的跨类保护，即在何种情形下构成误导公众、可能损害该驰名商标注册人利益，是个见仁见智的问题。因此，除非该驰名商标所有人能够举出在后注册者注册该商标的目的不是为了在商业中的使用，而是为了向他人或该驰名商标所有人高价转让该商标或其他有关恶意的有利证据，否则法院很难作出如此认定。

（四）关于抢注者承担的民事责任

若商标抢注者的行为构成不正当竞争，则根据我国《民法通则》第134 条、《反不正当竞争法》第20 条之规定，应承担赔偿损失、消除影响的法律责任。

关于赔偿原则，应适用我国民事损害赔偿所通用的填平原则，即商标抢注者因其抢注行为给在先权益享有者所造成的损害，其负有全面赔偿的责任。一般而言，抢注行为给在先权利人造成的损害主要体现了律师费或者其他费用的支出上。例如，因自己使用在先并有一定影响的商标被抢注，在先权益享有者依法提起争议程序予以解决，通过行政程序及后续的司法程序，终于维护了自身权益——该抢注的商标被撤销。为此，该在先权益享有者花费了大量的时间，支付了律师费及差旅费等费用。这些费用的支出，应为商标抢注行为给在先权益享有者所造成的损失。在不正当竞争诉讼中，作为原告的在先权益享有人有权要求抢注者进行赔偿。同时，在先权益享有者提起不正当竞争诉讼而支付的必要的、合理的律师费，抢注者同样应予赔偿。❶ 在某些情形下，在先权益享有者受到的损失远不止律师费的支出。如代理人违反《商标法》第15 条之规定，在抢注了被代理人的商标并取得成功后，立即指控被代理人使用该商标的行为构成侵权，甚至请求法院采取了一些临时措施如诉前或诉中禁令，迫使被代理人中断该商标的使用，并因此受到了损失。这是一种典型的恶意申请商标，恶意损害他人以获取非法利益的不正当竞争行为。被代理人因商标被抢注而被迫中断商标的使用而受到的损失，亦应由抢注者予以赔偿。

---

❶ 《反不正当竞争法》第 20 条第 1 款。

抢注行为除了可能给在先权益享有者造成经济损失外，有些情况下还会给在先权益享有者造成市场混淆或其他不良影响。在此种情形下，在先权益享有者有权请求法院判令抢注者以适合的方式来消除此种不良影响。消除不良影响的基本原则为抢注者在什么范围内给在先权益享有者造成了何种程度的不良影响，其就应该在同等的范围内以适当的方式，如在报刊上刊登声明或启示予以消除。

反不正当竞争法在遏止商标抢注行为方面应该发挥其应有的作用。在先权益享有者通过对抢注者提起不正当竞争诉讼的方式，要求其赔偿为制止商标抢注行为而受到的损失、消除抢注行为所带来的不良影响，可以加大抢注者的违法成本，从而遏制抢注行为的蔓延。值得注意的是，人民法院在司法过程中要很好地把握尺度，一方面要制裁通过商标抢注来进行不正当竞争、获得非法利益者，另一方面又要使那些确实没有抢注故意的行为人予以免责，以有效地利用商标资源，维护市场竞争的活力。

附件 2

具有广告过滤功能浏览器开发者的竞争法责任解析[❶]

在适用反不正当竞争法所规定的一般条款处理新型竞争纠纷时，原告的正当权益是否受到侵害以及被告行为是否具有不正当性，是应重点考察的因素。应准确理解并适用最高人民法院的司法政策，为新技术的开发与应用预留制度空间，以平衡保护技术开发者、竞争对手以及社会公共利益。

近年来，互联网领域的竞争纠纷频发，引起业界及学术界的广泛关注。[❷] 互联网领域垄断纠纷常涉及经营者是否滥用市场支配地位的问题，而不正当竞争纠纷则往往涉及经营者商业诋毁、虚假宣传，或其是否违反反不正当竞争法所规定的诚实信用原则及公认的商业道德。在互联网领域，经营者竞争手法多样，合法竞争与不当竞争的界限时常模糊不清。本文探讨的具有广告过滤功能浏览器开发者的竞争法责任，便属此类问题。本文探讨所依据的基本事实如下：甲公司研发的一款浏览器（以下简称"A 型浏览器"）具有视频广告过滤功能。此浏览器不是针对特定的网站经营者所开发，其广告过滤功能可由网络用户开启或关闭，默认

---

❶ 本文首次发表在《知识产权》杂志 2014 年第 1 期，本书对此文原文收录。

❷ 如近来倍受关注的腾讯科技（深圳）有限公司、深圳市腾讯计算机系统有限公司诉北京奇虎科技有限公司、奇智软件（北京）有限公司不正当竞争纠纷，北京奇虎科技有限公司诉腾讯科技（深圳）有限公司、深圳市腾讯计算机系统有限公司滥用市场支配地位纠纷，分别见广东省高级人民法院民事判决书（2011）粤高法民三初字第 1 号、第 2 号。

状态为关闭。乙公司为视频网站的经营者，经营模式为网络用户免费浏览该网站的视频（如电影或电视剧）之前，先观看视频开始前插播的广告。乙公司主张甲公司通过 A 型浏览器，严重侵害了乙公司"合法自主经营权"，其行为违反了《反不正当竞争法》第 2 条之规定，构成不正当竞争，应承担相应的法律责任。本文将从《反不正当竞争法》第 2 条所规定的一般条款及最高人民法院相关司法政策适用的角度，对此问题进行探讨。

一、关于《反不正当竞争法》第 2 条的适用问题

依照乙公司的主张，本纠纷应当根据《反不正当竞争法》第 2 条来认定甲公司行为的性质。《反不正当竞争法》第 2 条为该法的原则条款或者一般条款。❶ 最高人民法院指出，虽然该条款可用于维护市场公平竞争，但同时应当注意严格把握适用条件，以避免不适当干预而阻碍市场自由竞争。❷ 由此可以看出最高人民法院对此条适用的审慎态度。本条的适用，需同时具备以下条件：一是法律对某种竞争行为未作出特别规定；二是其他经营者的合法权益确因该竞争行为而受到了实际损害；三是该种竞争行为因确属违反诚实信用原则和公认的商业道德而具有不正当性（或者说可责性），此是本条适用的关键和判断的重点。❸

结合本纠纷，甲公司研发及发布 A 型浏览器的行为，并不属于反不正当竞争法所特别规定的行为，故本纠纷解决的关键在于《反不正当竞争法》第 2 条适用的其他两个条件是否同时满足。

---

❶ 《反不正当竞争法》第 2 条规定："经营者在市场交易中，应当遵循自愿、平等、公平、诚实信用的原则，遵守公认的商业道德。本法所称的不正当竞争，是指经营者违反本法规定，损害其他经营者的合法权益，扰乱社会经济秩序的行为。本法所称的经营者，是指从事商品经营或者营利性服务（以下所称商品包括服务）的法人、其他经济组织和个人。"

❷ 山东食品进出口公司诉马达庆等不正当竞争纠纷案，最高人民法院民事裁定书（2009）民申字第 1065 号。最高人民法院在《关于当前经济形势下知识产权审判服务大局若干问题的意见》（法发〔2009〕23 号，2009 年 4 月 21 日发布）中同样明确规定，对于法律未作明确规定的竞争行为，只有按照公认的商业标准和普遍认知能够认定违反原则规定时，才可以认定构成不正当竞争行为，防止因不适当地扩大不正当竞争范围而妨碍自由、公平竞争。

❸ 山东食品进出口公司等诉马达庆等不正当纠纷案，最高人民法院民事裁定书（2009）民申字第 1065 号。

（一）关于乙公司的合法权益是否因甲公司 A 型浏览器的研发及发布而受到实际损害

乙公司在本纠纷中主张其"合法自主经营权"受到了严重侵害。本纠纷中乙公司未对"合法自主经营权"作出界定。根据文义解释，似乎是指乙公司享有的经营什么及不经营什么的权利，以及其对经营模式（含商业模式）选择的权利。在本纠纷中，甲公司未对乙公司实施强迫其改变经营事项或模式的行为，显然未对乙公司的"自主经营权"造成损害。甲公司所造成的损害，应指由于有些网络用户使用 A 型浏览器并启动了广告过滤的功能，从而导致其视频插播广告浏览量的减少。有观点认为，网络用户在享受乙公司提供的免费视频观看服务的同时，应承担点击和观看广告的附带性义务，否则其行为便具有可指责性。对此，本书作者认为，附加浏览免费视频的网络用户观看广告义务、否则其行为便具有可指责性的观点，并无任何法律依据。网络用户在浏览视频时，使用的是自己的设备、支付了上网的费用，除非另有约定，其对视频网站的经营者不承担任何义务。正如同在看电视剧时，观众并不负有必须观看电视台插播广告的义务一样。因此，网络用户对 A 型浏览器广告屏蔽功能的使用，虽造成广告被浏览次数的减少，但此种减少并不构成法律应予救济的"实际损害"。

（二）甲公司研发和发布 A 型浏览器的行为是否违反了诚实信用原则和公认的商业道德从而具有不正当性

此要件的核心为从竞争法的角度判断甲公司的行为是否具有正当性。对于竞争行为尤其不属于《反不正当竞争法》第二章列举的行为的正当性，应以该行为是否违反了诚实信用原则和公认的商业道德作为基本判断标准。[1] 在规范市场竞争秩序的反不正当竞争法意义上，诚实信用原则更多的是以公认的商业道德的形式体现出来的，商业道德要按照特定商业领域中市场交易参与者（经济人）的伦理标准来加以评判，它既不同于个人品德，也不能等同于一般的社会公德，其所体现的是一种商业伦理。[2]

对本纠纷需从甲公司研发及发布 A 型浏览器的行为是否违反公认的商业道德进行判断。甲公司研发的 A 型浏览器仅仅是一种技术或工具。依据

---

[1][2]　山东食品进出口公司等诉马达庆等不正当纠纷案，最高人民法院民事裁定书（2009）民申字第 1065 号。

已为我国法律及司法实践普遍接受的"技术中立原则"❶，该浏览器本身及其运行不可能构成对商业道德的违反。该浏览器不是针对特定网络经营者所开发的，浏览器所具有的广告过滤功能具有开启与关闭的模式，且默认状态为关闭，这些证明了甲公司并无侵犯他人权益的意图。

公认的商业道德，应在个案中结合案件具体情形来分析判定，❷ 因此，在类似纠纷中，有人主张《互联网终端软件服务行业自律公约》❸ 确定的规则，应作为互联网企业在市场竞争中应当予以尊重的公认商业道德。即使参考该自律公约关于"软件排斥和恶意拦截"部分的规定，A 型浏览器的运行也未"针对特定信息服务提供商拦截、屏蔽器合法信息内容及页面"，未构成对该自律公约第 19 条的违反。

如上所述，网络用户在浏览免费视频时，不负有观看广告的义务，这是网络用户所享用的选择权。网络用户在使用 A 型浏览器时，其同样享用启用或关闭广告屏蔽功能的权利。在网络用户的行为不构成对乙公司权益侵害的情形下，甲公司作为 A 型浏览器的开发者更不会构成侵权。不可否认的是，网络用户启用该浏览器的广告屏蔽功能，可能会造成视频网络经营者广告浏览量的减少，但此种减少并不能反证甲公司的行为违反了公认的商业道德。正如最高人民法院在相关判决中所言："企业勤于慈善和公益合于社会公德，但怠于公益事业也并不违反商业道德。"❹ 同理，企业在正常的市场竞争中，并不负有尊重他人的商业模式（受知识产权保护的除外）、维护其他经营者的利益的义务❺，这正是市场经济竞争法则的体现。

综上，在本纠纷中甲公司的行为并未满足我国《反不正当竞争法》第 2 条所规定的适用要件，甲公司的行为是合法的、正当的竞争行为。

二、此种新型竞争纠纷如何适用我国知识产权司法政策问题

《最高人民法院关于充分发挥知识产权审判职能作用推动社会主义文

❶ 关于技术中立原则与知识产权侵权之关系，详见：孔祥俊. 知识产权法律适用的基本问题——司法哲学、司法政策与裁判方法［M］. 北京：中国法制出版社，2013：385-430.

❷ 山东食品进出口公司等诉马达庆等不正当纠纷案，最高人民法院民事裁定书（2009）民申字第 1065 号。

❸ 此公约由中国互联网协会于 2011 年 8 月 1 日发布。

❹ 山东食品进出口公司等诉马达庆等不正当纠纷案，最高人民法院民事裁定书（2009）民申字第 1065 号。

❺ 如在本纠纷中，乙公司开发的浏览器，其并不承担该浏览器的运用应避免使甲公司视频广告浏览量下降的义务。

化大发展大繁荣和促进经济自主协调发展若干问题的意见》❶ 提出，"要强化利益平衡观念，把利益平衡作为知识产权司法保护的重要基点，统筹兼顾智力创造者、商业利用者和社会公众的利益，协调好激励创造、促进产业发展和保障基本文化权益之间的关系"。上述意见实质上是我国现阶段知识产权司法政策的体现。对于知识产权案件，尤其是新类型案件的裁决具有重要的指导意义，也是裁决本纠纷应考虑的重要因素。

根据我国知识产权司法政策中的利益平衡原则，本纠纷的处理涉及到新型浏览器开发者（甲公司）、互联网内容提供商（乙公司）及广大的网络用户的利益（社会公共利益）。

（一）新型网络浏览器开发者（甲公司）的利益

在互联网领域，无人否认浏览器是至关重要的工具之一。众多厂商投入大量的人力、物力进行浏览器的研发。因此，如同其他高新技术，国家的政策及法律法规应鼓励具有新功能的浏览器的开发及应用。在浏览器的研发者依法经营的同时，对其新技术可能引发的法律纠纷，人民法院应本着鼓励创新的原则、促进产业发展的精神，充分保护创新者的利益。正如有位资深知识产权法官所说："在裁判涉及新情况新问题的新难案件时，明晰法律标准必须首先以促进创新和发展为目标和导向，必须有利于降低创新风险和促进创新"；"对于一时看不清和需要通过发展逐步解决的问题，或者不能通过理想化的方式解决的问题，不要贸然一棍子打死，要留有余地和循序渐进，为创新和发展留下空间。"❷

本纠纷是由于甲公司研发的具有广告屏蔽功能的浏览器而引发，属于典型的新型疑难案件。人民法院在裁决此类案件时，应充分考虑新技术及产业的发展，为创新和发展预留法律空间，因此应采取更为审慎的态度。

事实上，在诸多法域，在涉及新技术的运用而引起的法律纠纷时，法院基本也是采取鼓励新技术的推广及应用的司法政策。广告屏蔽或商业广告过滤引发的法律纠纷，自 20 世纪七八十年代随着家庭录像机应用、普及以及其他新技术的发展，便时有发生。例如在美国著名的索尼公司案❸中，索尼公司为盒式录像机的制造者，其生产的录像机可以将电视台的节目录进行录制的功能，而该录像机在播放录像带时具有"快进"的功能，

---

❶ 法发〔2011〕18 号，最高人民法院 2011 年 12 月 16 日发布。

❷ 孔祥俊. 知识产权保护的新思维——知识产权司法前言问题［M］. 北京：中国法制出版社，2013：238-239.

❸ Universal City Studios, Inc. v. Sony Corp. of Am., 480 F. Supp. 429, 453 (D.C. Cal.1979).

即用户可使用该功能"跳过"电视台播放的商业广告。此案的争议点之一是，作为美国电视行业代表的原告，认为索尼录像机在播放时所具有的"跳过商业广告"（Commercial-Skipping）功能，损害了其电视广告费的收益，故应构成共同侵权。美国最高法院认为，盒式录像机所具有的此种功能具有合法的、不侵权的目的（电视节目的"移时"观看），故驳回了原告的此种主张。❶ 此判决反映美国最高法院对新技术的发展及应用的支持及审慎态度。在美国，随着其他新技术包括具有广告屏蔽（Adblock）功能浏览器或者软件的研发及应用，广告屏蔽引发的法律问题引起了人们的关注。有美国学者经研究认为，依据美国的法律制度，广告屏蔽工具并不构成版权侵权或破坏商业关系，因此，在法律上并无救济途径，相关经营者可寻求技术上的措施来保护自己的广告不被屏蔽。❷

在德国，广告屏蔽引发已引发了相关的纠纷。如在 2004 年德国联邦法院在"Fernsehfee"案中认定电视广告屏蔽工具（TV adblocker）的销售者不构成任何形式的市场阻碍（market hindrance）。在德国汉堡法院受理的一起涉及具有广告屏蔽功能的世界上最成功的网络浏览器——Adblock Plus 而引起的纠纷中，经过听证，原告基于法院认为没有采取此种措施的必要而于 2013 年 9 月 26 日主动撤回了临时禁令申请。❸

美国、德国法院在处理此类案件的审慎态度，与我国最高人民法院所确定的司法政策不谋而合，也是受诉法院在处理本纠纷时应予考虑的。

（二）互联网内容提供商（乙公司）的利益

互联网内容提供商是互联网产业的重要的参与者，是网络信息的重要来源，其参与市场竞争并享有的正当竞争权依法应受保护。在涉及如广告屏蔽等法律问题时，网络内容提供商与其他互联网产业参与者（包括浏览器开发者）的利益应依法确定。评判某竞争行为是否正当时，在我国《反不正当竞争法》第二章对该竞争行为未作规定的情形下，应适用该法第 2 条的一般条款。对此，本意见上文已作阐述，此不赘述。

---

❶ 446 U.S. 417（1984）.

❷ Jilian Vallade, Adblock Plus and the Legal Implications of Online Commercial-Skipping [J]. Rutgers Law Review, 2009(61)：823.

❸ Dr. Pietro Graf Fringuelli, et al. Distribution of Online Pop-Up Blocker Adblock Plus Can Continue [EB/OL].［2015-07-18］. http://www.cms-hs.com/PR_AdblockPlus_01_10_2013_en.

（三）广大的网络用户的利益

在本纠纷中，广大的网络用户的利益即为社会公共利益。广大网络用户利益的维护，始终应是人民法院定纷止争时考虑的重要因素。在本纠纷中，从宏观上讲，鼓励新技术的开展与应用，为创新预留法律空间，本质上体现了对公共利益的维护。从微观上讲，网络用户对具有广告屏蔽功能的浏览器具有现实的需求。互联网上充斥着广告，其中不乏非法或内容不健康者，影响了网络用户对有用信息的查询或浏览，而在有些情形下对特定网络用户群体（如青少年）的身心健康造成了影响。因此，网络用户需要具有广告过滤功能的网络浏览器。甲公司的浏览器恰恰具有此种功能。因此，在本纠纷中，依法认定甲公司研发的浏览器不构成对乙公司的不正当竞争，恰恰体现了对创新的支持，也体现了对网络用户利益（包括其享有的选择权）的维护。

结　　语

新技术发展不断对知识产权制度提出挑战。在反不正当竞争纠纷中，技术仅是一种工具，不存在正当性与否的问题，故判断的基点在于技术开发者、使用者行为的正当性。在适用《反不正当竞争法》的一般性款处理新型不正当竞争纠纷时，原告的合法权益是否受损，被告行为是否因违反了诚实信用原则及公认的商业道德而具有不正当性，是人民法院审理的重要因素。遵循利益平衡原则，为创新预留法律空间，是处理包括反不正当竞争法在内的知识产权纠纷应遵循的准则。基于以上分析，具有广告屏蔽功能浏览器开发者的行为正当，不应承担竞争法上的责任。

后　记

　　多年来，我与知识产权相关的竞争法问题结下不解之缘。

　　记得毕业前夕，我参加了一场面试，主考官的问题是"列举实践中常见的不正当竞争行为"。现在看来是 ABC 的基础问题，对于当时的我而言，似乎有点"高深"。

　　毕业后进入法院工作，作为书记员的我接手的几起案件中有两起不正当竞争纠纷，印象至今深刻。其中一起涉及侵害义利食品厂的知名商品"立袋酥"的特有包装、装潢权益的案件，此案号称是反不正当竞争法施行以来，北京法院审结的第一起不正当竞争案。另一起案件涉及"美国加州牛肉面大王"的名称及"红蓝白"装潢案。自此，我对施行不久的《反不正当竞争法》产生了浓厚的兴趣，开始收集整理反不正当竞争案件的法律文书。

　　二三年后，我以"临时助理审判员"的名义试办案件，这期间吉隆机电公司诉斯普瑞得公司等侵犯商业秘密纠纷案给我留下较深印象。此案涉及的商业秘密既包括技术秘密，又包括经营秘密，当事人既启动了商业秘密保护的行政程序，又启动了民事及刑事程序。审结此案后，我对中国商业秘密保护的立法与实践有了更为直观的认知。

　　又过了二三年，我在美国约翰·马歇尔法学院学习期间，选修了"商业秘密法"及"商业秘密诉讼"两门课程。教授这两门课的是一位美国商业秘密诉讼的知名律师，他专业知识广博，实践经验丰富，语速是一般美国人的两倍。通过以上这两门课，我不仅学习了美国商业秘密及诉讼的专业知识，还强化了听力，也算一举两得。此外，我还选修一门名为"知识产权方面反垄断"（Intellectual Property Aspect Antitrust）的课。此课以研究、学习知识产权领域反垄断为主要内容，教授发放的案例资料厚厚一大沓，涉及百余个复杂判例，加上老师在课堂上时不时点名让学生陈述案例，故选修此课需要一定的勇气。我选修了此课，在每次课前仔细阅读判例，做好摘要，被老师点名要求陈述案例时也可从容应对。这门课使我系统学习了美国反垄断法的基本原理及其在知识产权领域的适用规则，可谓获益匪浅。

又过了二三年，我作为法官参与了许多重大知识产权案件的审理，并担任了若干知识产权相关竞争案件的审判长，包括侵犯"一得阁"墨汁配方技术秘密案，以及因某公司软件"头文件"引起的一起反垄断性质的案件。

又过了二三年，我的工作角色从法官转变为大学教师，但不变的是对知识产权法学理论及实践的热爱。在《反垄断法》施行后，我先后进行了若干课题的研究。写一本与知识产权相关的竞争法方面的书，多年之前便被列入工作计划。但羁绊于事务性工作，此计划久久未能实现。

本书是对我从事知识产权相关竞争纠纷审判及研究成果的初步总结，搭建了研究此问题的基本框架。本书虽是成品，但远非精品，还存在许多值得着力研究的空间。

时光荏苒，在本书出版之际，聊且用几段文字，追忆往昔工作、学习中的难忘经历，并表达对领导、同仁、师长们的感谢与敬意。

张广良
2015 年 2 月 12 日